Rainer Strätz, Claudia Hermens, Ragnhild Fuchs,
Karin Kleinen, Gabriele Nordt, Petra Wiedemann

Qualität für Schulkinder in Tageseinrichtungen

Sozialpädagogisches Institut NRW

Qualität für Schulkinder in Tageseinrichtungen

Rainer Strätz, Claudia Hermens,
Ragnhild Fuchs, Karin Kleinen,
Gabriele Nordt und Petra Wiedemann

Qualität für Schulkinder
in Tageseinrichtungen (QUAST)

Ein nationaler Kriterienkatalog

*CD-ROM fehlt – ist notwendig,
da Arbeitsmaterialien nur
dort zu finden sind.*

2. Neuauflage im Herbst '07

Beltz Verlag · Weinheim, Basel, Berlin

BELTZ

Ihre Wünsche, Kritiken und Fragen richten Sie bitte an:
Verlagsgruppe Beltz, Fachverlag Soziale Arbeit, Erziehung und Pflege,
Werderstraße 10, 69469 Weinheim.

Die **Nationale Qualitätsinitiative im System der Tageseinrichtungen für Kinder** (NQI) ist ein 1999 vom Bundesministerium für Familie, Senioren, Frauen und Jugend (BMFSFJ) veranlasster länder- und trägerübergreifender Forschungsverbund. Neben dem BMFSFJ beteiligten sich zehn Bundesländer, die Verbände der Freien Wohlfahrtspflege, der Deutsche Städtetag, Landesjugendämter und Kommunen an diesem Forschungsvorhaben. Der Verbund besteht aus fünf Teilprojekten, die sich mit einem jeweils anderen Schwerpunkt befassen: Die Projekte I und II entwickeln **Qualitätskriterien** für die Arbeit mit 0- bis 6-jährigen Kindern, Projekt III für die Arbeit mit Schulkindern, Projekt IV für die Arbeit nach dem Situationsansatz und Projekt V für die Arbeit der Träger von Tageseinrichtungen. In allen Teilprojekten werden **Verfahren und Instrumente zur internen und externen Evaluation** erarbeitet und erprobt.

Bund, Länder und Verbände begleiten die Forschungsarbeiten in einem Beirat,
der vom Deutschen Jugendinstitut koordiniert wird.

Teilprojekte I und II: **Qualität in der Arbeit mit Kindern von 0 bis 6 Jahren**
PädQUIS, FU Berlin; www.paedquis.de

Teilprojekt III: **Qualität für Schulkinder in Tageseinrichtungen (QUAST)**
Sozialpädagogisches Institut NRW; www.spi.nrw.de

Teilprojekt IV: **Qualität im Situationsansatz (QuaSi)**
INA, Institut für den Situationsansatz, FU Berlin; www.ina-fu.org

Teilprojekt V: **Trägerqualität (TQ)**
IFP, Staatsinstitut für Frühpädagogik; www.ifp-bayern.de

Das Projekt wurde finanziert vom Bundesministerium für Familie, Senioren, Frauen und Jugend,
dem Ministerium für Frauen, Jugend, Familie und Gesundheit des Landes Nordrhein-Westfalen,
dem Senator für Arbeit, Frauen, Gesundheit, Jugend und Soziales des Landes Bremen und dem
Sächsischen Staatsministerium für Soziales.

ISBN 3-407-56239-X

Redaktion: Claudia von Zglinicki, Berlin
Herstellung: Ulrike Poppel, Weinheim
Satz: Markus Schmitz, Büro für typographische Dienstleistungen, Münster
Druck und Bindung: Druckhaus »Thomas Müntzer«, Bad Langensalza/Thüringen
Titelfotografie: Klaus G. Kohn
Umschlaggestaltung: glas ag, Seeheim-Jugenheim
Printed in Germany

Weitere Informationen finden Sie im Internet unter http://www.beltz.de

Das Projektteam von QUAST

Bremen:
Claudia Hermens
(Stellvertretende Projektleitung)
Tel: 02 21 / 1 60 52 – 39
E-mail: hermens@spi.nrw.de

Petra Wiedemann
Tel: 02 21 / 1 60 52 – 23
E-mail: wiedemann@spi.nrw.de

NRW:
Karin Kleinen
Tel: 02 21 / 1 60 52 – 46
E-mail: kleinen@spi.nrw.de

Gabriele Nordt
Tel: 02 21 / 1 60 52 – 36
E-Mail: nordt@spi.nrw.de

Sachsen:
Ragnhild Fuchs
Tel: 02 21 / 1 60 52 – 22
E-Mail: fuchs@spi.nrw.de

Dr. Rainer Strätz
(Projektleitung)
Tel: 02 21 / 1 60 52 – 20
E-Mail: straetz@spi.nrw.de

Projektbüro:
Roswitha Baumeister
Tel: 02 21 / 1 60 52 – 32
E-Mail: baumeister@spi.nrw.de

Inhalt

Einleitung

1

»**Qua**lität für Schulkinder in Tageseinrichtungen – QUAST« lautet der Kurztitel eines Projekts, das sich in Zusammenarbeit mit pädagogischen Fachkräften in drei Bundesländern – Bremen, Sachsen und Nordrhein-Westfalen – mit Fragen der Qualitätsbestimmung bei außerschulischen Angeboten für Kinder im Schulalter auseinander gesetzt hat. Es ist Teil des bundesweiten Projektverbunds »Nationale Qualitätsinitiative im System der Tageseinrichtungen für Kinder«.

QUAST hatte drei Aufgaben zu erfüllen:
1. Die Entwicklung eines **Kriterienkatalogs** zur Beurteilung der Qualität pädagogischer Angebote für Schulkinder.
2. Die Entwicklung und Erprobung eines **internen Qualitäts-Feststellungsverfahrens** sowie die Zusammenstellung eines **Methodeninventars**.
3. Die Entwicklung und Erprobung eines **externen Qualitäts-Feststellungsverfahrens**.

Der vorliegende Kriterienkatalog bildet das Fundament der beiden Feststellungsverfahren. Er ist selbst kein Evaluationsinstrument, sondern soll möglichst alle relevanten Inhalte, die in der sozialpädagogischen Arbeit mit Kindern im Schulalter eine Rolle spielen, zusammentragen und in einen Begründungszusammenhang stellen, so dass die daraus entwickelten Kriterien nachvollziehbar werden. Diese Kriterien sind Voraussetzung bzw. Grundlage für die Beurteilung der Qualität vor Ort. Erst im Rahmen des internen und externen Qualitäts-Feststellungsverfahrens werden die Qualitätskriterien in so genannte Indikatoren überführt, mit deren Hilfe in der Praxis erkannt oder beobachtet werden kann, dass ein bestimmtes Qualitätskriterium erreicht bzw. umgesetzt ist.

Das interne Qualitäts-Feststellungsverfahren ermöglicht dem Team einer Einrichtung, die eigene Situation und Arbeit zu reflektieren und einzuschätzen. Hier findet die Einrichtung neben einem verbindlich zu evaluierenden Bereich (mit den Aufgabengebieten »Organisation und Steuerung«, »Planung und Reflexion« und »Weiterentwicklung«) einen Bereich von elf Handlungsfeldern, aus dem sie nach vorgegebenen Regeln, orientiert am eigenen Handlungsbedarf, eine Auswahl treffen kann. Teams, die sich auf den Prozess der internen Evaluation einlassen, finden im *Methodenkoffer* Materialien, die sie bei der Selbsteinschätzung und Weiterentwicklung ihrer Arbeit unterstützen können.

Das externe Qualitäts-Feststellungsverfahren versetzt außenstehende Beobachter/-innen in die Lage, eine Einrichtung anhand eines vorgegebenen Rasters aus ihrer Sicht einzuschätzen. Hierbei werden drei Methoden eingesetzt: Dokumentenanalyse, Befragung und Beobachtung. Die externe Evaluation wurde in erster Linie als Korrektiv zur internen Evaluation konzipiert, sie kann diese aber auch vorbereiten bzw. einleiten helfen.

Beide Verfahren gehen davon aus, dass Qualitätsfeststellung kein Selbstzweck ist, sondern der Qualitätssicherung und -weiterentwicklung sowie der Profilbildung der jeweiligen Einrichtung dienen muss.

Entsprechend haben die Verfahren folgenden Ablauf:
- Über *Bestandsaufnahmen* vergewissert sich die Einrichtung ihrer Ressourcen und beschreibt den »Ist-Zustand« ihres Angebots.
- In der *Auseinandersetzung mit Qualitätskriterien*, die im jeweiligen Handlungsfeld oder Aufgabengebiet best practice beschreiben, wird das Angebot unter qualitativen Gesichtspunkten analysiert.
- In den beiden letzten Schritten – *Feststellung des Handlungsbedarfs* und *Zielentwicklung* – ist die Einrichtung aufgefordert, die nächsten Entwicklungsschritte zu definieren und gemeinsam im Team festzulegen, die angesichts der Ergebnisse der Auseinandersetzung mit den Qualitätskriterien und den einrichtungsspezifischen Zielen notwendig und unter den Rahmenbedingungen auch realistisch sind.

Die Materialien, die im Projekt entwickelt wurden, sind bundesweit die einzigen, die speziell die Altersgruppe der Schulkinder im Blick haben, praxisverknüpft entwickelt und intensiv erprobt worden sind.

Handlungsleitend waren dabei folgende Gesichtspunkte:
- Die Angebotsvielfalt ist als Ausgangspunkt zu nehmen.
- Konzeptionsvielfalt und Trägerpluralität sind konstitutiv.
- Profilbildungen sind zu fördern.
- Bei jedem Entwicklungsschritt ist die Praxis einzubeziehen.
- Die Arbeit mit den Materialien setzt dort an, wo Handlungsbedarf wahrgenommen wird.
- Schlüsselqualifikationen sollen fundiert, weiterentwickelt und ausgebaut werden.

- Die Leitungsfunktion soll gestärkt und qualifiziert werden.
- Kritische Rückmeldungen werden als Gewinn betrachtet.

Im vorliegenden Kriterienkatalog werden Qualitätsstandards und -kriterien für sozialpädagogische Angebote für Schulkinder formuliert. Ausgangspunkt waren die Angebote in Tageseinrichtungen für Kinder.

Wir werden
- unser Verständnis von Bildung, Erziehung und Betreuung für Kinder im Schulalter darlegen;
- die Bedeutung der Strukturen bzw. Rahmenbedingungen erläutern;
- die zentrale Bedeutung von entwicklungsfördernden Interaktions- und Kommunikationsprozessen im pädagogischen Alltag darstellen;
- die Notwendigkeit der permanenten Weiterentwicklung einer Einrichtung begründen;
- die eine permanente Weiterentwicklung sichernden Strukturen beschreiben;
- die Bedeutung der Entwicklung von Zielen und ihrer systematischen Überprüfung deutlich machen.

Diese Aspekte sind zentral für die Beurteilung von Angeboten für Schulkinder – sowohl im Bereich der Jugendhilfe als auch in der Schule.

Vorab verlangt der Meinungs- und Interessenpluralismus innerhalb der Qualitätsdebatte, den Qualitätsbegriff näher zu beleuchten. Qualität ist ein Diskussions-, Konfrontations- und Reflexionsthema, bei dem je nach Perspektive und Interessen der Beteiligten (Kinder, Eltern, Fachkräfte, Träger, Politiker u. a.) und je nach Bezugspunkt, von dem nach Qualitätskriterien gefragt wird (entwicklungspsychologische Erkenntnisse, rechtliche Grundlagen, Arbeitsbedingungen des Personals u. a.), unterschiedliche Facetten des Begriffs Qualität ins Blickfeld rücken.

QUAST hat den Versuch unternommen, zwischen den unterschiedlichen Positionen und Herangehensweisen an das Thema zu vermitteln. Im Diskurs mit den Kooperationspartnern und in intensiver Auseinandersetzung mit dem aktuellen pädagogischen und entwicklungspsychologischen Erkenntnisstand wurden ein Verständnis von Qualität und spezifische Qualitätsanforderungen an Tageseinrichtungen und andere Angebotsformen für Schulkinder entwickelt, die – von der Praxis erprobt – in der Fachöffentlichkeit breiten Konsens finden und als richtungsweisend und die Arbeit mit Schulkindern profilierend anerkannt sind.

Der Kriterienkatalog wurde auf der Grundlage *aktueller Fachliteratur* und der kritischen Auseinandersetzung mit *laufenden Projekten* konzipiert und in enger *Zusammenarbeit mit der Praxis* ausgearbeitet.[1]

1.1 Kooperation mit der Praxis

Angesichts der *Vielfalt von Perspektiven,* die zu berücksichtigen sind, und im Hinblick auf das Ziel, einen Katalog vorzulegen, der in der Praxis so weit wie möglich *Akzeptanz* findet, ist die Abstimmung mit den Beteiligtengruppen bereits in der Entwicklungsphase eines Kriterienkatalogs entscheidend. Im Projekt wurde eine solche Kooperation in drei Stufen angelegt:

Erstens wurden ausführliche Interviews mit Expertinnen und Experten geführt, die u. a. das Ziel hatten, Informationen über aktuelle Entwicklungen und Probleme in den drei beteiligten Bundesländern zu erhalten.

Zweitens wurde eine länderübergreifende *Arbeitsgruppe* sozialpädagogischer Fachkräfte gegründet, die das Projektteam während der gesamten Laufzeit begleitet und beraten hat.

Weil nicht nur diejenigen zu Wort kommen sollten, die in den Einrichtungen, in der Fachberatung oder einer anderen Funktion für die Einrichtungen tätig sind, wurden schließlich drittens *Hearings* durchgeführt, in denen zum Beispiel Vertreterinnen der Eltern, der Ausbildung von Erzieherinnen und Erziehern oder der Gewerkschaften bzw. Berufsverbände ihre Einschätzungen und kritischen Rückmeldungen gaben.

1.1.1 Interviews mit Expertinnen und Experten

Mit 53 Expertinnen und Experten in den drei beteiligten Bundesländern Bremen, Nordrhein-Westfalen und Sachsen wurden insgesamt 43 Interviews geführt. Davon waren 34 Einzelinterviews und neun Gruppeninterviews mit mehreren Gesprächspartnern bzw. -partnerinnen. Die Experten und Expertinnen waren entweder in der Fachberatung oder einer anderen Funk-

---

1 Im Anhang finden Sie die entsprechenden Materialien und Projekte, mit denen wir uns auseinander gesetzt haben.

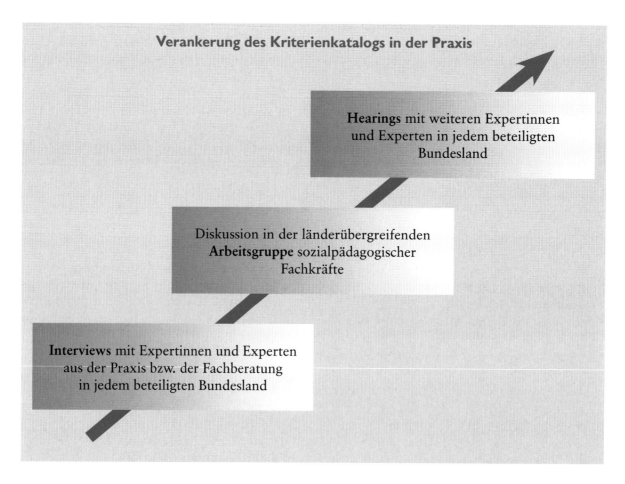

tion bei einem Träger bzw. Verband tätig (31 Personen) oder kamen als Einrichtungs- bzw. Gruppenleiterinnen und -leiter aus der pädagogischen Praxis (22 Personen).

Die zweieinhalb- bis dreistündigen Interviews wurden anhand eines den Gesprächspartnern vorher zugeschickten Leitfadens geführt. Der Gesprächsleitfaden war in drei Abschnitte gegliedert, die verschiedene Themenschwerpunkte enthielten.

Aufbau des Gesprächsleitfadens

Teil I Die Bildungslandschaft im jeweiligen Bundesland

Themen:
- Informationen über die aktuellen (lokalen und regionalen) Veränderungen der Angebote für Schulkinder
- Bestehende Angebotsformen vor Ort, neue Angebotsformen und Veränderungen
- Entwicklung von Bedarf und Nachfrage
- Aktuell diskutierte Themen in Bezug auf die Angebote für Schulkinder
- Kooperationsformen zwischen Einrichtungen bzw. Trägern

Teil II Was ist (aus Ihrer Sicht) ein gutes Angebot für Schulkinder?

Themen:
- Dimensionen von Qualität
- Pädagogische Grundhaltungen und Ziele
- Schriftliche Konzeptionen
- Formen der Planung und Reflexion
- Interessen und Bedürfnisse von Schulkindern
- Fragen zu den verschiedenen Handlungsbereichen in der Arbeit mit Schulkindern
- Kompetenzen der Fachkräfte
- Zusammenarbeit mit Eltern und Institutionen im Umfeld

Teil III Qualitätsfeststellung: Chancen, Probleme, Formen

Themen:
- Einstellungen zu und Erfahrungen mit verschiedenen Formen der Qualitätsfeststellung
- Wünsche an Qualitätsfeststellungsverfahren
- Stellenwert von Selbst- und Fremdevaluation

Die Aussagen der Expertinnen und Experten im Teil II des Interviews gaben entscheidende Hinweise auf Qualitätsdimensionen und -kriterien, die bei der Entwicklung unseres Kriterienkatalogs berücksichtigt wurden.

1.1.2 Die länderübergreifende Arbeitsgruppe der sozialpädagogischen Fachkräfte

Die Arbeitsgruppe setzte sich aus 17 Fachleuten aus den drei beteiligten Bundesländern (Bremen, NRW und Sachsen) zusammen. Alle Mitglieder verfügen über langjährige praktische Erfahrungen in der sozialpädagogischen Praxis. Die Gruppe war als kontinuierliches Beratungsgremium für die gesamte Laufzeit in das Projekt eingebunden und traf sich drei Mal jährlich zu zweitägigen Arbeitstreffen im SPI.

Diesem Gremium wurde der erste Entwurf sowie die Erprobungsfassung des Kriterienkatalogs (Stand: November 2000 und September 2001) vorgestellt. Die Teilnehmerinnen und Teilnehmer der Arbeitsgruppe hatten dann Gelegenheit, zu allen Qualitätsbereichen Stellung zu nehmen und ihre Einschätzungen auszutauschen. Alle Anmerkungen und Veränderungswünsche wurden im Team diskutiert und ggf. eingearbeitet.

1.1.3 Expertenhearings

Als zusätzliche Möglichkeit zum kritischen Diskurs sah die Projektkonzeption vor, weitere Expertinnen und Experten aus unterschiedlichen Arbeitszusammenhängen und Verantwortungsbereichen in die Diskussion des Kriterienkatalogs einzubeziehen. Dabei war es wichtig, ein möglichst breites Spektrum unterschiedlicher Perspektiven kennen zu lernen und zu beteiligen. Der Teilnehmerkreis war bewusst heterogen zusammengesetzt.

Folgende Personengruppen beteiligten sich an den Hearings:
- sozialpädagogische Fachkräfte und Fachberater/-innen freier und kommunaler Träger
- Lehrkräfte von Fachschulen
- Fachleute aus der Fortbildung
- Vertreter/-innen der Wissenschaft
- Vertreter/-innen der Landesjugendämter
- Vertreter/-innen von Gewerkschaften bzw. Berufsverbänden und
- Vertreter/-innen von Stadt- oder Landeselternräten

Von diesen Expertinnen und Experten wurden wichtige Hinweise zum Aufbau und zu den Inhalten des Kriterienkatalogs erwartet. Zur Vorbereitung erhielten sie einen Entwurf des Katalogs (Stand: Januar 2001).

Unsere Anfragen stießen auf positive Resonanz. Der überwiegende Teil der Expertinnen und Experten war interessiert und bereit, sich mit dem Katalog auseinander zu setzen und einen Arbeitstag zur Diskussion zur Verfügung zu stellen.

Eine Aufteilung in *länderspezifische* Hearings[2] schien notwendig, um die Größe der Veranstaltung in einem Rahmen zu halten, der einen intensiven Diskurs ermöglichte. Außerdem sollte landesspezifischen Aspekten Raum gegeben werden.

1.2 Entwicklungen im Bereich der Angebote für Kinder im Schulalter

Angesichts der gesellschaftlichen Veränderungen erhalten qualitativ hochwertige Angebote für Schulkinder eine immer größere Bedeutung. Der Bedarf ist kontinuierlich gestiegen. Viele Bundesländer antworten darauf mit einer Erweiterung des bestehenden Betreuungsangebots über Tageseinrichtungen und Horte hinaus. Dementsprechend haben sich seit dem Beginn des Projekts im Dezember 1999 die Angebotsformen für Schulkinder differenziert. Insbesondere Angebote an Grundschulen haben in den westlichen Bundesländern zugenommen. In einigen östlichen Bundesländern ging umgekehrt die Entwicklung dahin, die Horte – organisatorisch wie räumlich – aus den Grundschulen zu lösen und das eigenständige sozialpädagogische Angebotsprofil des Horts zu schärfen und zu verdeutlichen. Weitere Veränderungen und Differenzierungen – Stichwort »Offene Ganztagsschule« – werden derzeit als eine der möglichen Antworten auf die Ergebnisse der PISA-Studie diskutiert. Das geschieht jedoch vorrangig unter dem Diktat finanzieller Überlegungen.

Eine eindeutige und bundesweit einheitliche Entwicklungslinie in Richtung auf eine einzige Angebotsform ist nicht erkennbar. Es ist daher für die kommenden Jahre von einer vielfältigen

---

2 Die Hearings fanden in Bremen, Meißen und Köln statt. Insgesamt beteiligten sich jeweils ca. 20 Expertinnen und Experten an diesen Treffen.

und regional unterschiedlich ausgestalteten An-
gebotspalette auszugehen.

Im Zusammenhang mit dem Ausbau und der
Profilbildung dieser Angebotsformen sind Be-
wertungsmaßstäbe und Instrumente notwendig,
mit denen die Qualität der unterschiedlichen
Angebotsformen vergleichend festgestellt und
weiterentwickelt werden kann. Durch seinen
übergreifenden konzeptionellen Ansatz und seine Ausrichtung am Anspruch von best practice
hat das Material von QUAST Gültigkeit für alle Formen der Schulkinder-Betreuung, denn die
entscheidenden Leitfragen sind geblieben:

- Was versteht man unter einer »guten« Ent-
  wicklung von Schulkindern?
- Wie sollte das entwicklungsfördernde Ver-
  hältnis von Fachkräften und Schulkindern
  gestaltet sein?
- Was ist eine gute Fachpraxis, und welchen
  Regeln sollte sie folgen?
- Welche Rahmenbedingungen sind für welche
  Qualitätskriterien von Bedeutung?

Wie qualifiziert Angebote für Schulkinder im Bereich der Jugendhilfe oder an der Schule sind, ist
nicht in erster Linie eine Frage der Anbindung
an den Bereich der Jugendhilfe oder der Schule. Es geht in jedem Fall um ein altersangemesse-
nes, anregungsreiches und entwicklungsfördern-
des Angebot für Kinder im Alter zwischen sechs
und zwölf Jahren, in dem die Kinder ihren Interessen, Neigungen und Talenten sowie ihrem Bedürfnis nach Austausch mit Gleichaltrigen nach-
gehen können.

Das bedeutet umgekehrt, dass alle Angebote
für Schulkinder – sowohl in Regie der Jugendhilfe als auch in schulischer Trägerschaft – einer kontinuierlichen Evaluation zu unterziehen
sind. QUAST hält dazu die entsprechenden Materialien bereit (s. o.).

1.3 Qualität – ein Diskussions-, Konfron-
tations- und Reflexionsthema

Mit der Auseinandersetzung über das Thema
»Qualität« in Tageseinrichtungen sind einige
wesentliche Fragen ins Zentrum der fachlichen
Diskussion gerückt, die bereits in den vorange-
gangenen Jahren die Fachdebatte bestimmten.

- Was wird unter einer »guten« Entwicklung
  von Kindern im Schulalter verstanden?
- Welche Erziehungs-, Bildungs- und Betreu-
  ungsangebote brauchen Mädchen und Jun-

gen im Schulalter und wie sollten diese Angebote beschaffen sein?
- Wie sollte das entwicklungsfördernde Verhältnis von sozialpädagogischen Fachkräften
  und Kindern im Schulalter gestaltet sein?

*Kurzum: Was ist eine gute Fachpraxis
und welchen Regeln sollte sie folgen?*

Geht man von der klassischen Definition des
Qualitätsbegriffs aus, bedeutet Qualität Beschaf-
fenheit sowie Wert und Güte. Es geht also um
einen Bewertungsprozess und damit auch um
die Frage nach den Maßstäben bzw. Kriterien,
die der Bewertung zu Grunde liegen. Es geht außerdem um die Verständigung über die Bewertung und die ihr zu Grunde liegenden Maßstäbe
bzw. Kriterien. Und es geht um die Frage, wer
vor welchem fachlichen, gesellschaftlichen, politischen, finanziellen u. a. Hintergrund die Kriterien entwickelt und begründet.

Momentan lassen sich zwei Richtungen innerhalb der Qualitätsdebatte unterscheiden:
1. »Qualität ist das, was die Leute wollen.« Hier
   steht die Zufriedenheit der Nutzerinnen und
   Nutzer im Vordergrund.
2. »Qualität ergibt sich, wenn das getan wird,
   was getan werden soll.« Hier geht es um die
   Übereinstimmung mit bestimmten Erfordernissen, zum Beispiel mit rechtlichen Vorgaben und/oder fachlichen Kriterien (kindliche
   Grundbedürfnisse und entwicklungspsychologische Erkenntnisse).

Wir haben im vorliegenden Kriterienkatalog
beide Richtungen miteinander verbunden, da
unserer Auffassung nach sowohl die Ansprüche
der Nutzerinnen und Nutzer als auch die spezifischen Anforderungen, die an Tageseinrichtungen und weitere Angebotsformen für Schulkinder gestellt werden, für die Beurteilung der
Qualität dieser Angebote herangezogen werden
müssen.

In zwei weiteren Schritten haben wir gefragt:
»Wer sagt, was Qualität ist?« und darüber hinaus: *»Wer misst und beurteilt Qualität?«*

Diese beiden Fragen unterstellen, dass es
fachlich begründete Standards gibt und dass
diese Standards überprüft werden können. Sie
unterstellen aber auch, dass es unterschiedliche
Ansätze zur Qualitätsfeststellung gibt, die auf
spezifische Werte und Normen gründen, die offen gelegt werden müssen. Die Frage nach der
Legitimation der Qualitätsdefinition ist so zu-

gleich eine Frage nach der Beteiligung der unterschiedlichen Interessengruppen. Es ist zudem davon auszugehen, dass es auch innerhalb der einzelnen Interessengruppen unterschiedliche Ansichten über die Beurteilung der pädagogischen Arbeit in Kindertageseinrichtungen gibt.

Grundsätzlich sollte die Einbeziehung der unterschiedlichen Sichtweisen als Chance gesehen werden, diese Sichtweisen offen zu legen und sich darüber konstruktiv auszutauschen. QUAST hat in diesem Sinne ein Forum für einen öffentlichen Diskurs geschaffen und dabei mit möglichst allen Beteiligten nach Übereinstimmungen hinsichtlich der Anforderungen an eine gute pädagogische Arbeit mit Mädchen und Jungen im Schulalter gesucht.

1.4 Auf der Suche nach Konsens bei Qualitätskriterien oder: *Eine* Qualität für alle?

Qualitätskriterien sollten konsensfähig sein, d. h. von möglichst vielen Beteiligten akzeptiert werden. So einleuchtend diese Forderung auch ist, so schwierig ist es, sie einzulösen. Qualitätskriterienkataloge können nicht verordnet werden. Wir halten es aber fachlich und sozialpolitisch für notwendig, einen trägerübergreifenden Konsens zu suchen, der auch die zu Grunde liegenden Orientierungen einschließt.

Sieben Gesichtspunkte mussten bei der Suche nach Konsens berücksichtigt und diskutiert werden:

Erster Gesichtspunkt:
Qualität stellt sich aus verschiedenen Perspektiven unterschiedlich dar.

Auf die Frage, was die Qualität einer Tageseinrichtung für Kinder ausmacht, stellen die pädagogischen Fachkräfte, die dort tätig sind, andere Aspekte in den Vordergrund als zum Beispiel der Träger der Einrichtung. Für Eltern sind wieder andere Themen wichtig, und die Kinder haben noch eine ganz andere Sicht. Es musste daher geklärt werden, wie weit die Sichtweisen übereinstimmen und wie in den Fällen verfahren werden soll, in denen die Qualität von verschiedenen Perspektiven aus unterschiedlich beschrieben wird.

Zweiter Gesichtspunkt:
Es herrschen Träger- und Konzeptionsvielfalt.

Das Feld der Kinder- und Jugendhilfe ist von Träger- und Konzeptionsvielfalt geprägt. Beides ist ausdrücklich gewünscht, nicht zuletzt mit Blick auf ein Wunsch- und Wahlrecht der Eltern. Für alle Einrichtungen verpflichtend sind rechtliche Vorschriften, in erster Linie das KJHG und die jeweilige Ländergesetzgebung.

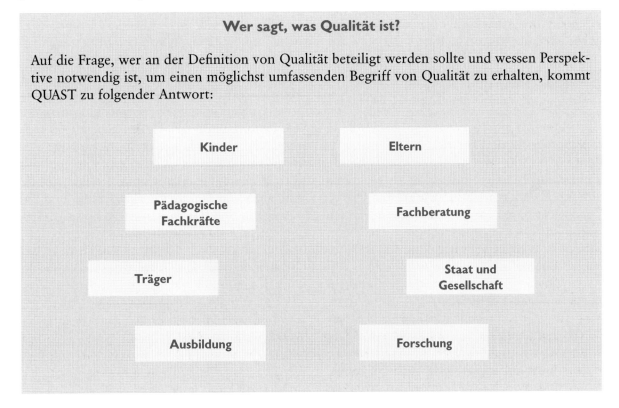

Wer sagt, was Qualität ist?

Auf die Frage, wer an der Definition von Qualität beteiligt werden sollte und wessen Perspektive notwendig ist, um einen möglichst umfassenden Begriff von Qualität zu erhalten, kommt QUAST zu folgender Antwort:

Kinder	Eltern
Pädagogische Fachkräfte	Fachberatung
Träger	Staat und Gesellschaft
Ausbildung	Forschung

Weitere, spezifische Vorgaben macht jeder Träger auf der Grundlage seiner Ziele und Wertvorstellungen bzw. weltanschaulichen Orientierungen. Alle Träger auf dieselbe Werte und Ziele festlegen zu wollen, würde der Trägerautonomie widersprechen. Wir wollten aber prüfen, ob es einzelne Orientierungen gibt, über die mit dem Ziel von Konsens geredet werden kann. Hier war zu fragen:

- Auf welche **Quellen** wollen wir uns gemeinsam beziehen, wenn wir Orientierungen für die pädagogische Arbeit ableiten?
  - Sind wir uns beispielsweise darüber einig, *dass* wir uns auf kindliche Grundbedürfnisse beziehen wollen?
  - Sind wir uns einig darüber, *was* wir darunter verstehen, welche Grundbedürfnisse wir Kindern zuschreiben wollen?
  - Sind wir uns schließlich sogar noch einig, *wie* ein bestimmtes Grundbedürfnis in der pädagogischen Arbeit berücksichtigt werden soll?
- Welche **Dimensionen** betrachten wir in gleicher Weise, wo unterscheiden wir uns? Sind zum Beispiel das Prinzip der »Lebensweltorientierung« oder das Ziel einer »Partizipation von Kindern« konsensfähig, und zwar nicht nur abstrakt und allgemein, sondern auch noch dann, wenn es um die konkrete Umsetzung in der pädagogischen Arbeit geht?

Unsere Antworten auf diese Fragen sind im Bereich der Orientierungsqualität entwickelt und ausführlich dargelegt (vgl. Kap. 4.2).

Dritter Gesichtspunkt:
Einrichtungen arbeiten »kontextabhängig«.

Einrichtungen arbeiten in einem jeweils spezifischen Umfeld und entwickeln Ziele und Arbeitsweisen, die auf die Lebenssituation der Kinder und Familien im Umfeld zugeschnitten sind. Folgt daraus, so haben wir gefragt, dass die Qualitätskriterien zur Beurteilung von Einrichtungen in verschiedenen Einzugsgebieten unterschiedlich aussehen dürfen, können, vielleicht sogar müssen?

Aus unserer Sicht ist es tatsächlich ein übergeordnetes Qualitätskriterium, dass jede Einrichtung ihre Qualität kontextabhängig definiert. Wichtig ist dabei, dass sie weiß, warum sie was wie tut bzw. warum sie bestimmte Angebote bereitstellt und auf andere verzichtet. Darüber hinaus gibt es jedoch auch Vergleichbares und unverzichtbare Anforderungen an die qualifizierte pädagogische Arbeit mit Schulkindern, die im Kriterienkatalog ihren Niederschlag finden.

Vierter Gesichtspunkt:
Qualitätskriterien unterscheiden sich bei Angeboten für Kinder verschiedener Altersstufen. Die Qualitätsbereiche und -dimensionen sind jedoch vergleichbar.

Der Tagesablauf in einem Hort ist zwangsläufig anders als in einem Kindergarten oder in einer Einrichtung für Kinder unter drei Jahren. Die entwicklungspsychologischen Besonderheiten der jeweiligen Altersstufen sorgen dafür ebenso wie die unterschiedlichen Lebenssituationen der Kinder und Familien. Insofern sind Qualitätskriterien zu entwickeln, die eigens auf die Arbeit mit Mädchen und Jungen im Schulalter zugeschnitten sind. Konsens gibt es allerdings bei den verschiedenen Qualitätsbereichen und -dimensionen, die altersspezifisch zu differenzieren sind. Das Prinzip der Partizipation von Kindern ist ein Beispiel dafür: So soll für alle Altersstufen gelten, *dass* die Kinder das Leben in der Einrichtung mitgestalten. *Wie* das jedoch konkret geschieht, ist bei Hortkindern sicher anders als im Kindergarten. Nicht zuletzt im Hinblick auf altersgemischte Gruppen und kombinierte Einrichtungen ist es bedeutsam, dass sie sich bei der Frage nach der Qualität ihrer Arbeit auf identische Qualitätsbereiche und -dimensionen beziehen können.

Außerdem gibt es verschiedene Aufgabengebiete, die unabhängig von der zu betreuenden Altersgruppe gleichen Qualitätskriterien unterliegen. Das betrifft zum einen die Aufgaben der Leitungskräfte: Personalführung, Teamentwicklung, Qualitätsmanagement sind Aufgaben, die alle Leitungskräfte zu erfüllen haben, unabhängig davon, in welcher Einrichtung und mit welchen Altersgruppen sie arbeiten. Gleiches gilt für die Zusammenarbeit im Team und für die Aufgaben von Planung und Reflexion und die Konzeptionsentwicklung, für die Bedarfsorientierung oder die Öffentlichkeitsarbeit. Schließlich verlangt auch der komplexe Prozess der Qualitätsfeststellung, -sicherung und -entwicklung bestimmte Strukturen und Kompetenzen, die unabhängig von der jeweiligen Angebotsform gelten und bestimmte Qualitätsanforderungen erfüllen müssen.[3]

---

3 Vgl. hierzu den »verbindlichen Bereich« im internen Qualitätsfeststellungsverfahren von QUAST.

Fünfter Gesichtspunkt:
Profil und Qualität der Angebote für Schulkinder in Tageseinrichtungen und Profil und Qualität anderer Angebote müssen sich an denselben Qualitätskriterien messen lassen.

In den letzten Jahren hat sich in den Bundesländern eine breite Palette von verschiedenen Angebotsformen für Schulkinder entwickelt. Neben Angeboten der Jugendhilfe (Horte, Hortgruppen und altersgemischte Gruppen nach dem jeweiligen Ausführungsgesetz des Landes zum KJHG, aber auch andere, offene Angebote im Jugendbereich) sind Betreuungsformen in Schulen (Stichwort »Ganztagsschule«) und Angebote von Vereinen und kommerziellen Anbietern getreten. Das ist eine Entwicklung, die zunächst die Angebote für Schulkinder betrifft, aber die Angebotsformen für jüngere Kinder könnten sich bald ähnlich differenzieren. Bedeutsam ist, dass sich auch diese Angebotsformen bestimmten Qualitätskriterien stellen und bestimmte Qualitätsstandards erfüllen. Wichtig ist auch, dass Eltern Profil, Art und Umfang der Angebote und ihre Qualität beurteilen können, um auf dieser Grundlage das geeignete Angebot für ihr Kind auszuwählen.

Sechster Gesichtspunkt:
Qualitätskriterien müssen möglichst konkret formuliert werden.

Je allgemeiner ein Qualitätskriterium formuliert wird, desto leichter ist Zustimmung zu erzielen. Andererseits trennt sich oft erst dann, wenn das Kriterium ins Spezielle geht, »die Spreu vom Weizen«. Ohne weiteres dürfte zum Beispiel konsensfähig sein, *dass* jede Einrichtung eine Konzeption haben sollte. Weit weniger konsensfähig sind Aussagen über deren Inhalt. (Und zwar erstens: Welche Gesichtspunkte sollen in einer Konzeption angesprochen werden? Und zweitens: Wie sollen sie angesprochen werden?)

Im vorliegenden Katalog wurden die Kriterien daher auf einer möglichst handlungsnahen Ebene definiert. Im Rahmen der Qualitätsfeststellungsverfahren wurden sie dort, wo es notwendig erschien, nochmals konkretisiert, d. h. zu Indikatoren umformuliert.

Siebter Gesichtspunkt:
Transparenz fördert Akzeptanz.

Nicht zuletzt wegen der notwendigen Akzeptanz war die Frage zentral, wie die Qualitätskriterien entwickelt werden, ob zum Beispiel die Praxis von vornherein einbezogen oder vor vollendete Tatsachen gestellt werden soll, wie weit das Vorgehen bei der Entwicklung des Katalogs (und später auch der Feststellungsverfahren) und die Orientierungen, auf denen er basiert, transparent gemacht werden.

QUAST hat die Praxis möglichst frühzeitig und auf verschiedenen Ebenen an der Entwicklung der Qualitätskriterien und der Diskussion darüber beteiligt (vgl. Kap. 1.1). Daneben legen wir großen Wert darauf, die uns leitenden Grundsätze und Orientierungen transparent zu machen – davon berichtet das Kapitel 2.

Besonders die Fachkräfte in der Praxis sind zudem an der Frage interessiert, wer die Qualitätskriterien bzw. die Qualitäts-Feststellungsverfahren in welcher Form und mit welcher Absicht bzw. welchen Zielen benutzt, um welche Entscheidungen zu treffen. Für uns waren bei der Entwicklung des Kriterienkatalogs und vor allem bei der Erarbeitung und weiteren Handhabung des internen und externen Qualitäts-Feststellungsverfahrens folgende Grundsätze maßgeblich:

Grundsätze der Evaluation bei QUAST

- Grundlage der Evaluation ist ein konsensfähiger Katalog von Qualitätskriterien. Dieser Katalog wird in enger Zusammenarbeit mit der Praxis entwickelt. Das Verfahren seiner Entstehung und die Orientierungen, auf denen er basiert, werden transparent gemacht.
- Die Qualitätskriterien müssen der Träger- und Konzeptionsvielfalt sowie dem Prinzip der Kontextabhängigkeit von Qualität gerecht werden.
- Bei den Qualitätskriterien werden (Haupt-) Verantwortliche markiert.
- Die Evaluation berücksichtigt möglichst die Bedürfnisse und Interessen aller Beteiligten und bezieht mindestens die Perspektiven der Kinder und Eltern ein.
- Die Evaluationsinstrumente umfassen alle relevanten Bereiche des Kriterienkatalogs: Orientierungen, Strukturen, Prozesse, Entwicklungen und Ergebnisse.

- Die interne Evaluation hat Vorrang vor der externen Qualitätsfeststellung.
- Externe Evaluation ist als Prüf- und Korrekturfaktor wichtig. Sie bietet eine faire Einschätzung der Stärken und Schwächen der evaluierten Einrichtung, damit die Stärken ausgebaut und Problemfelder angesprochen werden können.
- Die Evaluationskultur entspricht dem, was von den Fachkräften an »Kultur des Umgangs« mit Kindern und untereinander erwartet wird: Human gestaltete Interaktion, Klärung der Absichten und Ziele, faire Einschätzung, Offenlegung der Ergebnisse, begründete Schlussfolgerungen, Darlegung von Interessenkonflikten.
- Das Evaluationsverfahren ist transparent und mit allen Beteiligten abgestimmt.
- Eine Qualitätsfeststellung ist nur als Bestandteil eines längerfristigen Weiterentwicklungsprozesses sinnvoll. Die Verantwortung für die Planung, Durchführung und Evaluation dieses Prozesses liegt bei den Fachkräften und dem Träger einer Einrichtung.

1.5 Aufbau und Nutzung des Kriterienkatalogs

Das nächste Kapitel beschreibt die drei zentralen Leitgedanken, die der Arbeit im Projekt zu Grunde lagen. Sie heben erstens den gesellschaftlichen Stellenwert der Tageseinrichtungen für Schulkinder hervor, bestehen zweitens nachdrücklich darauf, dass Angebote für Mädchen und Jungen im Schulalter Bildungsangebote im Erziehung und Betreuung umfassenden Sinne sind und als solche konzipiert werden und verlangen drittens ein Selbstverständnis der Tageseinrichtungen als lernende Organisationen (vgl. Kap. 2).

Auf der Suche nach einem Qualitätsbegriff, der die unterschiedlichen Sichtweisen, Ansätze und Bezugspunkte innerhalb der Qualitätsdebatte aufgreift und zusammenführt, ergaben sich fünf Qualitätsbereiche: Orientierungsqualität, Strukturqualität, Prozessqualität, Entwicklungsqualität und Ergebnisqualität. Sie werden im Anschluss an die Erläuterung der Leitgedanken zunächst im Überblick mit ihren zentralen Dimensionen vorgestellt und begründet (vgl. Kap. 3).

Danach befassen wir uns mit den einzelnen Qualitätsbereichen. Dabei wird ihr jeweils eigener Stellenwert innerhalb des Qualitätsmanagements erläutert; sie werden in ihrer Systematik entwickelt und in ihre Elemente gegliedert: von den Dimensionen zu den Subdimensionen und Merkmalen bis zu den Qualitätskriterien (vgl. Kap. 4–8).

Das letzte Kapitel *Reflexion und Evaluation* verweist auf das didaktische Verlaufsmodell pädagogischen Handelns und entwickelt daraus ein Instrument des so genannten strategischen Controllings zur Überprüfung pädagogischer Arbeit (vgl. Kap. 9).

Der Kriterienkatalog richtet sich in erster Linie an sozialpädagogische Fachkräfte, aber auch an andere interessierte Fachleute und politisch Verantwortliche. Er ist umfangreich, da wir sowohl unser Selbstverständnis in Form der zentralen Leitgedanken als auch die fünf Qualitätsbereiche erläutern und systematisch herleiten.

Leserinnen und Leser können aber auch einzelne Informationen aus dem Katalog abrufen. Sie können inhaltliche Schwerpunkte setzen, sich beispielsweise mit dem Bildungsbegriff generell auseinander setzen (vgl. Kap. 2.2.1), sich mit seiner inhaltlichen Zuspitzung auf didaktische Prinzipien und Schlüsselqualifikationen (vgl. Kap. 2.2.2) oder mit den entwicklungspsychologischen Besonderheiten von Mädchen und Jungen im Schulalter (vgl. Kap. 2.2.3 u. 2.2.4) befassen. Sie können mit einzelnen Qualitätsbereichen arbeiten oder sich mit einzelnen Dimensionen innerhalb der Qualitätsbereiche auseinander setzen und gezielt nach spezifischen Qualitätskriterien suchen. Der Katalog kann also auf verschiedene Weise genutzt werden:
- Leserinnen und Leser, die sich einen Überblick darüber verschaffen wollen, auf welche Inhalte wir uns bei der Begründung der fünf Bereiche beziehen, sollten sich auf das Kapitel 3 sowie die Einleitungstexte zu den einzelnen Bereichen und auf die Ausführungen zu den verschiedenen Dimensionen innerhalb der Bereiche konzentrieren (jeweils die ersten drei Kapitel zu den einzelnen Bereichen).
- Sind vor allem die Auseinandersetzung mit Leitbildern sowie der Aspekt der Bildung von Interesse, geben besonders die zentralen Leitgedanken (Kap. 2) und der Bereich der Orientierungsqualität (Kap. 4) Informationen.
- Möchte man sich mit den Kompetenzen der Fachkräfte (differenziert nach Leitung und Mitarbeiter/-innen) auseinander setzen, gibt der Bereich der Strukturqualität mit den da-

zugehörigen Qualitätskriterien unsere Einschätzung über die Anforderungen an das sozialpädagogische Fachpersonal wieder (Kap. 5).

- Sind spezifische Handlungsbereiche (wie die Zusammenarbeit mit Eltern oder die Hausaufgabenbetreuung) oder der übergreifende Aspekt der Gestaltung sozialer Beziehungen von Interesse, empfiehlt sich besonders der Bereich der Prozessqualität (Kap. 6).

- Ausgehend vom Prinzip der lernenden Organisation geht es im Bereich der Entwicklungsqualität um die Frage, was die Einrichtung, aber auch die einzelne Fachkraft tun muss, um sich zu entwickeln (vgl. Kap. 7).

- Unsere Sicht auf die Beurteilung von Ergebnissen wird im Bereich der Ergebnisqualität vorgestellt (vgl. Kap. 8).

- Das letzte Kapitel befasst sich vor allem mit dem Erfordernis der Zielentwicklung, der Operationalisierung von Zielen und der Zielüberprüfung. Orientiert am Verlaufsmodell pädagogischen Handelns wird dabei ein Ziel-Feedback-Kreislauf beschrieben, der sowohl die Orientierungen als auch die Strukturen und Prozesse sowie die erzielten Ergebnisse betrachtet und sich dabei vom Grundsatz des lebenslangen Lernens und der Qualitätsentwicklung leiten lässt (vgl. Kap. 9).

Zentrale Leitgedanken

2

Dem Kriterienkatalog liegen drei zentrale Leitgedanken zu Grunde. Sie spiegeln unser Leitbild bzw. das Selbstverständnis im Projekt.

2.1 Gesellschaftlicher Stellenwert der Tageseinrichtungen für Schulkinder

Tageseinrichtungen für Kinder im Schulalter bieten ein familienergänzendes und familienunterstützendes Angebot für Eltern und ein anregungsreiches Angebot für Kinder. Die gesellschaftlichen Veränderungen (weniger Eheschließungen, Rückgang der Geburtenzahlen, Zunahme von Scheidungen und allein Erziehenden) und der Wandel des Rollenverständnisses von Frauen bzw. Müttern (Zunahme der dauerhaften Berufstätigkeit von Müttern auch in den westlichen Bundesländern) haben großen Einfluss auf das Zusammenleben von Eltern und Kindern sowie auf die Bedingungen, unter denen Kinder aufwachsen. Familien müssen sich einerseits auf das System Tageseinrichtungen verlassen können, das ihnen für ihre Kinder eine optimale Betreuung, Erziehung und Bildung bietet. Andererseits sind Eltern in der Wahrnehmung ihrer Rolle zu stärken, indem »ihre Aufgaben und Verantwortungen von der Gemeinschaft als wichtig und sinnvoll betrachtet werden« (BUNDESMINISTERIUM FÜR FAMILIE, SENIOREN, FRAUEN UND JUGEND 1998, S. 19).

Tageseinrichtungen haben in unserer Gesellschaft ihren Wert aber nicht nur dadurch, dass sie ihrem familienunterstützenden und entwicklungsfördernden Auftrag nachkommen. Sie gestalten Kindheit heute vielmehr aktiv mit, da sie eine spezifische Form der Beziehung zwischen den Generationen repräsentieren (vgl. HONIG 1999).

Kindern im Schulalter wird der Aufbau von sozialen Beziehungen und die notwendige Auseinandersetzung mit Gleichaltrigen unter den sich rasch wandelnden Lebensbedingungen zunehmend erschwert. Verkehrsgefährdungen und zu überbrückende Entfernungen verhindern oft, dass sich die Mädchen und Jungen miteinander treffen und ihre Freizeit selbstbestimmt gestalten können. Hier sind sie auf die Unterstützung von Erwachsenen angewiesen, damit sie sich Räume erobern und sich ihren Wunsch nach Kontakt und Austausch erfüllen können.

Es wäre verfehlt, die Gestaltung von Angeboten für Kinder im Schulalter nur auf Kinder aus sozial benachteiligten Familien oder Kinder mit besonderem Förderbedarf zu reduzieren. *Alle* Mädchen und Jungen dieser Altersgruppe benötigen vielmehr für ihre Entwicklung ein Netz von Personen und Einrichtungen, die ihnen Anregung, Freiraum und Schutz bieten sowie miteinander im Sinne einer kooperativen Sozialwelt im Austausch stehen.

Der Besuch von Tageseinrichtungen ist damit eine Konsequenz des gesellschaftlichen Wandels. Es stellt sich die Frage, welchen Wert man Tageseinrichtungen als öffentlichen Erziehungsinstitutionen zuschreibt, d. h. welche gesellschaftliche Bedeutung einer Einrichtung in Bezug auf das Handeln der dort tätigen Personen beigemessen wird. Darüber hinaus ist eine Auseinandersetzung darüber wichtig, wie sich die unterschiedlichen Aufgaben von öffentlicher und privater Erziehung ergänzen können. Für das BUNDESMINISTERIUM FÜR FAMILIE, SENIOREN, FRAUEN UND JUGEND steht jedenfalls fest, dass die »zu erbringende Koordination von Personen und materiellen Leistungen und ideeller Unterstützung eine der wichtigsten Aufgaben der umfassenden Kultur einer Gesellschaft« ist (1998, S. 19). LOTHAR KRAPPMANN führt entsprechend aus, »dass sich nicht nur zwischen Kindern, Eltern und Erzieherinnen entscheidet, ob Krippen *(wir ergänzen:* und Angebote für Kindergarten- und Schulkinder) günstige Voraussetzungen für ihre Arbeit erhalten und diese Einrichtungen als erfolgreich angesehen werden. Vielmehr wird das Handeln aller Beteiligten und werden die wahrgenommenen Folgen dieses Handelns sehr weit gehend von der gesellschaftlichen Bewertung dieser Einrichtungen, der Kinder und Familien, die sie in Anspruch nehmen, und der Kräfte, die in ihnen tätig sind, bestimmt« (KRAPPMANN 1996, S. 20).

Deshalb ist es unzureichend, »nur auf die Einrichtung für die Kinderbetreuung zu schauen, wenn günstige Entwicklungsbedingungen geschaffen werden sollen«. Vielmehr muss »das ganze Umfeld der kindlichen Entwicklung und Erziehung, das bis zu den Wertvorstellungen reicht, die die Rolle von Familien mit Kindern in der Gesellschaft bestimmen« (ebd., S. 21), gesehen werden.

Gesellschaft und Politik stehen – gerade angesichts knapper Kassen – vor der Herausforderung, eine *Kultur des Aufwachsens* (LOTHAR KRAPPMANN) zu gestalten, in die ein konzeptionsgeleitetes, aufeinander abgestimmtes, bedarfsorientiertes und verlässliches System der Betreuung, Erziehung und Bildung von Mädchen und Jungen im Schulalter integriert ist. QUAST geht dabei davon aus, dass der im KJHG und in verschiedenen Ländergesetzen zu Grunde gelegte ganzheitliche Auftrag der Betreuung, Erziehung und Bildung nicht nur für Tageseinrichtungen für Kinder gelten darf, sondern sich auf alle pädagogischen Angebotsformen für Mädchen und Jungen im Schulalter erstrecken und auch an qualitativen Vorgaben messen und evaluieren lassen muss.

2.2 Bildung in Tageseinrichtungen für Kinder im Schulalter

Tageseinrichtungen für Kinder sind Bildungseinrichtungen im umfassenden Sinne und integraler Bestandteil unseres Bildungssystems.

Der Erziehung und Betreuung einschließende Bildungsauftrag der Tageseinrichtungen für Kinder im Schulalter leitet sich aus den gesetzlichen Grundlagen her, die Bildung als zentrale gesellschaftliche Aufgabe zu betrachten (u. a. § 22 SGB VIII). Bildung wird dabei als ein arbeitsteiliges Unterfangen angesehen, bei dem neben den Kindern selbst u. a. ihre Familien, die sozialpädagogischen Fachkräfte und die Schule aktiv beteiligt sind.

Die am Projekt beteiligten Bundesländer NRW und Sachsen haben in ihren gesetzlichen Grundlagen über die Tageseinrichtungen für Kinder eindeutig einen eigenständigen Erziehungs- und Bildungsauftrag des Hortes formuliert (GTK i. d. F. vom 16.12.1998, SäKitaG i. d. F. vom 24.08.1996). Das Land Bremen als drittes beteiligtes Bundesland spricht zwar nicht ausdrücklich von einem eigenständigen Bildungsauftrag des Hortes, sondern fordert lediglich eine regelmäßige Betreuung und Förderung der Grundschulkinder außerhalb der Schulzeit (BremKTG i. d. F. vom 19.12.2000 § 6 (1–4)). Aber auch für die Tageseinrichtungen in Bremen gilt der Paragraph 23 (2) SGB VIII, der ausdrücklich die Betreuung, Bildung und Erziehung des Kindes als zentrale Aufgaben der Tageseinrichtungen hervorhebt. Daraus ergibt sich ein grundsätzlicher Anspruch der Mädchen und Jungen in Tageseinrichtungen auf Erziehung und Bildung in einem umfassenden, im Folgenden näher zu bestimmenden Sinne.

2.2.1 Zum Grundverständnis von Bildung

In diesem Kapitel geht es darum, das dem Kriterienkatalog zu Grunde liegende Verständnis von Bildung darzulegen und zu begründen. Wir gehen dabei vom Allgemeinen zum Besonderen, und zwar in zweifacher Hinsicht:
- von einem grundlegenden – und damit notwendig abstrakt bleibenden – *Bildungsbegriff*, zu Überlegungen, was er auf die Mädchen und Jungen im Schulalter übertragen bedeutet;
- von den Grundzügen eines zeitgemäßen und zukunftsoffenen *Konzepts Allgemeiner Bildung* zu den daraus resultierenden Aufgaben für die Tageseinrichtungen und ihre pädagogischen Fachkräfte.

Was den ersten Schritt, die allgemeinen, grundlegenden Bestimmungen von Bildungsbegriff und Bildungskonzept angeht, stützen wir uns im Wesentlichen auf die »Neue[n] Studien zur Bildungstheorie« von WOLFGANG KLAFKI (1996). Darin verdeutlicht der Erziehungswissenschaftler die verschiedenen Facetten bzw. Dimensionen des Bildungsbegriffs und führt sie zu einem Allgemeinbildungskonzept zusammen, das er in Grundzügen entwickelt.

Bildung wird dabei als die Entfaltung der menschlichen Kräfte im Sinne einer umfassenden Menschenbildung verstanden, als Bildung von Kopf, Herz und Hand. Diese umfassende Menschenbildung bezieht sich auf die Ausgestaltung der moralischen, kognitiven, ästhetischen und praktischen Fähigkeiten des Menschen. Hiermit ist die *analytische Seite des Bildungsbegriffs* skizziert.

Hinzu kommen die *normativen Aspekte des Bildungsbegriffs*, die ihn als einen geschichtlichen und damit zugleich gesellschaftspolitischen Begriff ausweisen. In der historischen Auseinandersetzung um den Bildungsbegriff – KLAFKI hebt hier insbesondere »die unverlierbare Errungenschaft der europäischen Aufklärungsbewegung seit dem 18. Jahrhundert« hervor (ebd., S. 50) – haben sich folgende Ansprüche herauskristallisiert:
- der Anspruch des Menschen auf Selbstbestimmung, sein Recht auf individuelle Entfaltung bzw. Entwicklung seiner Möglichkeiten und pädagogische Unterstützung;
- der Anspruch eines jeden Menschen, die Entwicklung der Gesellschaft mitzugestalten und mitzubestimmen;

- der Anspruch auf eine Humanisierung der Lebensbedingungen, der die Bereitschaft zur Übernahme von Verantwortung einschließt.

Bereits diese kurze Aufzählung zeigt die Vielschichtigkeit des Bildungsbegriffs. Bildung ist demnach zugleich Bedingung, Prozess und Ziel. Sie hat eine individuelle und eine gesellschaftliche Dimension, beschreibt einerseits individuelle Fähigkeiten, die nur selbsttätig zu erwerben sind und die ganze Person verlangen – insofern man nicht gebildet werden kann, sondern sich nur selbst bilden kann. Andererseits verweist sie auf die (pädagogische) Unterstützung, die insbesondere das Kind in seinem Bildungsprozess braucht, und auf die Voraussetzung, die gegeben sein, gemeinsam errungen werden müssen, um die Entfaltung des Menschen zu fördern.

KLAFKI weist in diesem Zusammenhang als **erste** »Grundbestimmung eines neuen Allgemeinbildungskonzepts« auf den engen Zusammenhang von Bildung und Gesellschaft hin und formuliert pointiert: »Bildungsfragen sind Gesellschaftsfragen« (ebd., S. 49ff., vgl. auch den ersten »zentralen Leitgedanken«, Kap. 2.1). Die Übernahme der Verantwortung für die gegenwärtige und zukünftige Generation junger Menschen soll in einer Bildungskonzeption verankert werden, die auf gesellschaftliche Entwicklungen Einfluss nimmt und diese mitgestaltet.

Die **zweite Grundbestimmung** stellt die personale Dimension des Bildungsbegriffs in den Vordergrund. So betont KLAFKI, dass Bildung heute als Zusammenhang von *drei Grundfähigkeiten* verstanden werden muss, die der einzelne Mensch im Verlauf seines Bildungsprozesses selbsttätig erarbeiten und persönlich verantworten, d. h. leben und nach außen vertreten lernen muss:

- *die Fähigkeit zur Selbstbestimmung,* d. h. die Fähigkeit jedes einzelnen Menschen, über seine individuellen Lebensbezüge und Sinndeutungen selbst zu bestimmen und seine Interessen in den verschiedenen Lebensbereichen (Beziehung, Beruf, Ethik, Religion) zu entwickeln und vertreten zu können;
- *Mitbestimmungsfähigkeit,* und zwar in dreifacher Hinsicht als *Anspruch auf,* als *Möglichkeit zur* und *Verantwortung für* die Gestaltung der gesellschaftlichen und politischen Verhältnisse;
- *die Solidaritätsfähigkeit* im Sinne der Rechtfertigung des eigenen Anspruchs auf Selbst- und

Mitbestimmung durch Anerkennung dieses Anspruchs beim Anderen und aktive Unterstützung derjenigen, die diesen Anspruch auf Grund gesellschaftlicher Benachteiligung, Diskriminierung oder Unterdrückung nicht leben und durchsetzen können bzw. darin eingeschränkt werden (vgl. ebd., S. 52).

Erneut wird die Verschränkung der individuellen und gesellschaftlichen Dimension des Bildungsbegriffs erkennbar, werden Selbst- und Mitbestimmung doch nicht allein auf individuelle Kräfte und Begabungen zurückgeführt, sondern als Rechte verstanden, die die demokratische Gesellschaft dem Individuum und die Individuen selbst eineinander – das beinhaltet die letzte der genannten Grundfähigkeiten – einräumen und sichern müssen.

Die **dritte Grundbestimmung** des Bildungsbegriffs knüpft daran an, wenn hier die Bedeutung des *Allgemeinen* in seiner Verknüpfung mit *Bildung* geklärt, also erörtert wird, was *Allgemeinbildung* bzw. *allgemeine Bildung* heißen soll. Wieder nennt KLAFKI drei Aspekte, die hier dargelegt und darüber hinaus mit Blick auf die Angebote für Kinder im Schulalter inhaltlich präzisiert werden sollen:

(1) Bildung ist demokratisches Bürgerrecht – Bildung für alle

Als bildungsorganisatorische Dimension kann die Forderung erhoben werden, dass der Zugang zu Bildungsmaßnahmen potenziell allen Kindern im Schulalter eröffnet werden muss, und dies nicht nur hinsichtlich schulbezogener Bildungsmaßnahmen, sondern auch im Bereich außerschulischer bzw. außerunterrichtlicher Angebote für die Mädchen und Jungen dieser Altersgruppe.

(2) Allgemeinbildung bezieht sich auf Frage- und Problemstellungen, die *alle* Menschen betreffen.

Immer wieder stellt sich die Frage, welche Inhalte Kinder lernen, was sie wissen müssen. Auch KLAFKI stellt diese Frage, beantwortet sie aber nicht im Sinne eines fest umrissenen Wissensstoffs oder Fächerkanons. Er geht vielmehr davon aus, dass jede Zeit bzw. Epoche besondere Fragen und Probleme aufwirft – er spricht von »epochaltypischen Schlüssel- oder auch Strukturproblemen« (vgl. ebd., S. 56ff.) –, die alle Menschen, die in dieser Zeit leben, betreffen und von ihnen angegangen werden müssen. KLAFKI geht ferner davon aus, dass es nicht beliebig viele solcher Schlüsselprobleme gibt, die für die Menschen gesamtgesellschaftlich oder auch weltumspannend/global bedeutsam sind, dass man sich im Diskurs vielmehr auf bestimmte inhaltliche Zentren einigen kann – übertragen auf die Bildungsangebote für Schulkinder wäre dies möglicherweise eine lohnende Aufgabe einer Jugendhilfe und Schule zusammenführenden Curriculumkommission.

KLAFKI selbst unterbreitet hierzu einen Vorschlag; er geht davon aus, dass folgende Frage- und Problemstellungen potenziell alle Menschen betreffen:

- Die *Friedensfrage* – Friedenserziehung als kritische Bewusstseinsbildung und Entwicklung von konstruktiven Konfliktlösungen.
- Die *Umweltfrage* – Umwelterziehung als Maßstab für die Erhaltung der natürlichen Lebensgrundlagen – nach der Konferenz der Vereinten Nationen über Umwelt und Entwicklung vom Juni 1992 in Rio de Janeiro mit ihrem Beschluss der Agenda 21 kommt der Umweltbildung im erweiterten Sinne einer »Bildung für eine nachhaltige Entwicklung« eine zentrale Rolle zu.[4] Für die 4. Kommission für nachhaltige Entwicklung vom April 1996 in New York City ist sie »eine der wesentlichen Bildungsaufgaben der Zukunft« (vgl. BLK 1998, S. 4). Die Bund-Länder-Kommission für Bildungsplanung und Forschungsförderung (BLK) hat sich mit der Frage auseinander gesetzt, wie die Agenda 21 innerhalb des Bildungssystems handlungsorientiert umgesetzt werden könne, das heißt vor allem, wie »sich Bildungseinrichtungen ermutigen und in Stand setzen [ließen], sich selbstständig innovativ zu entwickeln und ihren Beitrag zum Schutz der natürlichen Lebensgrundlagen in Verantwortung für die kommenden Generationen zu leisten« (ebd., S. 5). Der von der BLK dazu entwickelte »Orientierungsrahmen« formuliert »didaktische Prinzipien und Schlüsselqualifikationen«, die weiter unten aufgegriffen werden (vgl. Kap. 2.2.2).
- Die *Auseinandersetzung mit dem Phänomen sozialer und kultureller Ungleichheit* als Förderung einer kritischen Solidaritätsfähigkeit.
- Die *bewusste und kritische Auseinandersetzung mit den neuen Informations- und Kommunikationstechnologien*: Dazu gehört eine informations- und kommunikationstechno-

logische Grundbildung, die einerseits ein grundlegendes Verständnis von diesen Medien, ihrer Handhabung und ihrem Nutzen vermittelt und andererseits die Wirkungen und sozialen Folgen, Chancen und Gefahren kritisch reflektiert, die mit diesen Technologien verbunden sind.
- Die Frage der *zwischenmenschlichen Beziehungen* mit den Erfahrungen von Liebe, Sexualität, des Geschlechterverhältnisses oder gleichgeschlechtlicher Beziehungen und damit verbunden die Auseinandersetzung mit den individuellen Glücksansprüchen eines jeden Menschen und seiner Verantwortung dem/der anderen gegenüber und für die Gestaltung der zwischenmenschlichen Beziehungen.

Wichtig ist KLAFKIS Hinweis, dass vermutlich ein Konsens über solche Schlüsselprobleme hergestellt werden kann, dass das aber nicht gleichermaßen für die Wege gilt, diese Probleme zu lösen, ja dass dies auch nicht wünschenswert und mit der komplexen Wirklichkeit nicht zu vereinbaren wäre. Kinder müssten vielmehr an exemplarischen Beispielen lernen, und das heißt selbsttätig erfahren, dass es auf komplexe Probleme keine einfachen, eindimensionalen Antworten gibt, sondern dass stets mehrere Lösungswege und verschiedene Antworten existieren, abhängig u. a. von unterschiedlichen gesellschaftlichen oder politischen Interessen, von eigenen Lebensbezügen und Werten. Allerdings, und auch das müssten und würden Kinder in ihrer Auseinandersetzung mit komplexen Problemen lernen, sind nicht alle Lösungen gleich gut oder gleich brauchbar. Die einen sind vielleicht zu umständlich, andere haben möglicherweise negative Begleiterscheinungen, lösen neue, unkalkulierbare Probleme aus etc.

4 Der Begriff der »nachhaltigen Entwicklung« geht über den der Umweltbildung insofern hinaus, als er »gleichermaßen Umweltgesichtspunkte, soziale Aspekte und Entwicklungsfragen« aufgreift und in ihrem Zusammenhang bzw. ihrer wechselseitigen Abhängigkeit begreift (vgl. BLK 1998, S. 9 u. 10ff.). An anderer Stelle werden fünf Dimensionen genannt, die mindestens unter dem Leitbild einer »nachhaltigen Entwicklung« vereint und untereinander verbunden seien: die ökonomische, die ökologische, die soziale, die kulturelle und die globale Dimension (vgl. ebd., S. 20). »Umweltbildung bleibt als ökologische und politische Bildung eine Spezialdisziplin im Kontext einer neuen Bildungskonzeption«, die die anderen Dimensionen »in tragfähiger Weise« einbezieht (ebd., S. 22).

Hier kommt es folglich auf die diskursive Auseinandersetzung mit einem – exemplarischen – Thema an. Dabei geht es zugleich um die »Aneignung von Einstellungen und Fähigkeiten, deren Bedeutung über den Bereich des jeweiligen Schlüsselproblems hinausreicht« (ebd., S. 63). Klafki nennt hier:

- Kritikbereitschaft und -fähigkeit einschließlich der Bereitschaft und Fähigkeit zur Selbstkritik;
- Argumentationsbereitschaft und -fähigkeit, damit die Fähigkeit, die eigene Position so zu begründen und Kritik derart vorzubringen, dass »den Gesprächspartnern Verstehen und kritische Prüfung ermöglicht wird« und »die Chance zum gemeinsamen Erkenntnisfortschritt gewahrt bleibt« (ebd.);
- »Empathie im Sinne der Fähigkeit, eine Situation, ein Problem, eine Handlung aus der Lage des jeweils anderen, von der Sache Betroffenen aus sehen zu können« (ebd.);
- die Fähigkeit zum »vernetzten Denken« oder »Zusammenhangsdenken«, das auch die – mitunter nicht beabsichtigten – Folgen und Nebenwirkungen des eigenen Denkens und Handelns, angestrebter Veränderungen, Regelungen etc. reflektiert.

Im nächsten Kapitel werden die genannten Fähigkeiten noch weiter differenziert, sie werden in »didaktische Prinzipien und Schlüsselqualifikationen« überführt. Hier sei nur noch darauf hingewiesen, dass der Erwerb dieser Fähigkeiten sicherlich nicht an die Auseinandersetzung mit spezifischen Themen gebunden ist, dass sie aber auch nicht ohne ein intensives Einlassen auf spezielle Inhalte zu gewinnen sind. Die konkrete, nur über Selbsttätigkeit zu gewinnende Erfahrung solcher Auseinandersetzung ist vielmehr zentral, sie umfasst die ganze Person mit ihren praktischen, kognitiven, emotionalen, sozialen, ästhetischen Fähigkeiten sowie ethischen und/oder religiösen Sinndeutungen.

Darauf verweist auch die dritte Bedeutung des Allgemeinbildungsbegriffs, die wieder verstärkt die individuelle Dimension hervorhebt und diese zugleich als Gegengewicht bzw. »polare Ergänzung zur Konzentration auf Schlüsselprobleme« verstanden sehen will (S. 69). Denn so notwendig es ist, wie Klafki betont, sich auf bestimmte Bildungsinhalte im oben gemeinten Sinne zu einigen, so wichtig ist es, das Kind in seinen *eigenen* vielseitigen Bedürfnissen, Interessen und Fähigkeiten wahrzunehmen und zu

fördern. Allgemeinbildung bzw. allgemeine Bildung meint in diesem Sinne:

(3) Bildung im Sinne einer freien Entfaltung der Persönlichkeit.

Sie umfasst:

- den lustvollen und verantwortlichen Umgang mit dem eigenen Leib;
- die Bildung der kognitiven Fähigkeiten;
- die Bildung der handwerklich-technischen und der hauswirtschaftlichen Produktivität;
- die Ausbildung zwischenmenschlicher Beziehungsmöglichkeiten;
- die Bildung der ästhetischen Wahrnehmungs-, Gestaltungs- und Urteilsfähigkeit;
- die Bildung der ethischen und politischen Entscheidungs- und Handlungsfähigkeit (ebd., S. 54).

Allgemeine Bildung meint darüber hinaus *vielseitige Bildung*, die den unterschiedlichen Begabungen, Bedürfnissen und Interessen von Mädchen und Jungen gerecht wird. Hierzu gehört gerade für Kinder im Schulalter das Bereitstellen von Wahlmöglichkeiten, damit ihnen Chancen eröffnet werden, sich intensiv und konzentriert mit *selbstgewählten* Themenbereichen auseinander zu setzen.

Im Verlauf des Bildungsprozesses kommt es immer auch auf den Erwerb von Kenntnissen, Fähigkeiten und Fertigkeiten an, die das »Rüstzeug« bilden, mit dem das Individuum sein Leben meistern und mitverantwortlich und aktiv an der Gestaltung von Umwelt und Gesellschaft teilnehmen kann. Derartige Kenntnisse, Fähigkeiten und Fertigkeiten wurden bereits angesprochen. Sie sollen jetzt als so genannte »Schlüsselqualifikationen« gezielt betrachtet werden. Es handelt sich hierbei, so lässt sich mit Klafki festhalten, um »*instrumentelle* Kenntnisse, Fähigkeiten, Fertigkeiten[5] und um *Se-*

---

5 Hierzu gehören u. a. handwerklich-technische Grundfertigkeiten, verständliches Sprechen, Lesen, Schreiben, Rechnen, genaue Beobachtung, aber auch die oben angesprochene Kritikbereitschaft und -fähigkeit, Argumentationsfähigkeit und vernetztes Denken u. a. (vgl. Klafki 1996, S. 74). Die Bund-Länder-Kommission nennt »Kreativität und Fantasie, Intelligenz und kritisches Denkvermögen, Verständigungs- und Kooperationsfähigkeit, Fähigkeit zur Entscheidungsfindung in komplexen und risikoreichen Situationen« (BLK 1998, S. 25).

*kundär*tugenden[6], die als solche nichts über ihre begründbare, verantwortbare Verwendung sagen« (ebd., S. 74). Sie *können* nämlich zum Guten wie zum Schlechten verwendet werden, *können* also »ebenso in den Dienst humaner, demokratischer, friedlicher, mitmenschlicher Ziele und Handlungszusammenhänge gestellt« werden »wie zum Konkurrenzkampf, zur Herrschaft über andere Menschen und zu ihrer Ausnutzung, zur Vermehrung von Friedlosigkeit, zur Verhinderung von Aufklärung, Chancengleichheit usf. benutzt werden« (ebd.). Insofern sind Vermittlung und Erwerb dieser *instrumentellen* Kenntnisse, Fähigkeiten und Fertigkeiten sowie Vermittlung und Erwerb dieser *Sekundär*tugenden nicht losgelöst von den Inhalten und Zielen, denen sie dienen und in deren Kontext sie vermittelt werden, zu betrachten. Keineswegs sind diese Schlüsselqualifikationen Inhalten und Zielen übergeordnet im Sinne von vermeintlichen Voraussetzungen für anspruchsvollere Bildungsziele und -prozesse (ebd., S. 75). Erwerb und Vermittlung derartiger Schlüsselqualifikationen müssen vielmehr an humane und demokratische Inhalte und Ziele gebunden bleiben und im Dienste einer nachhaltigen Entwicklung stehen, die sowohl den gegenwärtigen als auch den zukünftigen Herausforderungen unserer Gesellschaft und darüber hinaus der Weltgemeinschaft gerecht wird.

In diesem Sinne, d. h. orientiert am Leitbild einer »Bildung für eine nachhaltige Entwicklung«[7], hat die Bund-Länder-Kommission für Bildungsplanung und Forschungsförderung (BLK) »didaktische Prinzipien sowie beispielhaft zugeordnete Schlüsselqualifikationen« herausgestellt, die es in den einzelnen Bildungsinstitutionen für ihre spezifischen Adressatengruppen »konkret mit Leben zu erfüllen« gelte (zum Folgenden vgl. ebd., S. 27–34).

2.2.2 *Didaktische Prinzipien und Schlüsselqualifikationen*

(1) System- und Problemlösungsorientierung

Die Entwicklung von Verständnis für komplexe Situationen und die Förderung des kreativen Umgangs mit dieser Komplexität stehen im Zentrum. Folgende Schlüsselqualifikationen werden diesem didaktischen Prinzip beispielhaft zugeordnet:
- problembezogene (nicht nur fachbezogene) Kenntnisse (d. h. Wahrnehmung und Entwicklung von Alternativen und Entwicklung von Urteilsfähigkeit bei schwer einzuschätzenden Wirkungen und widersprüchlichen Meinungen);
- systemisches (vernetztes) Denken (d. h. Wahrnehmung von Zusammenhängen und Wechselwirkungen, Einordnen einzelner Phänomene in einen größeren Zusammenhang);
- zukunftsgerichtetes Denken (d. h. Berücksichtigung möglicher – auch schwer einzuschätzender – Folgen und Nebenwirkungen des eigenen Denkens und Handelns, angestrebter Veränderungen, Regelungen etc.);
- Fantasie und Kreativität;
- entdeckendes, forschendes Lernen, Experimentieren;
- Methodenkompetenz (Wissen, wie man Informationen erhält, welche Informationen man braucht, um einer Sache »auf die Spur« zu kommen, auf welchen Wegen, in welchen Arbeitsschritten ein Problem angegangen und gelöst werden kann).

---

6 Hierzu zählen u. a. Selbstdisziplin, Konzentrationsbereitschaft, die Bereitschaft, sich anzustrengen und bei der Sache zu bleiben, durchzuhalten, Rücksicht zu nehmen u. a. (KLAFKI 1996, S. 74).

7 An dieser Stelle sei nochmals darauf hingewiesen, dass der Begriff oder vielmehr das Leitbild der »nachhaltigen Entwicklung« mindestens fünf Dimensionen umfasst: die ökonomische, die ökologische, die soziale, die kulturelle und die globale Dimension (vgl. BLK 1998, S. 20ff.). Explizit wird im »Orientierungsrahmen« zur »Bildung für eine nachhaltige Entwicklung« der Bund-Länder-Kommission darauf hingewiesen, dass dieses Leitbild nur dann »global, regional und lokal [...] wirksam« werden kann, »wenn grundlegende Werte und ökologische und soziale Leitideen anerkannt« werden. Genannt werden: »das Recht aller Menschen auf ein Leben in Würde; die Idee der globalen und intergenerationellen Gerechtigkeit; die Respektierung der Grenzen ökologischer Belastbarkeit und Regenerationsfähigkeit; die Achtung kulturell unterschiedlicher Entwicklungswege usw.« (ebd., S. 23). Darüber hinaus wird »Bildung für eine nachhaltige Entwicklung« als ein »pädagogischer Gesamtrahmen definiert, innerhalb dessen sich bisherige Ansätze der umwelt- und entwicklungsorientierten Bildung (ökologische und interkulturelle Bildung), aber auch der Friedenserziehung, der Erziehung für Eine Welt, der Gesundheitsförderung und Gesundheitserziehung, der technologischen und politischen Bildung usw. verbinden und mit einer gemeinsamen Perspektive verbinden lassen« (ebd., S. 25). Die Gemeinsamkeiten mit der hier als »Leitgedanke« von QUAST zu Grunde gelegten Bildungskonzeption sind deutlich erkennbar.

(2) Verständigungs- und Wertorientierung

Mit der Forderung, die Lebensgrundlagen aller heute und in naher Zukunft lebenden Menschen zu sichern und zu verbessern, ist auch die Entwicklung reflexiver und kommunikativer Kompetenzen verknüpft, die sich zu folgenden Schlüsselqualifikationen zusammenfassen lassen:

- Dialogfähigkeit (die Fähigkeit, die Perspektive des anderen einzunehmen, »sich auf neue, andere, mitunter befremdende Sichtweisen und Argumente« einzulassen, Meinungsverschiedenheiten und Konflikte auszutragen, aber auch Konsens zu suchen bzw. Gemeinsamkeiten zu entwickeln; ebd., S. 29);
- Selbstreflexionsfähigkeit (die Fähigkeit, sich die eigenen Wahrnehmungen, Vorstellungen und Einstellungen bewusst zu machen, die persönlichen Bedürfnisse, Motive und Interessen, aber auch Unsicherheiten und inneren Widersprüche zu reflektieren und zu artikulieren, und die Fähigkeit, die eigenen Stärken, Schwächen und Entwicklungsmöglichkeiten zu erkennen);
- Werteorientierung (»die Fähigkeit, dem eigenen Leben und Handeln sinnhafte und humane Orientierungen geben zu können«, Entscheidungen und Verständigungsbemühungen auf ethische Ziele zu beziehen und sie zu begründen; ebd.);
- Konfliktlösungsfähigkeit (Mediationskompetenz), »indem gewaltfreie Formen des Umgangs mit Konflikten, die argumentative Auseinandersetzung und die Suche nach vernünftigen und akzeptablen Kompromissen sowie das Aushandeln von Vereinbarungen gefördert und erprobt werden« (ebd.).

(3) Kooperationsorientierung

Die Herausforderungen der Gegenwart und Zukunft verlangen eine interkulturelle bzw. internationale Orientierung sowie einen Informations- und Erfahrungsaustausch im konstruktiven Dialog. Schlüsselqualifikationen sind:

- Teamfähigkeit (»die Bereitschaft und Fähigkeit, an wechselnden Aufgaben und ggf. in wechselnden Rollen an Lösungen mitzuwirken«; ebd., S. 30);
- Gemeinsinnorientierung (Wahrnehmung und aktive Mitwirkung an sowie Übernahme von Aufgaben zum Wohle der Gemeinschaft, Geselligkeit);

- Lernen in Netzwerken (»die Fähigkeit, unterschiedliche Lernorte, Informations-, Beratungs- und Erfahrungsquellen heranzuziehen und ein Netz informeller und formeller Kontakte und Unterstützungsangebote zu entwickeln und zu nutzen«; ebd.).

(4) Situations-, Handlungs- und Partizipationsorientierung

Die Relevanz der Problemlösungen, die im Interesse einer nachhaltigen Entwicklung angestrebt werden, zeigt sich in der Bewältigung konkreter Lebens- und Arbeitszusammenhänge. Situationsorientierung meint dabei die Fähigkeit, gesamtgesellschaftliche oder auch globale Entwicklungen in ihrer Bedeutung für unmittelbare Lebens- und Arbeitssituationen (richtig) einschätzen zu können und relevante Themen und Inhalte möglichst »auf konkrete Lebens- und Arbeitsbereiche zu beziehen« sowie an den konkreten Lebens- und Lernerfahrungen von Einzelnen und Gruppen anzuknüpfen. Eng damit verbunden ist die Handlungsorientierung als Fähigkeit, Themen und Inhalte praktisch umzusetzen und orientiert an den eigenen Lebens- und Arbeitszusammenhängen und Erfordernissen vor Ort weiterzuentwickeln. Partizipationsorientierung wiederum meint zum einen die Fähigkeit, »die als sinnvoll und richtig erkannten Lernergebnisse« anschaulich und allgemein verständlich präsentieren und öffentlich vermitteln zu können. Zum anderen ist damit die Fähigkeit gemeint, Einfluss auf die Gestaltung der Lebenswelt zu nehmen und aktiv daran mitzuwirken sowie sich kompetent und verantwortlich einzumischen (ebd., S. 31).

Folgende Schlüsselqualifikationen sind dabei unerlässlich:

- Entscheidungsfähigkeit;
- Handlungskompetenz (praktische Fähigkeiten);
- Partizipationsfähigkeit.

(5) Selbstorganisation

Die Entwicklung von Eigeninitiative und -verantwortung für den persönlichen Lernprozess ist in allen Lebensphasen notwendig. Lernen – und auch Lehren – werden hierbei als »ergebnisoffene, selbst organisierte Suchprozesse« verstanden, die den »selbstverständlichen Umgang mit Fehlern und Schwächen« einschließen und diese als »Anreiz zum Weiterlernen« begreifen (ebd., S. 32). Schlüsselqualifikationen sind hierbei:

- Selbstorganisation von Lernprozessen (»die Fähigkeit, im Hinblick auf vereinbarte Ziele und Aufgaben Lern- und Arbeitsprozesse selbst zu planen und zu organisieren, vorhandene Hilfs- und Unterstützungsquellen heranzuziehen, Arbeitsergebnisse anwendungsorientiert aufzubereiten, zu präsentieren und auszuwerten« (ebd.);
- Evaluationskompetenz (kritische Überprüfung, Be- und Auswertung von Wirkungen und Abläufen);
- lebenslanges Lernen.

(6) Ganzheitlichkeit

Ganzheitliches Lernen ist hier in zweifacher Hinsicht gemeint: Zum einen im Sinne eines Lernens, das die Person mit allen ihren Sinnen und Fähigkeiten anspricht und fordert, also ebenso emotionale Elemente menschlichen Handelns einschließt wie die bewusste Einbeziehung von körperlichen Empfindungen.

Der Begriff der Ganzheitlichkeit weist zum anderen auf die »Komplexität und die Vernetzungszusammenhänge« von Phänomenen und Problemen hin und damit auf die Tatsache, dass sich ein Problem aus unterschiedlichen Perspektiven jeweils anders darstellt und von mehreren Seiten angegangen werden kann und muss, dass es keine eindimensionalen Lösungswege und in aller Regel keine einfachen Ursache-Wirkungszusammenhänge gibt (ebd., S. 33).

Dem didaktischen Prinzip der Ganzheitlichkeit sind folgende Schlüsselqualifikationen zugeordnet:

- vielfältige Wahrnehmungs- und Erfahrungsfähigkeit (die Fähigkeit, »Phänomene und Probleme in verschiedenen Dimensionen und Bedeutungen« wahrzunehmen (ebd.);
- konstruktiver Umgang mit Vielfalt (»die Fähigkeit, verschiedene Methoden, Sichtweisen und Kompetenzen bei der Problemlösungssuche zusammenzuführen«; ebd., S. 34);
- die Fähigkeit, eine globale Perspektive einzunehmen. (Das heißt: globale Zusammenhänge zu erkennen und die eigene Position darin wahrzunehmen – zum Beispiel andere, fremde Lebensumstände kennen zu lernen und sich zu fragen, was diese mit dem eigenen Leben zu tun haben – und das eigene Handeln mit Blick auf ein zukunftsfähiges Alltagsleben zu gestalten. Dies schließt Hand-

lungs- und Gestaltungsräume ein, um eigene Zukunftsperspektiven und Visionen von einem guten Leben, von Frieden und Gerechtigkeit entwickeln zu können.)

Bildungsangebote für Kinder im Schulalter müssen sich daran messen lassen, ob und wie weit sie die hier aufgeführten didaktischen Prinzipien und die mit ihnen verbundenen Schlüsselqualifikationen fördern und unterstützen. Die Schlüsselqualifikationen selbst aber sind einzubinden in eine Bildungskonzeption, die lebensorientiert – das heißt zugleich umweltorientiert – ist und darüber hinaus »körperliebend, friedensfähig, hartnäckig demokratisch, auf Neues und Fremdes neugierig, selbstständig und eigenaktiv, andere respektierend, einfühlsam, sozial orientiert und solidarisch gegenüber Benachteiligten, die nicht die gleiche Chance der individuellen – ganzheitlichen – Entfaltung haben« (PREUSS-LAUSITZ 1993, S. 36).

2.2.3 Bildungsvoraussetzungen für Mädchen und Jungen im Schulalter

Bildung ist in erster Linie Selbstbildung. Kinder bilden sich selbst, sie konstruieren *aktiv* ihre Erfahrungen und ihr Wissen über die »Welt«.

Grundlage aller Bildungsprozesse sind die Selbstbildungspotenziale des Kindes, die es von Geburt an mitbringt. Unerlässlich sind aber auch »sensibel wahrnehmende Bezugspersonen, die seine Entwicklungsmöglichkeiten erkennen und entsprechende Entwicklungsräume bereitstellen« (SCHÄFER 2003, S. 104).

Was SCHÄFER insbesondere für die frühkindlichen Bildungsprozesse beschreibt, lässt sich auch auf die Altersphase des Schulkindes übertragen:

Auch das Schulkind »braucht **eine anregungsreiche und herausfordernde Umgebung,** die es anspornt, schrittweise die eigenen Möglichkeiten zu erweitern« (ebd.), dies bezogen auf mindestens die folgenden fünf Bereiche (vgl. SCHÄFER 2000, S. 16ff.):

- die Erweiterung des ästhetischen Erfahrungsraums, gemeint im Sinne einer Sensibilisierung sensorischer Wahrnehmung (Gestalten, Nachahmen, Fantasieren)[8];

---

8 Schäfer führt den Begriff des Ästhetischen von seiner einseitigen Verortung im Bereich der Kunst weg und auf seine ursprüngliche Bedeutung im Griechischen zurück, wonach Aisthesis Wahrnehmung bedeutet (SCHÄFER 2000, S. 7). Die (sinnliche) »Wahrnehmung

- die Sprache(n), einschließlich der verschiedensten Möglichkeiten und Symbole zwischenmenschlicher Verständigung (Bilder, Musik, Tanz, Sport);
- die Auseinandersetzung mit unterschiedlichen kulturellen Ausdrucksformen;
- das Erschließen der Natur und die Auseinandersetzung mit ihr, wobei, so führt SCHÄFER aus, die sinnlich-ästhetische (Welt)Erfahrung nicht im Gegensatz zur naturwissenschaftlichen Welterklärung steht, sondern die Suche danach und nach einem Verständnis der Vielfalt der Natur und ihrer Phänomene durchaus anstoßen kann;
- die Ausbildung zwischenmenschlicher Beziehungen durch die Möglichkeit, unterschiedliche Beziehungen gestalten, Identifikationen und Abgrenzungen erfahren zu können, u.a. über das Theater- und Rollenspiel »bis hin zu den imaginären Helden der Computerspiele« (ebd., S. 19).

In all diesen Bereichen wie im gesamten Bildungsprozess sind die **Prozesse wechselseitiger Anerkennung** eine notwendige Voraussetzung, denn sie tragen entscheidend dazu bei, dass die Mädchen und Jungen an ihren Bildungsbestrebungen festhalten, sich ihre Neugier, ihre Fantasie und Kreativität, ihr forschendes Fragen und ihren Gestaltungsdrang bewahren. Wechselseitige Anerkennung kennzeichnet ein Beziehungsmuster, in dem sich die Partner nicht gleichgültig gegenüberstehen, sondern für den anderen offen und an ihm interessiert sind (LEU 1999, S. 172).

Zum Gelingen der wechselseitigen Anerkennungsprozesse tragen folgende Aspekte bei:
- emotionale Zuwendung (Balance zwischen Zuwendung und respektvoller Distanz),
- Zuerkennung gleicher Rechte im Sinne eines partnerschaftlichen (dialogischen) Umgangs miteinander sowie
- die gegenseitige soziale Wertschätzung (gemeinsame Aufgaben und Ziele entwickeln und diese Ziele gemeinschaftlich verfolgen).

Unser Wissen über die Welt und unser Handeln werden *sozial* konstruiert und sind kontextabhängig. Das gilt unabhängig von Alter und Geschlecht. Niemand kann im Grunde seine Sichtweise der Welt als unbedingt verbindlich unterstellen, vielmehr ist von der prinzipiellen Gleichwertigkeit aller Mitglieder der Gesellschaft auszugehen.

Konsequenterweise können auch Kinder und ihre Sicht der Welt nicht aus diesem Dialog ausgeschlossen werden. Die heutige Kindheitsforschung spricht in diesem Sinne von den Kindern als Forschern und Konstrukteuren ihrer eigenen Welt und mehr noch als Mitgestaltern von Kultur und Wissen im Sinne einer kooperativen und kommunikativen Aktivität (vgl. z.B. FTHENAKIS 2001, S. 36).

Das Verhältnis zwischen Erwachsenen und Kindern ist unter dieser Voraussetzung neu zu gestalten: Erwachsene – auch sozialpädagogische Fachkräfte – können nicht auf Grund ihrer Erfahrungen oder ihres Wissens eine Vorrangstellung einnehmen. Sie sind vielmehr gehalten, Kindern entsprechende Spielräume zu eröffnen, d.h. sie bringen ihre Vorstellungen und Standpunkte in der Art und Weise ein, dass Kinder entsprechende Anknüpfungspunkte für ihre Überlegungen erhalten (LEU 1999, S. 173ff.).

Gleichwohl müssen sie dabei zum einen die individuellen Interessen, Bedürfnisse, Fertigkeiten und Fähigkeiten des einzelnen Kindes beachten sowie zum anderen die entwicklungspsychologischen Besonderheiten der jeweiligen Altersgruppe kennen, von denen das folgende Kapitel handelt.

2.2.4 Entwicklungsaufgaben von Kindern im Schulalter (sechs bis zwölf Jahre)

Eine entscheidende Antriebskraft der Entwicklungsphase der Sechs- bis Zwölfjährigen liegt in der »*neuartigen Interaktionserfahrung*, die die Kinder in zunehmender Unabhängigkeit von ihrer Herkunftsfamilie mit anderen Kindern sammeln« und durch die sie Lebenskompetenz erwerben (KRAPPMANN 1996[b], S. 87). Hierzu gehören:
- die Entwicklung der Fähigkeit zu eigenverantwortlichem Handeln sowie

und Deutung der konkreten Lebenserfahrung« bilden nach SCHÄFER »den Ausgangspunkt für das kindliche Wachstum«. Er versteht Wahrnehmen dabei als einen »breit angelegte[n], innere[n] Verarbeitungsprozess, an dem die Sinnesorgane, der Körper, Gefühle, Denken und Erinnerung beteiligt sind« und der alles andere ist als ein »einfaches Abbilden der Außenwelt«. Wahrnehmen ist vielmehr – und dies von Geburt an – ein »Wählen, handelndes Strukturieren, Bewerten, Erinnern und sachliches Denken in einem« (ebd.). In diesem Sinne begreift Schäfer Wahrnehmung auch »als eine Form des Denkens« (er spricht explizit auch von »ästhetischem Denken), das er nicht auf das »rationale Denken« beschränkt sehen will (ebd., S. 8).

- die Ausbildung von Fähigkeiten und Fertigkeiten, um sich in einer Welt voller Widersprüchlichkeiten, Normen, Interessen und Absichten behaupten zu können.

Die Ausweitung der Lebensbereiche ist ein zentraler Entwicklungsschritt dieser Altersphase. Lesen, Schreiben, Rechnen, überhaupt etwas »Richtiges« tun und Neues kennen lernen, das sind die zentralen Bestrebungen der Kinder dieser Altersphase. Sie haben Interesse daran, selbst Bescheid zu wissen, sich selber helfen zu können und sich möglichst viele Informationen aus den verschiedensten Quellen zu besorgen. Lehrerinnen und Lehrer, sozialpädagogische Fachkräfte, sonstige Fachleute, Eltern und die unterschiedlichsten Medien werden hinzugezogen.

Darüber hinaus entwickeln Kinder untereinander ein neuartiges Netz von Interaktionsbeziehungen. Erwachsene wie Eltern und Erzieher/-innen bleiben zwar weiterhin wichtige Gesprächspartner und Vorbilder für die Mädchen und Jungen. In der Auseinandersetzung mit Gleichaltrigen jedoch erleben die Kinder eine andere Form der Kooperation und Auseinandersetzung als mit Erwachsenen, was Konsequenzen für viele Entwicklungsbereiche hat (vgl. KRAPPMANN a. a. O., S. 88–94):

Kooperation

»Der klassische Ort [des] Aushandelns ist die Spielgruppe der etwa gleichaltrigen Kinder« (ebd., S. 88). Für Kinder besteht hier nicht nur Gleichheit im Hinblick auf das Alter, sondern insbesondere auch im Hinblick auf das Einräumen gleicher Rechte. In diesem Gruppengefüge ist es notwendig, entsprechende Regeln und Interessenausgleich zu schaffen. Hier gilt es, die verschiedenen Wünsche und Interessen der Gleichaltrigen abzuwägen und miteinander auszuhandeln. Dies geschieht oft in sehr lautstarken, heftigen – oft auch tätlichen – Auseinandersetzungen, was von den Erwachsenen häufig schwer auszuhalten ist.

Diese Altersphase kann man auch als Streitphase bezeichnen. Sie eröffnet durchaus große Lernchancen, da die Suche und der Wunsch nach gemeinsamen, zufrieden stellenden Lösungen für die Kinder sehr wichtig ist. Ihr Interesse ist es, Spielpartner/-innen, Freunde und Freundinnen zu gewinnen, mit denen sie Gemeinsames gestalten und erleben können. Dieses Bemühen um Lösungen trainiert die soziale Ge-

schicklichkeit und vermittelt eine entsprechende Lebenstüchtigkeit.

Moralentwicklung

Die Freiheit, sich gemeinsam einer Aktivität zuzuwenden, und die Einsicht, dass die unterschiedlichsten Verhaltensweisen miteinander abgestimmt werden sollten, bringt die Entwicklung von Moral voran. Die Kinder erkennen, dass die »Kooperation im Spiel und auch bei der Arbeit dann am besten gesichert ist, wenn in ihr die Interessen aller Beteiligten berücksichtigt werden« (ebd., S. 90). Die Mädchen und Jungen müssen dazu Vereinbarungen treffen und sich gemeinsam Regeln ausdenken. Regeln, die sie übernehmen, müssen mitunter auf die spezielle (Spiel-)Situation hin abgewandelt, verändert werden. Wenn das gemeinsam geschieht, werden die Regeln auch am ehesten von allen Beteiligten eingehalten. Sie verlieren ihren Wert, wenn sich nicht alle gleichermaßen und genau daran halten – hier sind die Kinder miteinander sehr streng und strikt; Ausnahmen werden nicht geduldet, Regelverletzungen geahndet wie generell Gleiches mit Gleichem vergolten wird. Das gilt nicht nur im Streit, sondern auch in angenehmeren Situationen: Gibst Du mir was, dann gebe ich Dir was; ich habe Dir zwei Dinge gegeben, Du musst mir auch zwei Sachen geben; lädst Du mich ein, dann lade ich Dich ein usw. In der Sicht von älteren Kindern, Jugendlichen und Erwachsenen erscheint dieses Achten oder vielmehr Pochen auf genau gleiche Behandlung oftmals als kleinlich, zu rigide oder unvernünftig, weil es die tatsächliche Verschiedenheit von Personen, ihre unterschiedlichen Bedürfnisse, Wünsche, Ängste, Fähigkeiten und Möglichkeiten ausklammert. Die Entwicklungspsychologie aber weiß um die Bedeutung dieser Phase der so genannten konventionellen Moral, die die Kinder als Vorstufe zur nächsthöheren Stufe der Moralentwicklung *selbsttätig* durchlaufen müssen. Sie müssen, so führt KRAPPMANN aus, »die Prozeduren des Austauschs, Aufrechnens, Abwechselns, des Ausgleichs durch identisches Leisten und Antun durchleben« und »benötigen die Erfahrung mit der rigide durchgehaltenen Norm, damit sie merken, dass dies allein Gerechtigkeit nicht sichern kann. Sie müssen darauf stoßen, dass andere Kinder ihnen nicht gleich sind, sondern verschiedene Wünsche, Ängste, Sehnsüchte haben. Im Spiegel des Verhaltens der anderen werden die Kinder dann auch ihre eigenen

Besonderheiten erkennen und lernen, zu ihnen zu stehen. *Erst mit der Erfahrung von Koopera-tion trotz Gleich- und Ungleich-Sein wächst die Moral, die Gerechtigkeit und Achtung der Person verbindet«* (ebd., S. 91).

Die Bedeutung von Freundschaft und sozialen Netzen

In der Altersphase der mittleren Kindheit werden die Freunde und Freundinnen zu Partnern und Partnerinnen, die von den Eltern nicht ersetzt werden können. Freunde und Freundinnen benötigen die Kinder zum Wohlfühlen und zum Streiten. Freundschaften entstehen über praktische Gemeinsamkeiten bis hin zu ausgehandelten Interaktionserfahrungen (KRAPPMANN 1991, S. 366). Konfliktträchtige Auseinandersetzungen mit Freunden und Freundinnen sind der Alltag, und die Kinder wissen um die Zerbrechlichkeit ihrer Freundschaften. Freundschaften werden geschlossen, weil der Wunsch nach Austausch von persönlichen Gedanken, Empfindungen und vertieftem Verstehen der anderen Person geprägt ist.

Kinder gestalten in dieser Altersphase ihre sozialen Beziehungen sehr unterschiedlich (Teamkollege und -kollegin, Spielkamerad/-in, beste/r Freund/-in) und haben unterschiedliche Erwartungen an diese Beziehungen. Von einem Freund oder einer Freundin verspricht man sich Zuneigung, Vertrauen und Verlässlichkeit. Von anderen Gleichaltrigen in der Spielgruppe wünscht man sich Hilfe, Fürsorge und Anerkennung (ebd., S. 363). Kinder, die von diesen Möglichkeiten und Chancen der differenzierten Beziehungsgestaltung ausgeschlossen sind, sind in ihrer weiteren Entwicklung größeren Belastungen und Risiken ausgesetzt.

Sprache und Kognition

Die beschriebenen sozialen und emotionalen Prozesse, die sich in dieser Altersphase entwickeln, sind unmittelbar mit den sprachlichen und kognitiven Fähigkeiten der Kinder verknüpft. Das Aushandeln von Regeln und die Suche nach Lösungen können nur erfolgen, wenn Kinder in der Lage sind, zu begründen, zu erläutern, zu erklären und kritische Fragen zu stellen.

Die sprachliche Auseinandersetzung wird zunehmend als wechselseitiger Austausch von Informationen sowie zur Präzisierung von Kenntnissen und Vermeidung von Missverständnissen

genutzt. Kinder lernen in diesen Aushandlungsprozessen das Argumentieren, d. h. Behauptungen werden hinterfragt, Begründungen erwartet. Dies ist wiederum ein Ausgangspunkt für logisches Denken und konkretes Argumentieren in den weiteren Entwicklungsphasen. Neben dem Aus- und Verhandeln von Argumenten untereinander üben sich Kinder darin, sowohl ihre Position kritisch zu prüfen als auch ihren Standpunkt zu vertreten.

Die anderen und die eigene Person

In diesen vielfältigen Aushandlungsprozessen werden zunehmend die Interessen und Eigenarten der Freunde, Freundinnen und Spielpartner/-innen berücksichtigt. Kinder dieser Altersgruppe sind zunehmend mehr in der Lage, sich in den anderen hineinzuversetzen (Empathie, Mitgefühl, soziale Sensibilität) und insbesondere in den Auseinandersetzungen mit Freunden und Freundinnen bestrebt, auf der Suche nach Lösungen auch deren Sichtweisen zu berücksichtigen. Dieses Spannungsfeld zwischen der eigenen Perspektive und der Perspektive der anderen fördert die Identitätsbildung. »Im Spiegel der anderen wird das eigene Selbst sichtbar.« (KRAPPMANN 1996[b], S. 93)

Der Wissens- und Forscherdrang der Kinder wird durch Informationen der Eltern, der Schule, aber auch zunehmend durch Medien wie Fernsehen und Internet gestillt. Die Informationen der Erwachsenen werden jedoch nicht mehr kritiklos hingenommen, sondern mit dem Wissen der Spielpartner/-innen überprüft und abgewogen. Manchmal bleiben die Erwachsenen den Mädchen und Jungen auch Antworten auf ihre Fragen schuldig, weil sie die Fragen nicht verstanden haben oder ihnen die Fragen lästig sind, weil sie mit anderen Dingen beschäftigt sind oder auch schlicht »keine Ahnung« haben. Dann sind die Freundinnen und Freunde besonders wichtig, mit denen gemeinsam Antworten gesucht werden. »Wissen ist somit nicht nur übernommene Information, sondern entsteht in der nachvollziehenden Aneignung als eine gemeinsame Leistung« (ebd., S. 94).

Insofern kann man neben der »Ko-Opera-tion« auch von der »Ko-Konstruktion« des Wissens und Könnens sprechen. Sie vollzieht sich insbesondere in der Gleichaltrigengruppe, da hier die Mädchen und Jungen gleichberechtigt miteinander argumentieren können. Die potenzielle Lern- und Leistungsbereitschaft wird in einer gemeinschaftlich geteilten Wirklichkeit gefördert und vermittelt (ERIKSON 1971, S. 162ff.). Mehr noch: Es kann davon ausgegangen werden, dass Kinder eher einen dauerhaften kognitiven Fortschritt erzielen, wenn sie gemeinsam mit anderen Lösungen entwickeln und erarbeiten (ebd. S. 94).

2.2.5 Der Bildungsanspruch der Schulkinder und die Rolle der sozialpädagogischen Fachkräfte

Abschließend seien jene zentralen Aspekte für das Gelingen von Bildungsprozessen zusammengefasst, die nicht ersetzbar oder kompensierbar sind. Mit ihnen sind bestimmte Anforderungen an das Fachpersonal in Angeboten für Kinder im Schulalter verbunden, die hier ebenfalls skizziert werden sollen (ausführlicher dazu die Dimension »Kompetenzen der pädagogischen Fachkräfte« im Bereich der Strukturqualität, vgl. Kap. 5.3.1).

Folgende Aspekte sind für das Gelingen von Bildungsprozessen maßgeblich:

- Der Erwerb von Lebenskompetenz braucht Zeit, die auch nicht verkürzt oder verschoben werden kann. Kinder sollten nicht unnötig in ihren (Eigen-)Aktivitäten unterbrochen werden. Sie brauchen *Zeit*, um »Leben zu lernen«.
- Kinder im Schulalter brauchen *erwachsene Partner/-innen* mit fachlicher und persönlicher Kompetenz, die sich ihnen *aktiv* und auf »*gleicher Augenhöhe*« zuwenden, sie begleiten und fördern.
- Kinder im Schulalter brauchen *Wahlmöglichkeiten*, da ihre Fähigkeiten, Interessen, Begabungen und Lebensbedingungen sehr unterschiedlich sind.
- Kinder im Schulalter brauchen eine *anregungsreiche (sinnlich-ästhetische) Lernumgebung* und *altersspezifische Lernarrangements*.
- Zur Identitäts- und Persönlichkeitsbildung brauchen Kinder im Schulalter *Gleichaltrige (peers)*. Bildungsarbeit ist (auch) Beziehungsarbeit.

Die Aufgaben der sozialpädagogischen Fachkräfte bestehen dementsprechend darin,

- *offene Lernarrangements* zu gestalten und zu begleiten. Die Kinder sind aktiv an der Gestaltung zu beteiligen und in ihrer Eigentätigkeit zu unterstützen.
- Eine offene Lernatmosphäre entsteht, wenn Neugier und Forscherdrang der Kinder herausgefordert werden. Experten und Expertinnen außerhalb der Einrichtung sind für *Projekte* sowie für die *Eröffnung neuer Lernfelder* zu gewinnen.
- Die Fachkräfte sind nicht mehr die »Fachautorität«, sondern *moderieren die Lernphasen* und sind ebenfalls bereit, dazuzulernen.
- Sie verstehen sich als *Beraterinnen*, indem sie die Lern- und Bildungsprozesse anregen und Kinder in ihren persönlichen Lernbestrebungen unterstützen und motivieren (BUNDESMINISTERIUM FÜR BILDUNG UND FORSCHUNG 1998, S. 63f.).

2.3 Das Selbstverständnis der Tageseinrichtungen als lernende Organisation

In Entwicklung zu sein und zu bleiben, ist nicht nur ein grundlegender Aspekt des Menschseins, es stellt zudem eine Notwendigkeit für den Umgang mit gesellschaftlichen Veränderungen dar und scheint ein zunehmend bedeutsamer werdendes berufliches Qualifikationsmerkmal zu sein (ebd., S. 14).

Aus der immer schneller werdenden Entwicklung in den verschiedensten Wissensgebieten und Berufsfeldern ergibt sich die Notwendigkeit des lebenslangen Lernens. Verbunden sind damit zugleich Chancen für Eigeninitiative und Eigenverantwortung. In diesem Sinne verstehen sich Erzieherinnen und Erzieher sowohl als Lehrende als auch Lernende. Sie sind bereit, die eigene Arbeit immer wieder zu reflektieren und darüber hinaus die Kompetenzen und Fähigkeiten der Kinder als Impulse für die Weiterentwicklung der Tageseinrichtung zu nutzen. Als Folge dieses Selbstverständnisses verändert sich auch ihr Verhältnis zu den Kindern – hin zu einem partnerschaftlichen Verhältnis.

Der Leitgedanke, »in Entwicklung zu sein und zu bleiben« hat aber nicht nur diesen personalen Aspekt, sondern bezieht sich auch – und im besonderen Maße – auf die Tageseinrichtung als pädagogische Institution insgesamt. ZECH hat auf den bedeutenden Zusammenhang von lernenden Subjekten und lernenden Organisationen hingewiesen und festgehalten, »dass Subjektlernen nicht optimal stattfinden kann, wenn die Organisation nicht zugleich mitlernt, d.h. wenn sich mit der lernenden Veränderung der Menschen die Organisationsstrukturen nicht mitverändern« (2000, S. 244). An anderer Stelle formuliert er pointiert, dass »die Qualität des Subjektlernens von der Qualität des Organisationslernens abhängt« (ebd., S. 250).

Tageseinrichtungen als pädagogische Institutionen unterliegen als Ganzes einem ständigen Wandel (Änderung des Umfelds der Einrichtung; neue, ungewohnte Wünsche und Bedürfnisse der Eltern; verändertes Selbstverständnis der Mitarbeiter/-innen in den Einrichtungen; fachpolitische Anforderungen). Wie adäquat sie damit umgehen, hängt u.a. davon ab, wie veränderbar die Organisation selbst ist und welche Chancen Mitarbeiter/-innen dem Wandel und der Veränderung der Organisation einräumen bzw. welche Ressourcen sie dazu nutzen (können).

Eine Tageseinrichtung ist dann eine »lernende Organisation« bzw. ein »lernendes System« wenn sie den Lernprozess aller Mitglieder fördert und sich gleichzeitig selbstbewusst wandelt und weiterentwickelt (BOSTELMANN/METZE, S. 162). Dazu muss sie einerseits Organisationsstrukturen schaffen, die der einzelnen Fachkraft Lernprozesse (und damit auch Veränderung) ermöglichen und zugleich die Mitarbeiter/-innen fördern und fordern. Andererseits muss es ihr darum gehen, diese persönlichen Lernprozesse für die Organisation verfügbar zu machen und somit die Mitarbeiter/-innen an der Veränderung und Weiterentwicklung der Organisation Tageseinrichtung teilhaben zu lassen. Hier wird die wechselseitige Verantwortung und Verpflichtung zwischen der Organisation als System und dem Individuum deutlich.

Unterstützen Tageseinrichtungen für Schulkinder die potenzielle Bereitschaft des Personals, sich weiterzuentwickeln, dann gelten die oben im Kontext des Allgemeinbildungskonzepts bzw. einer Bildung für eine nachhaltige Entwicklung erarbeiteten didaktischen Prinzipien und Schlüsselqualifikationen auch für die Personalentwicklung als einer spezifischen Form der Erwachsenenbildung.

2.4 Literatur

ARBEITSSTAB FORUM BILDUNG in der Bund-Länder-Kommission für Bildungsplanung und Forschungsförderung: Bildungs- und Qualifikationsziele von morgen. Bonn, 2001

BEYWL, W.: Das logische Modell integrierter Zielverfolgung und Evaluation. In: BMFSFJ (Hg.): Zielfindung und Zielklärung – ein Leitfaden. Materialien zur Qualitätssicherung in der Kinder- und Jugendhilfe Nr. 21. Bonn, 1999, S. 76f.

BOSTELMANN, A./METZE, T. (Hg.): Der sichere Weg zur Qualität. Kindertagesstätten als lernende Unternehmen. Berlin, 2000

BUND-LÄNDER-KOMMISSION FÜR BILDUNGSPLANUNG UND FORSCHUNGSFÖRDERUNG (BLK): Bildung für eine nachhaltige Entwicklung – Orientierungsrahmen. Materialien zur Bildungsplanung und Forschungsförderung, Heft 69, Bonn, 1998

BUNDESMINISTERIUM FÜR BILDUNG UND FORSCHUNG (Hg.): Delphi-Befragung 1996/1998 – Potenziale und Dimensionen der Wissensgesellschaft – Auswirkungen auf Bildungsprozesse und Bildungsstrukturen. Integrierter Abschlussbericht. München, 1998

BUNDESMINISTERIUM FÜR FAMILIE, SENIOREN, FRAUEN UND JUGEND (Hg.): Zehnter Kinder- und Jugendbericht. Bonn, 1998

ERIKSON, E.H.: Identität und Lebenszyklus. Frankfurt, 1971

FTHENAKIS, W.E.: Viel Lärm um nichts? Strategiekonzepte zur Weiterentwicklung von Ausbildungsqualität. In: klein & groß, 2–3/2001, S. 6–14 und 32–34

HONIG, M.S.: Pädagogik der Frühen Kindheit zwischen Profession und Disziplin. Dortmund, 1999 (unveröffentlichtes Manuskript)

KLAFKI, W.: Die Bedeutung der klassischen Bildungstheorien für ein zeitgemäßes Konzept allgemeiner Bildung. In: Ders.: Neue Studien zur Bildungstheorie und Didaktik. Zeitgemäße Allgemeinbildung und kritisch-konstruktive Didaktik. Weinheim/Basel, 1996, S. 15–41

KLAFKI, W.: Grundzüge eines neuen Allgemeinbildungskonzepts. Im Zentrum: Epochaltypische Schlüsselprobleme. In: Ders.: Neue Studien zur Bildungstheorie und Didaktik. Zeitgemäße Allgemeinbildung und kritisch-konstruktive Didaktik. Weinheim, Basel, 1996, S. 43–81

KRAPPMANN, L.: Sozialisation in der Gruppe der Gleichaltrigen. In: HURRELMANN, K./ULICH, D. (Hg.): Handbuch der Sozialisationsforschung. Weinheim, Basel, 1991, S. 443–468

KRAPPMANN, L.: Kinderbetreuung als kulturelle Aufgabe. In: TIETZE, W. (Hg.): Früherziehung. Trends, internationale Forschungsergebnisse, Praxisorientierungen. Berlin, 1996, S. 20–29 (zitiert als KRAPPMANN 1996a)

KRAPPMANN, L.: Die Entwicklung der Kinder im Grundschulalter und die pädagogische Arbeit des Hortes. In: BERRY, G./PESCH, L.: (Hg.): Welche Horte brauchen Kinder? Neuwied, Berlin, 1996, S. 85–98 (zitiert als KRAPPMANN 1996b)

LEU, H.-R.: Wechselseitige Anerkennung – eine Grundlage von Bildungsprozessen in einer pluralen Gesellschaft. In: KiTa aktuell MO, 9/1999, S. 172–176

PREUSS-LAUSITZ, U.: Die Kinder des Jahrhunderts. Zur Pädagogik der Vielfalt im Jahr 2000. Weinheim, Basel, 1993

PROJEKTGRUPPE WANJA: Handbuch zum Wirksamkeitsdialog in der Offenen Kinder- und Jugendarbeit. Qualität sichern, entwickeln und verhandeln. Münster, 2000

SCHÄFER, G.: Bildungsprozesse im Kindesalter. Selbstbildung, Erfahrung und Lernen in der frühen Kindheit. Weinheim, München, 1995

SCHÄFER, G.: Bildung beginnt mit der Geburt – Welterschließung durch ästhetische Bildung. In: Sozialpädagogisches Institut des Landes NRW (Hg.): Lebensort Kindertageseinrichtung. Bilden – Erziehen – Fördern. Dokumentation des 1. Workshops: Erziehung und Bildung als Aufgabe des Kindergartens. Veränderungen der Lebenswelten – Neue Herausforderungen? Köln, 2000

ZECH R.: Schulen, die nicht lernen, sollen auch nicht lehren! Profitunternehmen und Nonprofitunternehmen im Vergleich. In: ZECH, R./EHSES, CHR. (Hg.): Organisation und Innovation. Schriftenreihe für kritische Sozialforschung und Bildungsarbeit. Bd. 7. Hannover, 2000

3

Die Qualitätsbereiche des Kriterienkatalogs

3.1 Bezugspunkte

Die erste Frage bei einer Formulierung von Qualitätskriterien ist die nach den *Bezugspunkten*, aus denen sich solche Kriterien ergeben. QUAST geht davon aus, dass ein möglicher Bezugspunkt allein nicht ausreicht. So lässt sich die Qualität von Angeboten für Schulkinder nicht angemessen formulieren, wenn beispielsweise *ausschließlich* die *Zufriedenheit der Nutzerinnen und Nutzer* im Blick ist. Gleichwohl ist darauf hinzuweisen, dass dieser Aspekt in Zukunft ein stärkeres Gewicht haben soll und haben wird, als es vielfach bisher gängiger Praxis entspricht. Qualitätskriterien lassen sich auch nicht *nur* durch den Bezug auf *rechtliche Vorgaben* oder *allein* durch *fachliche* (zum Beispiel entwicklungspsychologische) *Bezugspunkte* entwickeln. Erst durch die Kombination verschiedener Bezugspunkte werden zufrieden stellende Lösungen möglich sein.

Insgesamt ergeben sich für die Ableitung von Qualitätskriterien die unten genannten Bezugspunkte.

Diese Bezugspunkte ergänzen sich gegenseitig und betonen bei Überschneidungen oftmals unterschiedliche Aspekte des komplexen Geschehens. Erst ihr Zusammenspiel lässt diese Komplexität deutlich werden.

Die zweite Frage ist die nach der **Reichweite** eines Kriterienkatalogs, d. h. nach der Zahl der aufzunehmenden Qualitätsbereiche. Notwendig erscheint uns hier der umfassende Blick, der **fünf Bereiche** pädagogischer Qualität einschließt:

- Orientierungen
- Strukturen
- Prozesse
- Entwicklungen
- Ergebnisse

3.2 Die fünf Qualitätsbereiche

Im Folgenden werden die zentralen Argumente thesenartig zusammengestellt, die ausschlaggebend dafür sind, die fünf Bereiche in unseren Kriterienkatalog einzubeziehen.

Orientierungsqualität – ein eigener Bereich?

- Professionelle Arbeit verlangt kritische Reflexion des eigenen Standorts, des eigenen Selbstverständnisses und der damit verbundenen Zielsetzungen.
- Eltern haben ein Wunsch- und Wahlrecht. Sie müssen in der Lage sein, d. h. auch in die Lage versetzt werden, die Wertorientierungen und Ziele verschiedener Einrichtungen miteinander zu vergleichen (Entscheidungshilfe).

Bezugspunkte für die Ableitung von Qualitätskriterien

Zufriedenheit der Eltern

Entlastung der Eltern

Fachliches Wissen:

Pädagogische Kindheits- und Jugendforschung

Sozialisationsforschung

Entwicklungspsychologie

Zufriedenheit und Wohlbefinden der Kinder

Bildungsangebot für Kinder

Angemessene Arbeitsbedingungen des Personals

Religion und Weltanschauung

Leitbild des Trägers

Rechtliche Grundlagen:
Demokratie/Sozialstaatsprinzip; Chancengleichheit
Wahlrecht der Eltern; Trägervielfalt
Bildungsauftrag

- Einrichtungen müssen ihre jeweiligen Orientierungen und die daraus abgeleiteten Ziele offen legen und in transparente Handlungsschritte umsetzen.

Es sollte einen trägerübergreifenden Konsens bezogen auf verbindliche Grundorientierungen und Ziele geben, der sich aus folgenden Quellen speist:
- Normen/Gesetze
- gesellschaftliche Entwicklungen
- Grundbedürfnisse von Kindern
- entwicklungspsychologische Besonderheiten bei Kindern im Schulalter

Strukturqualität – ein eigener Bereich?

Bei der Frage nach der Qualität von Angeboten für Schulkinder können die jeweiligen Strukturen und Rahmenbedingungen nicht außer Acht gelassen werden, denn:
- Pädagogisches Handeln ist immer eingebunden in strukturelle Rahmenbedingungen.
- Die materiellen Spielräume, die durch den sozialen Ort einer bestimmten Einrichtung gegeben sind, gehören zu ihren konstitutiven Komponenten.

Zentrale *Fragestellungen* im Bereich der Strukturqualität:
- *Welche Rahmenbedingungen stehen zur Verfügung?*
  Rahmenbedingungen zu erfassen heißt zunächst, die Frage beantworten zu können, welche Ressourcen (Personal, Zeiten, Räume, Materialien, Kooperationspartner etc.) zur Verfügung stehen.
- *Wie können neue Ressourcen erschlossen werden?*
  Zeigen sich Defizite, dann kann es darum gehen, neue Ressourcen (allgemein: Handlungsmöglichkeiten und Gestaltungsräume) zu erschließen.
- *Wie geht die Einrichtung mit den gegebenen Strukturen um?*
  Qualität zeigt sich auch daran, wie gut es eine Einrichtung versteht, mit den gegebenen Strukturen umzugehen.

Prozessqualität - ein eigener Bereich?

Gute pädagogische Arbeit in den Einrichtungen hängt nicht nur von Rahmenbedingungen (s. Strukturqualität) ab, so notwendig diese auch sind.

Ebenso wichtig ist die Frage nach dem »Wie«, nach der Gestaltung der verschiedenen Handlungsbereiche.
Eine zentrale Frage dabei lautet: Wie gehen die Personen miteinander um?
Prozessqualität fragt hier nach der Qualität der Interaktions- und Kommunikationsprozesse.

Bei der Gestaltung der Prozesse ist zu bedenken, wie Kinder lernen und sich bilden:
- mit allen Sinnen (ästhetische Erziehung)
- durch eigenes Handeln, eigene Erfahrungen
- am Modell (anderer Kinder oder der Erzieher/-innen)
- durch die Art, wie andere ihr Verhalten interpretieren
- symbolisch vermittelt, zum Beispiel durch Geschichten.

Es sind dabei die alltäglichen Abläufe, die zählen.

Entwicklungsqualität – ein eigener Bereich?

Qualität in Angeboten für Schulkinder zeichnet sich nicht nur durch die Qualität im Bereich von Strukturen, Prozessen und Ergebnissen aus. Vielmehr ist sie nach der Auffassung von QUAST auch dadurch bestimmt, dass die Einrichtung und ihre Mitarbeiter/-innen die eigene (Weiter-)Entwicklung entsprechend ihres pädagogischen Leitbildes (Orientierungsqualität) ernst nehmen. Das lässt sich mit folgenden Argumenten begründen:
- *Gesellschaftlicher Wandel:*
  Einrichtungen sind zwangsläufig in gesellschaftliche Wandlungsprozesse einbezogen. Die Balance zu finden, welche gesellschaftlichen Veränderungen in der Einrichtung sichtbar und erlebbar sind und welche Grundhaltungen, Abläufe und Vereinbarungen beibehalten werden müssen, ist ein Kennzeichen der Qualität einer Einrichtung.

- »*Lebenslanges Lernen*«:
  Lernen hört nicht mit dem Abschluss der Ausbildung auf. Fort- und Weiterbildung, aber auch gemeinsames Lernen – u. a. im Team, mit Eltern und der Fachberatung – tragen zur Professionalität der Fachkraft bei.
- *Partnerschaftliche Haltung in der Beziehung zwischen pädagogischen Fachkräften und Kindern*
  Beide erfahren sich wechselseitig als in Entwicklung befindlich. Kinder erleben Erzieher/-innen als Personen, die sich weiterentwickeln. Sie erleben, dass die Fachkräfte ihre Äußerungen und Rückmeldungen für die persönliche und berufliche Weiterentwicklung ernst nehmen.
- *Lernende Organisation*:
  Nur Einrichtungen, die die eigene Weiterentwicklung im Blick haben, können auch angemessen die Lernprozesse von Kindern begleiten.

Ergebnisqualität – ein eigener Bereich?

- Die pädagogische Praxis muss sich der Ziele ihrer Arbeit versichern und sie nach außen, gegenüber Kindern, Eltern, (Fach-)Öffentlichkeit und Gesetzgeber überzeugend vertreten und legitimieren.
- Sie kann und muss die Verwendung öffentlicher Mittel durch Nachweise der Wirksamkeit und Effektivität ihrer Arbeit in situationsspezifischen Kontexten belegen (Nachweis konkreter Angebote und Projekte, Kooperationen, Zielgruppenarbeit etc.).
- Die Feststellung der Ergebnisse der Arbeit im Rahmen einer internen Evaluation stärkt die Gestaltungs- und Beteiligungsmöglichkeiten der Praxis bezogen auf die Frage, wie Qualität gesichert werden kann.
- Über die Frage, ob die angestrebten Ziele erreicht wurden oder warum sie gegebenenfalls nicht erreicht wurden, und über die Analyse der Antworten auf diese Frage können notwendige Veränderungen erkannt und umgesetzt werden. Qualität kann weiterentwickelt werden.

- Auf der Grundlage der Evaluationsergebnisse kann fachliches Selbstbewusstsein wachsen, das Forderungen auch gegenüber den Geldgebern fundierter formulieren hilft.

3.3 Die Qualitätsbereiche und ihre Dimensionen im Überblick

Die folgende Darstellung zeigt alle fünf Qualitätsbereiche mit den dazugehörigen Dimensionen und Subdimensionen zunächst im Überblick. Danach wird der Weg vom Qualitätsbereich zum Qualitätskriterium und damit der Aufbau der einzelnen Qualitätsbereiche skizziert. In den nachfolgenden Kapiteln (4 bis 8) werden die einzelnen Qualitätsbereiche erläutert und mit den ihnen untergeordneten Dimensionen und Subdimensionen (sowie Einzelmerkmalen) und den Qualitätskriterien systematisch entwickelt.

Es sei an dieser Stelle noch einmal hervorgehoben, dass die Wahl der Dimensionen zu den einzelnen Qualitätsbereichen zunächst das Ergebnis der Auseinandersetzung mit der Fachliteratur ist. Dann, und dies vor allem, ist sie aber auch das Ergebnis intensiver Gespräche und Diskussionen mit Expertinnen und Experten aus der pädagogischen Praxis – mit Leiterinnen, pädagogischen Fachkräften, der Fachberatung –, mit Trägervertretern, den Vertreterinnen und Vertretern der Berufsverbände und Gewerkschaften sowie mit den Fachleuten in Ausbildung, Wissenschaft und Forschung.

Sicherlich hätten jeweils noch weitere Dimensionen hinzugefügt oder einige anders formuliert werden können. Wir mussten eine Entscheidung treffen, weisen aber nochmals auf die offene Gestalt dieses Kriterienkatalogs hin, der sich stets aufs Neue den sich verändernden Bedingungen und damit verbundenen Anforderungen und Herausforderungen stellen muss.

Dimensionen der Orientierungs- qualität	Bildung in Tageseinrichtungen für Kinder im Schulalter	
	Lebensweltorientierung	
	Partizipation / Partnerschaftlichkeit	
	Integration (im Sinne von Umgang mit Differenz)	
	Regionale Bedarfsorientierung	
Dimensionen der Struktur qualität	Bedarfsgerechte Angebote	Subdimensionen: • Bedarfsorientierung • Finanzierung
	Kompetenzen des pädagogischen Personals	Subdimensionen: • Kompetenzen der Leitungskräfte • Kompetenzen der pädagogischen Fachkräfte
	Personalausstattung und Arbeitsbedingungen	
	Raumstrukturen und Ausstattung der Räume	
	Infrastruktur / Vernetzung	
Dimensionen der Prozessqualität	Entwicklung und Gestal- tung sozialer Beziehungen	Subdimensionen: • Interaktion • Kommunikation • Kooperation
	Handlungsfelder	Subdimensionen: • Handlungsfelder der pädagogischen Arbeit mit Kindern • Weitere Handlungsfelder (Planung der pä- dagogischen Arbeit, Zusammenarbeit im Team, Zusammenarbeit mit Eltern, Zusam- menarbeit mit dem Träger, Zusammenarbeit mit der Grundschule)
Dimensionen der Entwicklungs- qualität	Installierte Strukturen zur Reflexion der pädagogischen Arbeit	
	Methoden zur Reflexion der Entwicklung von Schulkindern	
	Entwicklungen innerhalb einzelner Handlungsfelder	
	Qualifizierung	
	Professionalisierung	
Dimensionen der Ergebnis- qualität	Wünschbare Ergebnisse auf allgemeiner Ebene unter Berücksichtigung der Qualitätsziele und -kriterien in den anderen Qualitätsbereichen	
	Ergebnisse auf der Ebene der jeweiligen Einrichtung	

3.4 Der Weg vom Qualitätsbereich zum Qualitätskriterium

1. QUAST unterscheidet zwischen Orientierungs-, Struktur-, Prozess-, Entwicklungs- und Ergebnisqualität.

Bereich

z. B. Prozessqualität

2. Innerhalb der einzelnen Bereiche geben die Dimensionen an, welche *übergeordneten Aspekte* betrachtet werden.

Dimension

z. B. Handlungsfeld

3. Eine Dimension wird aufgeteilt in *untergeordnete Aspekte*, die wir Subdimensionen nennen.

Manchmal ist es notwendig, die Subdimensionen in noch *feinere Unteraspekte* aufzugliedern. Diese Aspekte nennen wir Merkmale.

Subdimension

Merkmal

z. B. Tagesablauf

verplante Zeit
unverplante Zeit

4. Qualitätskriterium: Hier wird das *Ziel* formuliert, das – bezogen auf das genannte Merkmal (die Subdimension, Dimension) – in der Praxis erreicht werden soll.

Qualitätskriterium

z. B. variabler Tagesablauf, der unterschiedlichen Tagesrhythmen von Kindern entgegenkommt

Die Entwicklung von so genannten *Indikatoren* wird nicht im Kriterienkatalog, sondern in den Feststellungsverfahren vorgenommen.

5. Indikatoren beschreiben, woran konkret in der Praxis zu erkennen oder zu beobachten ist, dass das Qualitätskriterium erreicht ist.

Indikator

z. B. Es werden gleitende Mittagessenszeiten angeboten.

Orientierungsqualität

4.1 Der Stellenwert von Orientierungs-qualität[9]

Wir gehen davon aus, dass die Arbeit in den Tageseinrichtungen für Kinder von Entscheidungen geprägt ist, die einerseits auf bestimmte Werte und Wertbekenntnisse der jeweiligen Träger zurückgehen und andererseits bestimmte Orientierungen und Wertentscheidungen der dort tätigen Fachkräfte widerspiegeln.

Werte gelten als Maßstäbe, die das Handeln lenken und Entscheidungen ermöglichen. Sie sind in der Regel von relativ langer Dauer, unterliegen aber gleichwohl dem gesellschaftlichen Wandel. Damit bleiben sie dem gesellschaftlichen Diskurs unterworfen. Sie werden durch neue Erfahrungen und Entwicklungen – nicht zuletzt im Generationenwechsel – in Frage gestellt, müssen geprüft, verteidigt, modifiziert, auf veränderte Situationen, auf die Gegenwart übertragen und begründet werden.

Werte prägen unser Handeln. Für die Formulierung von Zielen sind sie unerlässlich. Werte bilden gleichsam den mal mehr mal weniger bewussten bzw. reflektierten Hintergrund, die ideelle Grundlage für die Entwicklung von Zielen. Umgekehrt werden Werte nur dadurch konkret und erlebbar, dass sie in Ziele übersetzt und in konkrete Handlungsschritte überführt werden.

Ziele zu formulieren ist die Grundlage bzw. Voraussetzung (professionellen) pädagogischen Handelns. Es bedeutet, sich Klarheit über das zu verschaffen, was man erreichen möchte und was nachher möglicherweise anders werden soll. Ziele verweisen damit auf einen erstrebenswerten Zustand, sind gleichsam dessen gedankliche Vorwegnahme (Antizipation). Einzelne Handlungsschritte, Teilziele, die Auswahl von Inhalten und Methoden müssen von diesem gedachten und angestrebten Endzustand her legitimiert werden. In diesem Sinne enthalten Ziele eine Selbstverpflichtung einzelner Personen oder Personengruppen.

Zugleich helfen Ziele dabei, die Frage zu beantworten, wozu und warum etwas anders werden soll. Sie können damit den eigenen Wertehintergrund klären helfen, ihn bewusster machen. Dieser Zusammenhang von Werten und Zielen bildet das Zentrum dessen, was hier unter Orientierungsqualität verstanden werden soll.

4.2 Die Qualität von Orientierungen

4.2.1 Transparenz, Begründung und Vermittlung von Orientierungen

Im Feld der Kinder- und Jugendhilfe hat die Vielfalt von Orientierungen Tradition.[10] Dem bewährten Prinzip der Trägervielfalt und -autonomie entspricht das Ziel, dass Eltern ein Wunsch- und Wahlrecht ausüben können.[11] Das wiederum verlangt, dass Eltern begründet das adäquate Angebot für ihr Kind auswählen können. Hierzu gehört, dass sie die Werte, Überzeugungen erkennen und verstehen, die der Arbeit der Einrichtung und ihrer Fachkräfte zu Grunde liegen, und dass sie um die Ziele wissen, die das pädagogische Handeln leiten.

In diesem Sinne geht es im Bereich der Orientierungsqualität darum, dass Orientierungen und die daraus abgeleiteten Leitziele (und nur um sie geht es im Bereich der Orientierungsqualität) transparent gemacht und begründet werden.[12] Das ist die zentrale Funktion von Leitbildern. Sie enthalten u. a. Aussagen zu den ethischen und politischen Grundsätzen des jeweiligen Trägers (Menschenbild, Demokratieverständnis, ökologische Leitideen), zu seinem Selbst- und Aufgabenverständnis, seinen Zielen, Visionen u. a. m.

Der vorliegende Kriterienkatalog kann und will die Aufgabe eines solchen Leitbildes nicht übernehmen. Orientierungen, die sich aus spezifischen Werten der Träger ergeben, aus ihren religiösen, politischen, sozialen und/oder kulturellen Bezügen, werden hier nicht formuliert.

Das heißt aber nicht, dass – bezogen auf trägerspezifische Orientierungen und Werte – gänzlich auf Qualitätskriterien verzichtet wird.

---

9 Der Begriff der Orientierungsqualität wurde von TIETZE, SCHUSTER & ROSSBACH (1997) in die Qualitätsdebatte eingeführt.

10 Vgl. SGB VIII § 3 (1) Freie und öffentliche Jugendhilfe (Kennzeichen der Jugendhilfe ist Vielfalt der Träger und der unterschiedlichen Wertorientierungen).

11 Vgl. SGB VIII § 5 Wunsch- und Wahlrecht (der Eltern).

12 Erst in weiteren Schritten werden diese Leitziele dann in Mittler- und Handlungsziele überführt. Das ist dann aber in erster Linie eine Frage des methodischen Know-hows und der Fähigkeit, pädagogisches Handeln auf systematischer Zielentwicklung, -umsetzung und Zielüberprüfung, d. h. auf Ziel-Feedback-Kreisläufe zu gründen (vgl. hierzu den Bereich der Ergebnisqualität (Kap. 8) und das letzte Kapitel des Kriterienkatalogs (Kap. 9): Reflexion und Evaluation).

Die Qualität von Orientierungen zeigt sich vielmehr auf einer übergeordneten Ebene (»Metaebene«), nämlich

1. darin, dass solche Orientierungen und Werte innerhalb und außerhalb der Einrichtung, also gegenüber den pädagogischen Fachkräften, den Kindern und Eltern sowie der interessierten Öffentlichkeit, transparent gemacht, begründet und vermittelt werden und

2. darin, dass diese Orientierungen in regelmäßigen Abständen mit den Beteiligten reflektiert, diskutiert und auf ihren Gegenwartsbezug hin überprüft und gegebenenfalls modifiziert oder auch in eine neue, zeitgemäße Sprache übersetzt werden.

Dies ist für *alle* Angebote für Schulkinder zu fordern. Gegenstand einer Qualitätsfeststellung und -entwicklung sind unter diesem Blickwinkel also nicht die spezifischen Inhalte von Orientierungen und Werten, sondern ihre *Vermittlung und Begründung* in den Einrichtungen.

4.2.2 Die fünf Qualitätsdimensionen

Die Orientierungen und Wertentscheidungen sowie Zielvorstellungen der Einrichtungen und die den konkreten Handlungen immanenten Werte, Einstellungen, Orientierungen und Ziele erschließen sich u. a. aus den jeweiligen Konzeptionen der Einrichtungen, den praktizierten Erziehungsstilen sowie den Vorstellungen der pädagogischen Fachkräfte über ihre Rolle und Aufgabe. Sie können u. a. über Dokumentenanalysen, biografische Selbstreflexion, kollegiale Befragung und Beobachtung transparent gemacht werden (vgl. hierzu den Methodenkoffer von QUAST).

Die Frage ist, ob und gegebenenfalls wie solche Orientierungen und Werte zu bewerten sind, ob es Maßstäbe für eine solche Bewertung gibt und auf welchen Wertentscheidungen diese gründen.

Oben wurden bereits jene zentralen Leitgedanken erörtert und begründet, die der Arbeit am Kriterienkatalog zu Grunde lagen (vgl. Kap. 2). Aus diesen Leitgedanken und weiteren, im Einzelnen noch näher zu erläuternden Informationsquellen werden Qualitätsdimensionen für die pädagogische Arbeit mit Mädchen und Jungen im Schulalter abgeleitet. Innerhalb dieser Qualitätsdimensionen werden wiederum Leitziele formuliert, die gleichsam die Grundrichtung angeben, in der sich die Arbeit mit Schulkindern entwickeln sollte.

Wir unterstellen dabei – und werden dies begründen –, dass sich diese Qualitätsdimensionen und die daraus abgeleiteten Leitziele auf einen breiten fachlichen und darüber hinaus gesellschaftlichen Konsens stützen, dass hier also unbeschadet der Trägervielfalt und des damit verbundenen Wertepluralismus' Werte von einer hohen allgemeinen Verbindlichkeit formuliert werden, die eine Art (aktuellen) common sense der Gesellschaft beschreiben. Sie finden ihren Niederschlag zum einen in Gesetzen (etwa im Grundgesetz, im KJHG und den einzelnen Ländergesetzen) und in deklarierten Rechten, die zu achten sich Staaten und Gesellschaften verpflichtet haben (UN-Konvention). Hier hat Eingang gefunden, was in den Reformbewegungen der letzen 20, 30 Jahre diskutiert und verhandelt wurde (zum Beispiel die veränderte Sicht vom Kind, dem mehr Handlungsspielräume und Entscheidungsmacht über die eigenen Lebensverhältnisse zugestanden werden, oder der Wandel der Beziehungen zwischen Eltern und Kindern zu einem partnerschaftlicheren Verhältnis u. a. m.).

Geltende pädagogisch relevante Werte werden zum anderen explizit gemacht durch die Analyse des gesellschaftlichen Wandels besonders der gegenwärtigen Lebensbedingungen von Kindern und des Wandels der Lebensformen, mit denen neue Herausforderungen an die pädagogische Arbeit und folglich auch neue bzw. modifizierte Zielvorstellungen verbunden sind. Denn der Wandel von Zielen geht in der Regel mit einem Wandel der Lebenswirklichkeit einher bzw. lässt sich auf gewandelte gesellschaftliche Verhältnisse zurückführen.[13]

Schließlich ist auf einen breiten fachlichen Konsens zu verweisen, was die Erkenntnisse über die Grundbedürfnisse von Kindern ei-

---

13 So ist, um nur ein Beispiel zu nennen, das Erziehungsziel der Selbstständigkeit einerseits Ausdruck einer veränderten Sichtweise vom Kind – es wird heute viel stärker als eigenaktiver Gestalter seines Lebens gesehen, als Forscher und Konstrukteur seiner eigenen Welt betrachtet, dem Erwachsene (Eltern und Erzieher/-innen) gleichwohl hilfreich zur Seite stehen müssen. Aber auch der Wandel der Familien, dass vielfach beide Elternteile berufstätig sind, dass viele Kinder bei nur einem Elternteil leben und von ihm erzogen werden und damit zugleich viel mehr auf sich alleine gestellt sind, macht das Erziehungsziel »Selbstständigkeit« attraktiv und erstrebenswert. Es ist in seinen Chancen und Grenzen kritisch zu betrachten (vgl. PREUSS-LAUSITZ/RÜLCKER/ZEIHER 1990).

nerseits und die entwicklungspsychologischen Besonderheiten von Schulkindern andererseits betrifft. Auch hieraus können spezifische Dimensionen und Leitziele abgeleitet und als weitgehend verbindlich unterstellt werden (vgl. hierzu das folgende Kapitel).

QUAST hat den Versuch unternommen, aus gesellschaftlicher Verschiedenheit und Pluralität das gemeinsame Verbindliche herauszuarbeiten und in Qualitätsdimensionen zu überführen.

Folgende **fünf Dimensionen** stehen zur Diskussion[14]:
- Bildung in Tageseinrichtungen für Kinder im Schulalter
- Lebensweltorientierung (Diese umfasst die Orientierung am Alltag und dem Lebenskontext der Kinder sowie die Gedanken der Prävention und der ganzheitlichen Förderung.)
- Partizipation / Partnerschaftlichkeit
- Integration (im weitesten Sinne als Umgang mit Differenz)
- regionale Bedarfsorientierung

Es sei noch einmal betont, dass innerhalb des Bereichs der Orientierungsqualität ausschließlich Leitziele für die pädagogische Arbeit mit Mädchen und Jungen im Schulalter formuliert werden, die den gesellschaftlichen Stellenwert und den Erziehungs- und Bildungsauftrag der Tageseinrichtungen trägerübergreifend profilieren. Diese Leitziele haben zugleich zentrale Orientierungsfunktion für die anderen Qualitätsbereiche dieses Kriterienkatalogs, denn dort werden daraus »Mittler- und Handlungsziele« abgeleitet. Die Entwicklung eines differenzierten Zielsystems in den unterschiedlichen Qualitätsbereichen ist damit kennzeichnend für den gesamten Kriterienkatalog (vgl. auch Kap. 9.1).

4.2.3 Inhaltlicher Bezugsrahmen für Orientierungsqualität

Wie oben dargelegt, stützt sich pädagogisches Handeln in den Tageseinrichtungen für Kinder im schulpflichtigen Alter unserer Auffassung nach auf bestimmte Informationsquellen. Diese Quellen werden im Weiteren als inhaltlicher Bezugsrahmen (»Referenzrahmen«) genutzt.

Folgende **Quellen** sind hier maßgebend:
1. Rechtsgrundlagen
2. gesellschaftliche Entwicklungen und Veränderungen
3. Grundbedürfnisse von Kindern

4. entwicklungspsychologische Besonderheiten bei Kindern im schulpflichtigen Alter

Zu (1)
Die **rechtlichen Grundlagen** bilden den Rahmen, aus dem wesentliche inhaltliche Orientierungen abgeleitet werden. Hier kann ein verbindlicher politischer Konsens unterstellt werden, insbesondere bei Rechtsgrundlagen wie dem Grundgesetz, dem SGB VIII und der UN-Konvention. Die länderspezifischen Gesetze konkretisieren jeweils diese Rechtsgrundlagen.

Zu (2)
Bei der Betrachtung der Orientierungsqualität können **gesamtgesellschaftliche Entwicklungen und Veränderungen** nicht außer Acht gelassen werden, da sie die Arbeit in den Tageseinrichtungen entscheidend beeinflussen. Tageseinrichtungen müssen diese Entwicklungen aufgreifen bzw. auf sie reagieren. Einige Entwicklungen und Veränderungen sollen hier kurz skizziert werden:
- Veränderung der *Berufs- und Arbeitswelt* (und die damit einhergehenden Risiken wie Arbeitsplatzwechsel oder -verlust, zeitliche Beanspruchung der Eltern)
- *demografische* Entwicklung (Verringerung der Anzahl der Kinder, weniger Spielpartner/-innen im Umfeld)
- Wechsel von *Familienkonstellationen* (erhöhte Scheidungsrate, Entstehen neuer Partnerschaften)
- Aufkommen von neuen *Gesundheitsrisiken* (und die damit einhergehende Entwicklung eines Bewusstseins für den Schutz und den Erhalt der natürlichen Ressourcen)

Zu (3)
In Anlehnung an Maslow (1977) und Piefel (1993) werden in folgenden Bedürfnissen von Kindern **Grundbedürfnisse** gesehen, also Bedürfnisse, die es unabweislich zu achten und zu erfüllen gilt: physiologische, Sicherheits-, Zugehörigkeits- und Wertschätzungsbedürfnisse sowie das Bedürfnis nach Selbstverwirklichung.

Diese Grundbedürfnisse verweisen damit auf Verpflichtungen, die im pädagogischen Handeln Ausdruck finden sollten.

Bedürfnisse und Ansprüche von Kindern treten uns immer vermittelt entgegen, d. h. »Aussagen über kindliche Bedürfnisse sind zugleich

---

14 Vgl. dazu den 8. und 10. Kinder- und Jugendbericht der Bundesregierung.

immer auch Aussagen über die Umwelt, wie sie ist. Und normative Aussagen über Bedürfnisse (z. B. jedes Kind hat ein natürliches Bedürfnis nach Ruhe, nach Abwechslung, nach Freude usw., das es zu erfüllen gilt) sind zugleich immer auch Aussagen über die Umwelt, wie sie sein soll«.[15]

Zu (4)

Bei der Erarbeitung der **entwicklungspsychologischen Besonderheiten von Kindern im Schulalter** wurden folgende Kategorien[16] ausgewählt und die Fachinformationen entsprechend zugeordnet:

- Wahrnehmung
- Motorik
- Intelligenz/Denkfähigkeit
- Kreativität/Fantasie
- Sprache
- Emotionalität
- moralische Entwicklung
- prosoziales Verhalten
- psychosexuelle Entwicklung

Diese Kategorien verweisen auf die spezifischen Entwicklungsaufgaben von Kindern im Schulalter; ebenso bilden sie die Grundlage für die pädagogische Planung.

4.3 Dimensionen der Orientierungsqualität

Die genannten vier Informationsquellen werden im Folgenden mit allen fünf Dimensionen im Bereich der Orientierungsqualität inhaltlich verknüpft.

Der **Bildungsauftrag**, der mit der sozialpädagogischen Arbeit in Tageseinrichtungen für Kinder verbunden ist, ist in Paragraph 22 SGB VIII gesetzlich verankert. Darüber hinaus ist er in einzelnen Landesgesetzen (zum Beispiel in NRW und Sachsen) ausgewiesen.[17] Er ist einer der drei zentralen Leitgedanken, die diesem Kriterienkatalog zu Grunde liegen (vgl. Kap. 2.2), und wird hier auch im Bereich der Orientierungsqualität als eigenständige Dimension aufgenommen.

Die Dimensionen **Lebensweltorientierung, Partizipation, Integration sowie regionale Bedarfsorientierung** wurden bereits im Achten Kinder- und Jugendbericht der Bundesregierung als Strukturmaximen zu Grunde gelegt.[18] Sie sind nicht auf bestimmte Bereiche der Jugendhilfe beschränkt, sondern können auf alle Handlungsfelder der Jugendhilfe übertragen werden. Im Zehnten Kinder- und Jugendbericht der Bundesregierung aus dem Jahre 1998 wird der Begriff der Lebensweltorientierung im Sinne einer Kind-, Familien- und Gemeinwesenorientierung weiterentwickelt.[19]

Die Tatsache, dass die genannten Dimensionen bereits als Strukturmaxime für die pädagogische Arbeit im Achten und Zehnten Kinder- und Jugendbericht der Bundesregierung festgeschrieben sind, beweist, dass sie – gesamtgesellschaftlich betrachtet – einen hohen Verbindlichkeitsgrad haben. So können sie mit guten Gründen auch im Rahmen dieses Katalogs als maßgebend deklariert und als handlungsleitend unterstellt werden.[20]

In den folgenden Abschnitten werden die fünf Dimensionen inhaltlich ausgeführt. In einem weiteren Schritt werden aus den jeweiligen Dimensionen Leitziele abgeleitet. Darüber hinaus werden die dazugehörigen Quellen und die spezifischen Fachinformationen tabellarisch zugeordnet, um den jeweiligen inhaltlichen Bezugsrahmen für diese Leitziele darzulegen.

4.3.1 Bildung in Tageseinrichtungen für Kinder im Schulalter

Bereits in den zentralen Leitgedanken wurde betont, dass Angebote für Mädchen und Jungen im Schulalter Bildungsangebote im Erziehung und Betreuung umfassenden Sinne sind und als solche konzipiert werden müssen (vgl. Kap. 2.2). Bildung wird hier verstanden als allgemeine Bildung in ihrer individuellen wie gesellschaftlichen Dimension – als Bildung für alle, als Bildung, die sich inhaltlich auf Frage- und Problemstellungen richtet, die *alle* Menschen betreffen (wohl wissend, dass dies nur exemplarisch geschehen und keinen festumrissenen, für alle gleichermaßen verbindlichen Bildungskanon umfassen kann), als Bildung im Sinne einer

---

15 Vgl. Fatke 1980, S. 167.
16 Diese Kategorien sind von Baacke (1999) übernommen und auch bei Schilling (1995) zu finden.
17 In den folgenden Ausführungen beschränken wir uns auf die Rechtsgrundlagen der am QUAST-Projekt beteiligten Bundesländer.
18 Vgl. BMJFFG 1990, S. 85f.
19 Vgl. BMFSFJ 1998, S. 191f.
20 Diese Dimensionen werden ebenfalls in der Veröffentlichung des Kronberger Kreises als zentrale Leitlinien pädagogischen Handelns genannt (Kronberger Kreis 1998, S. 27f.).

Zentrale Leitziele zu der Dimension: Bildung in Tageseinrichtungen für Kinder im Schulalter

Quelle: Rechtsgrundlagen

Zentrale Leitziele:

- Tageseinrichtungen verstehen ihren Erziehungs- und Bildungsauftrag im Sinne einer ganzheitlichen Förderung und Unterstützung der Kinder (Körper, Seele, Geist).
- Tageseinrichtungen kooperieren mit der Grundschule nach einem abgestimmten Konzept.
- Tageseinrichtungen berücksichtigen die unterschiedlichen Interessen und Bedürfnisse der Kinder.
- Tageseinrichtungen beschäftigen Fachpersonal.

Quelle: Gesellschaftliche Entwicklungen und Veränderungen

Zentrale Leitziele:

- Tageseinrichtungen ermitteln und fördern individuelle Begabungen und Neigungen.
- Tageseinrichtungen treten mit Kindern und Eltern in einen Austausch über diese Begabungen und Neigungen.
- Tageseinrichtungen berücksichtigen die Anforderungen der Wissens- und Informationsgesellschaft.
- Tageseinrichtungen stärken die Bildungschancen von Jungen und Mädchen.

Quelle: Grundbedürfnisse von Kindern

Zentrale Leitziele:

- Tageseinrichtungen ermutigen Kinder bei ihren Aktivitäten und Vorhaben.
- Tageseinrichtungen stärken Kinder bei der Suche nach kreativen Lösungen für ihre Aktivitäten und Vorhaben.
- Tageseinrichtungen regen die Lernfreude und die Wissbegierde der Kinder an.
- Tageseinrichtungen fördern Selbstbewusstsein durch Eigenaktivität und Eigeninitiative.

Quelle: Entwicklungspsychologische Besonderheiten bei schulpflichtigen Kindern

Zentrale Leitziele:

- Tageseinrichtungen ermitteln Lernmöglichkeiten im Umfeld.
- Tageseinrichtungen ermöglichen einen eigenständigen Umgang der Kinder mit Raum und Zeit.
- Tageseinrichtungen bieten vielfältige Möglichkeiten für sprachliche Auseinandersetzung.
- Tageseinrichtungen geben Hilfestellungen beim Erwerb von Lernstrategien und bei schulischen Problemen.
- Tageseinrichtungen bringen Kinder in Kontakt mit der Berufswelt der Erwachsenen.

(Mit »Tageseinrichtungen« sind in diesem Kontext alle Personen gemeint, die in oder für Tageseinrichtungen tätig sind. Auf eine Zuordnung zu spezifischen Funktionen oder Verantwortungsbereichen wird an dieser Stelle verzichtet.)

freien Entfaltung der Persönlichkeit und vielseitigen Anregung und Förderung.[21]

Im Zentrum steht das lebenskompetente Kind, das sich in aktiver Auseinandersetzung mit sich selbst und seiner Umwelt *selbst* bildet und sein Leben gestaltet. Dazu braucht es allerdings die Begleitung und Unterstützung erwachsener Bezugspersonen, eine anregungsreiche Umgebung und Wahlmöglichkeiten, die es ihm erlauben, sich intensiv und konzentriert mit *selbstgewählten* Themen auseinander zu setzen.

Diesem Bildungsverständnis entsprechend, gehen wir von einer *ganzheitlichen Betrachtung aller menschlichen Lebensäußerungen* aus, in denen die (Körper-)Sinne, das Denken, die Gefühle sowie die Tätigkeit gleichermaßen berücksichtigt werden (müssen).

Hauptaufgabe von Erziehung und Bildung in Tageseinrichtungen ist es dann, das Kind in seinen *eigenen* vielseitigen Bedürfnissen, Interessen und Fähigkeiten wahrzunehmen und zu

---

21 Nachdrücklich weisen wir auf das Kapitel 2.2 »Bildung in Tageseinrichtungen für Kinder im Schulalter« hin, in dem wir unser Bildungsverständnis und ein Konzept allgemeiner Bildung entwickeln und erläutern. An dieser Stelle können nur noch einzelne Aspekte des Gesagten aufgegriffen, aber nicht mehr vertiefend dargelegt werden.

fördern. Solche Förderung geschieht vorrangig dadurch, dass Kinder selbsttätig lernen und Erfahrungen machen und dass sie als Mitgestalter von Kultur und Wissen wahr- und ernst genommen werden.

Erwachsene, insbesondere die pädagogischen Fachkräfte, können dann keine Vorrangstellung beanspruchen, sondern sind gehalten, ihre Vorstellungen und Standpunkte so einzubringen, dass Kinder entsprechende Anknüpfungspunkte für ihre Überlegungen und Tätigkeiten erhalten.

Es geht also darum, dem Kind zu ermöglichen, sein Leben »in die eigenen Hände zu nehmen« und es im Rahmen seines Entwicklungsstandes handlungsfähig und sozial verantwortlich zu gestalten.

Betrachtet man die Entwicklungsmöglichkeiten von Kindern, so sind vier Ebenen zu unterscheiden, durch die Lernprozesse im weitesten Sinne angeregt werden:

- die Aneignung von *Wissen,* verstanden nicht nur als schulisch relevantes, sondern breites Wissen in Bezug auf die verschiedensten sachlichen und sozialen Zusammenhänge, einschließlich der Fähigkeit, sich selbstständig Wissen zu beschaffen, Informationen zu bewerten und auszuwählen;
- die Ausbildung von *Fertigkeiten:* in den Bereichen Motorik, Wahrnehmungs- und Ausdrucksfähigkeit, logisch-mathematische sowie technische Fähigkeiten, psychosoziale Geschicklichkeit wie Kooperations-, Partizipationsfähigkeit und Fähigkeit zur konstruktiven Konfliktlösung;
- die Förderung von Bereitschaften oder *Dispositionen:* zum Beispiel die Bereitschaft, sich auf neue Erfahrungen einzulassen und sich neuen Herausforderungen zu stellen; die Fähigkeit, Kreativität und Bereitschaft, sich realistische Ziele zu setzen und sie beharrlich zu verfolgen; die Bereitschaft, aus Erfahrung zu lernen;
- die Ausprägung von *Einstellungen:* Entwicklung und Stärkung eines positiven Selbstbilds, von Selbstvertrauen und prosozialen Einstellungen.[22]

In Bezug auf die Lernerfahrungen der Kinder und gegen weit verbreitete »Schieflagen« sei hervorgehoben, dass alle genannten Ebenen von Bedeutung sind, also nicht nur Wissen und Fertigkeiten, sondern ebenso (und vielleicht sogar in erster Linie) die Förderung von Bereitschaften und Einstellungen.

22 Vgl. dazu KATZ 1995 oder LAEVERS 1998.

Dimension: Bildung in Tageseinrichtungen für Kinder im Schulalter

Quellen			Referenzrahmen
Rechtsgrundlagen	Rechte von Kindern	UN-Konvention	Artikel 29 (1a) Bildungsziele u. Bildungseinrichtungen (Entfaltung der Persönlichkeit und der Begabungen)
		SGB VIII	§ 22 (1, 2) Grundsätze der Förderung von Kindern in Tageseinrichtungen (Ausrichtung an den Bedürfnissen und Interessen der Kinder)
	Auftrag der Tageseinrichtung	Länderspezifische Gesetze	• *BremKTG (19.12.2000)* § 3 (1) Tageseinrichtungen sind Angebote der regelmäßigen Betreuung, Bildung u. Erziehung § 6 (1) Horte als Tageseinrichtungen betreuen u. fördern Grundschulkinder § 6 (4) Abgestimmte Planung mit Schule • *GTK NRW (16.12.1998)* § 3 (1) Auftrag des Hortes, sozialpädagogische Einrichtung mit einem eigenständigen Erziehungs- und Bildungsauftrag § 3 (2) Zusammenarbeit zwischen Schule und Hort • *SäKitaG (24.08.1996)* § 1 u. § 2 Auftrag des Hortes (u. a. Förderung zu einer eigenverantwortlichen u. gemeinschaftsfähigen Persönlichkeit sowie Unterstützung bei der Entfaltung der körperlichen und geistigen Kräfte), eigenständiger Bildungsauftrag des Hortes *Hinweis: Es wurde bereits darauf hingewiesen, dass NRW und Sachsen eindeutig einen eigenständigen Erziehungs- u. Bildungsauftrag des Hortes formulieren, Bremen tut das nicht ausdrücklich.*

Quellen		Referenzrahmen
Gesellschaftliche Entwicklungen u. Veränderungen	Werte(-wandel)	• Wunsch der Eltern nach möglichst guter Erziehung und Bildung für ihre Kinder • Förderung individueller Begabungen und Neigungen • Entwicklung eines gesellschaftlichen Bewusstseins, dass Umweltbildung im erweiterten Sinne einer Bildung für eine nachhaltige Entwicklung eine zentrale Aufgabe von Erziehungsinstitutionen ist. Alle Bildungsinstitutionen sind aufgefordert, sich an der Umsetzung der »Agenda 21« zu beteiligen (vgl. BLK 1998).
	Globalisierung	• u. a. Entwicklung von der Industriegesellschaft zur Wissensgesellschaft • Der Umgang mit den neuen Medien und Technologien wird immer bedeutsamer (vgl. BMBF 1998) • Zunahme von Umwelt- und Gesundheitsrisiken
Grundbedürfnisse von Kindern (MASLOW 1977, S. 74–95) (PIEFEL 1993, S. 231–248)	Wertschätzungsbedürfnisse	• Bedürfnis nach Anerkennung • Motivation und Ermutigung der Kinder bei ihren Aktivitäten (vgl. KRONBERGER KREIS 1998, S. 35)
	Bedürfnis nach Selbstverwirklichung	• Konkrete Alltagserfahrungen und bedeutsame Situationen im Leben von Kindern sind Ausgangspunkte, um Bildungsprozesse zu initiieren (ebd., S. 35f.).
	Bedürfnis nach neuen Erfahrungen (Lernbedürfnis)	• Erforschen der Welt mit allen Sinnen • Bedeutung von Eigeninitiative, Eigenaktivität und Selbstwirksamkeit • Kind als Akteur seiner Entwicklung (vgl. SCHÄFER 2000, S. 8f.; MILITZER u. a. 1999, S. 26f.)
Entwicklungspsychologische Besonderheiten bei schulpflichtigen Kindern	Intelligenz/Denkfähigkeit	• Schulkinder befinden sich in einem Prozess fortschreitender Interaktion zwischen Individuum und Umwelt (z. B. eigenverantwortlicher Umgang mit Raum und Zeit). • Verbesserte Gedächtnisleistungen • Denken, Fühlen, Wollen und Handeln werden aufeinander abgestimmt (vgl. BAACKE 1999, S. 185).
	Kreativität/Fantasie	• Kinder wollen aktiv und kreativ sein; sie wollen etwas »Sinnvolles« tun. • Große Experimentierfreude der Kinder (intensiver Informationsdrang, große Neugierde, starke Sachbezogenheit) • Kinder suchen nach abweichenden Lösungen – sog. divergentes Denken. Kennzeichnende Aspekte: • Flüssigkeit der sprachlichen Äußerungen • Flexibilität im Umgang mit Widerstand • Sachverhalte überzeugend darstellen können • Bewertungskriterien/Fähigkeit, Stellung zu beziehen Besonderheit der Spielsituationen in der Altersgruppe der 6- bis 12-Jährigen: • Imagination • Verwandlung • starke emotionale Beteiligung • Ausdauer und Beharrlichkeit • Störanfälligkeit der Spielsituationen, da ein starker Wunsch nach Gleichrangigkeit und Gleichberechtigung besteht (vgl. ebd., S. 190)
	Sprache	• Erweiterung des Wortschatzes, Lust der Kinder, sich sprachlich mit der Welt auseinander zu setzen. • Die Speicherung von Informationen ist jeweils eng mit Gefühlen und Erinnerungen verknüpft. • Die differenzierte Sprachentwicklung ist unmittelbar mit der Entwicklung der Wahrnehmung und des Denkvermögens verknüpft und darüber hinaus an die Reifung biologischer Strukturen gekoppelt (Hirnreifungsprozess) (vgl. ebd., S. 198). • Unterstützung der muttersprachlichen Fähigkeiten und Förderung des Zweitspracherwerbs (s. auch Dimension: Integration)

4.3.2 Lebensweltorientierung

Für die Entwicklung unseres Kriterienkatalogs wird der Begriff der Lebensweltorientierung im Zusammenhang mit der Orientierungsqualität gewählt, weil dieser Begriff das Kind, seine Familie und sein Umfeld in die Betrachtung einbezieht und in diesem Sinne eine ganzheitliche Betrachtung des Kindes mit seinen unmittelbaren (Alltags-)Erfahrungen unterstützt.

In Weiterentwicklung des sozialökologischen Ansatzes von Bronfenbrenner unterscheidet Baacke[23] vier ökologische Zonen in der Lebenswelt von Kindern:

- Ökologisches Zentrum (die Familie, in der das Kind aufwächst)
- Ökologischer Nahraum (Wohnumfeld und Nachbarschaft)
- Ökologische Ausschnitte (u. a. Tageseinrichtung, Schule, Sportverein)
- Ökologische Peripherie (entferntere Freizeitorte, Urlaub – keine täglichen Routinen)

Dieses Zonenmodell verdeutlicht die unterschiedlichen Lebensbereiche der Kinder, die ihnen verschiedene Erfahrungs- und Erlebnisräume bieten.

Das Lebensweltkonzept konzentriert sich neben den räumlichen und zeitlichen Strukturen auch auf den »wahrnehmenden und handelnden Umgang [des Kindes] mit seiner sozialen Umwelt«[24] und verknüpft dabei die biografischen Erfahrungen der Kinder in ihrer Herkunftsfamilie, ihre momentanen Dispositionen sowie ihre Zukunftsentwürfe miteinander.

Bei all dem wird von einer subjektiven Deutung der Lebenswelt durch die Kinder ausgegangen, die sich auf verschiedenen Ebenen vollzieht:

- tätige Auseinandersetzung mit der konkreten Umwelt
- Erweiterung ihrer Handlungs- und Aktionsräume
- Veränderung von Situationen und Settings durch Eigenaktivität bzw. Eigentätigkeit
- spezifische Aneignung dieser Räume durch die Struktur der Lebenswelt

Die (sozial-)pädagogischen Institutionen sind aufgefordert, die spezifischen Sinnstrukturen der Kinder aufzuspüren und in ihren Alltag einzubeziehen.

Der Achte Kinder- und Jugendbericht des Bundes hebt neben den bereits angesprochenen Aspekten der Alltagsorientierung und Ganzheitlichkeit auch den der Prävention als zentralen Bestandteil der Lebensweltorientierung hervor.[25]

Tageseinrichtungen für Kinder im Schulalter leisten als lebensweltorientierte Einrichtungen der Jugendhilfe seit jeher »Primärprävention«[26]: Für Kinder im Schulalter stellen sich besondere Entwicklungsaufgaben, wenn sie strukturelle Umbruchsituationen zu bewältigen haben (zum Beispiel Übergang Kindergarten – Grundschule / Hort, Schulwechsel). Darüber hinaus gibt es individuelle Lebenssituationen im Alltag von Kindern, die potenzielle Risiken bergen (wie Trennungssituationen in der Familie, Schulschwierigkeiten, Gesundheitsprobleme). Diese Lebenssituationen sind von Tageseinrichtungen sorgfältig zu begleiten. Sofern das Auftreten bestimmter Störungen nicht durch Unterstützungsmaßnahmen in den Einrichtungen selbst verbessert werden kann, sind Unterstützungsleistungen anderer Dienste (zum Beispiel Beratungsstelle, Allgemeiner Sozialer Dienst) in Anspruch zu nehmen.

Damit umfasst unser Verständnis von Lebensweltorientierung den unmittelbaren Alltag und Lebenskontext des Kindes mit seiner Familie sowie seine ganzheitliche Förderung und schließt den präventiven Charakter der Angebote für Schulkinder mit ein.[27]

23 Vgl. Baacke 1999, S. 106f.
24 Vgl. ebd., S. 109.
25 BMJFFG 1990, S. 85f.
26 Primärprävention bezieht sich auf die langfristige Verhinderung von körperlichen und seelischen Gesundheitsstörungen. Gesundheit wird als eine umfassende Lebenskompetenz definiert. Das Konzept der Lebenskompetenzentwicklung umfasst folgende Zielperspektiven: (1) Vermittlung von Information und gezielte Begleitung, (2) Entwicklung von Ich-Stärke, um sich gegen Einflüsse zur Wehr zu setzen, (3) Vermittlung von sozialen Kompetenzen. Die Vermittlung von Handlungskompetenzen, mit denen Kinder belastende und schwierige Lebensereignisse bewältigen können, ist *die* zentrale Präventionsmaßnahme. Damit verweist der mit der Prävention verknüpfte Lebenskompetenzansatz ebenfalls auf den im Hort formulierten Bildungsauftrag (vgl. Bundesministerium für Gesundheit 1993, S. 32f.).
27 In der Veröffentlichung des Kronberger Kreises wird die Kontextorientierung als eine zentrale Orientierung genannt. Die weiteren Erläuterungen zur Kontextorientierung verdeutlichen, dass Kinder nur »im Kontext ihrer Lebensgeschichte sowie in ihren Lebens- und Beziehungswelten gesehen und verstanden« werden können. Dieses Verständnis von Kontextorientierung stimmt also mit dem Begriff der Lebensweltorientierung inhaltlich überein.

Zentrale Leitziele zur Dimension Lebensweltorientierung

Quelle: Rechtsgrundlagen

Zentrale Leitziele:

- Tageseinrichtungen stärken die Rechte von Kindern in ihrem Verantwortungsbereich.
- Tageseinrichtungen stärken die Elternrechte und die Elternverantwortung.
- Tageseinrichtungen unterstützen und beraten die Eltern in Erziehungsfragen.
- Tageseinrichtungen berücksichtigen die unterschiedlichen Lebenslagen der Kinder und ihrer Familien.
- Tageseinrichtungen unterstützen den Anspruch auf ganzheitliche Förderung der Kinder unter Berücksichtigung ihrer unterschiedlichen Lebenssituationen.

Quelle: Gesellschaftliche Entwicklungen und Veränderungen

Zentrale Leitziele:

- Tageseinrichtungen setzen sich bewusst mit den sich wandelnden Wünschen und Bedürfnissen der Eltern auseinander.
- Tageseinrichtungen gestalten ihren Alltag nach gesundheitsfördernden und umweltbewussten Gesichtspunkten.
- Tageseinrichtungen halten Kinder zu einem umweltbewussten Umgang mit den natürlichen Ressourcen an.
- Tageseinrichtungen bieten Kindern Anregungen für einen kritischen Umgang mit Konsum.
- Tageseinrichtungen befassen sich mit den neuen Medien.
- Tageseinrichtungen sehen sich selbst als Teil des Gemeinwesens.
- Tageseinrichtungen sind Treffpunkte für Kinder und Eltern.
- Tageseinrichtungen unterstützen Kinder und Eltern beim Aufbau ihrer sozialen Netze.

Quelle: Grundbedürfnisse von Kindern

Zentrale Leitziele:

- Tageseinrichtungen bieten eine kindgerechte Tagesstrukturierung.
- Tageseinrichtungen bieten kindgerechte Räume (im Innen- und Außenbereich).
- Tageseinrichtungen sind verlässliche Ansprechpartner für Kinder.
- Tageseinrichtungen bieten Kindern Schutz vor physischer und psychischer Gewalt innerhalb ihres Verantwortungsbereichs.
- Tageseinrichtungen initiieren positive Gruppen- und Gemeinschaftserlebnisse.
- Tageseinrichtungen nehmen die Alltagserfahrungen der Kinder als Ausgangspunkte für Lernprozesse und sinnstiftende Erfahrungen.

Quelle: Entwicklungspsychologische Besonderheiten von schulpflichtigen Kindern

Zentrale Leitziele:

- Tageseinrichtungen bieten Anregungs- und Betätigungsmöglichkeiten für alle Sinne.
- Tageseinrichtungen greifen bewusst die Gefühle der Kinder auf.
- Tageseinrichtungen stellen sich der Auseinandersetzung mit kinder- und jugendspezifischen Werten.
- Tageseinrichtungen fördern »prosoziales Verhalten« unter Berücksichtigung der wachsenden Bedeutung der Gruppe der Gleichaltrigen und unterstützen die moralische Entwicklung.
- Tageseinrichtungen nehmen bewusst ihre Vorbildfunktion wahr – bezogen auf die Auseinandersetzung mit Konflikten.
- Tageseinrichtungen nehmen Kinder im Schulalter als Jungen und Mädchen wahr.
- Tageseinrichtungen berücksichtigen die unterschiedlichen Interessen und Bedürfnisse von Jungen und Mädchen.
- Tageseinrichtungen wirken einer geschlechtsstereotypischen Aufgabenverteilung bei Kindern und beim Personal entgegen.

Dimension: Lebensweltorientierung

Quellen			Referenzrahmen
Rechts- grundlagen	Rechte von Kindern	UN-Kon- vention	• Artikel 3 (1–3) Alle Maßnahmen, die Kinder betreffen, haben vorrangig das Wohl des Kindes zu berücksichtigen. • Artikel 18 (1) Unterstützung der Eltern, damit diese ihre Verantwortung für das Kindeswohl wahrnehmen können. • Artikel 24 Gesundheitsfürsorge für Kinder als Verpflichtung des Staates, entsprechende Maßnahmen bereitzustellen (Beratung und Aufklärung der Eltern, Vermeiden von Krankheits- und Umweltrisiken)
		Grundge- setz	Grundrechte: • Artikel 6 (1) Ehe u. Familie sowie uneheliche Kinder stehen unter besonderem Schutz des Staates. • Artikel 6 (2) Erziehungspflicht und Erziehungsrecht der Eltern
		§ 1631(2) BGB Fami- lienrecht/ elterliche Sorge	• Recht der Kinder auf eine gewaltfreie Erziehung und Verzicht auf körperliche Bestrafung, seelische Verletzungen und andere entwürdigende Maßnahmen (Mit der Gesetzesänderung ist nicht nur das Recht der Kinder auf eine gewaltfreie Erziehung formuliert. Darüber hinaus werden die Möglichkeiten zur Beratung und Unterstützung der Eltern bei Erziehungsproblemen verstärkt.)
	Auftrag der Tageseinrich- tung	SGB VIII	• § 1 Recht auf Erziehung, Elternverantwortung, Aufgaben der Jugendhilfe (Förderung, Benachteiligung abbauen, Elternberatung, Schutz vor Gefahren, kinderfreundliche Umwelt schaffen) • § 8 Grundrichtung der Erziehung/Gleichberechtigung von Jungen und Mädchen • § 16 Allgemeine Förderung der Erziehung in der Familie
		Länder- spezifische Gesetze	*BremKTG (19.12.2000)* • § 3 (1) Tageseinrichtungen sollen (Schul-)Kinder altersgerecht und entsprechend ihrer Lebenssituation fördern (Sprache, Motorik, Wahrnehmung, geistige Anregung, soziale Fähigkeiten). • § 3 (3) Tageseinrichtungen – familienergänzendes Angebot • § 6 (1) Horte dienen der Förderung und Betreuung der Grundschulkinder. • § 6 (2) Ältere Schulkinder (5. und 6. Klasse): verschiedene Organisationsformen (sozialpädagogisches Angebot, u. a. Entwicklung und Verwirklichung der Interessen in und außerhalb der Einrichtung) • § 6 (4) Tageseinrichtungen für Schulkinder sollen gemeinsam mit der Schule geplant werden. *GTK NRW (16.12.1998)* • § 3 (1) Auftrag des Hortes / Schulkinderhauses *SäKitaG (24.08.1996)* • § 2 (3) Die besonderen emotionalen Bedürfnisse der Kinder sind entsprechend ihrer Altersstufe zu berücksichtigen.
Gesellschaftli- che Entwick- lungen u. Ver- änderungen	Werte(-wandel)		• Kinderwunsch ist heute der Wunsch nach Freude und Sinnerfüllung, nicht primär Vorsorge für das Alter. • Wunsch der Eltern nach möglichst guter Erziehung und Bildung für ihre Kinder • Gleiche Bildungschancen für Jungen und Mädchen sowie für so genannte benachteiligte Gruppen (vgl. FTHENAKIS 1997, S. 19f.) • Soziale Geschicklichkeit (Teamarbeit, Verhandlungsgeschick, Diplomatie, konstruktive Konfliktlösung) sowie Durchsetzungsvermögen und Präsentation der Persönlichkeit werden als wichtig angesehen. Das wird auch mit psycho-sozialer (Human-)Kompetenz umschrieben (vgl. BMBF 1998, S. 51).

Quellen		Referenzrahmen
Gesellschaftliche Entwicklungen u. Veränderungen	Pluralisierung der Lebensformen	• Anstieg der Scheidungsrate, traditionelle Rollenbilder lösen sich auf, Chance zu mehr individualisiertem und selbstbestimmtem Leben, aber auch Instabilität von Beziehungen • Hoher Anteil an Einzelkindern in den Familien • Demografische Entwicklung in der BRD – weniger Kinder im Wohnumfeld • Unterschiedliche und wechselnde Familienkonstellationen (allein Erziehende, Stieffamilien, so genannte Patchwork-Familien) • Familien in besonderen Belastungssituationen (Arbeitslosigkeit, erhöhter Anteil an Kindern, die Sozialhilfe beziehen, Kinder mit Gewalterfahrungen) (vgl. FTHENAKIS 1997, S. 13f.; FTHENAKIS 1999, S. 47f.)
Grundbedürfnisse von Kindern	Physiologische Bedürfnisse	• Ernährung, Ruhe, Bewegung, Anregung der Sinne (u. a. kindgerechte Tagesstrukturierung, Rückzugsmöglichkeiten, Gestaltung von Mahlzeiten)
	Sicherheitsbedürfnis	• Schutz, Stabilität, Sicherheit, Freiheit von Furcht • Verlässliche Ansprechpartner/-innen für Kinder in Tageseinrichtungen (Hilfe; Trost; Bereitschaft, den Kindern zuzuhören; wechselseitige Anerkennung)
	Zugehörigkeits- und Liebesbedürfnisse	• Austausch und Teilhabe an Gemeinschaft sowie Zugehörigkeit, Geborgenheit und emotionale Zuwendung in der Gruppe
	Bedürfnis nach Selbstverwirklichung	• Ästhetik, Verstehen, Wissen (Anerkennung der individuellen Lebenswelt der Kinder, d. h. Kinder verleihen konkreten Alltagserfahrungen ihren individuellen Bedeutungsgehalt)
Entwicklungspsychologische Besonderheiten von schulpflichtigen Kindern	Wahrnehmung	• Kinder im Schulalter sind aufmerksame und treffend erkennende Beobachter/-innen – Steigerung ihrer Differenzierungsfähigkeit (unterscheiden, benennen, identifizieren). • Verknüpfung der Wahrnehmungen mit Emotionen im Sinne einer ästhetischen Wahrnehmung (BAACKE a. a. O., S. 175)
	Motorik	• Motorische Differenzierung (reiches Spektrum an Bewegungsformen und -möglichkeiten, Bewegungslust, Grenzen erfahren wollen) (vgl. ebd., S. 179)
	Emotionalität	• Bewusste Wahrnehmung von Gefühlen Kinder im Schulalter begreifen, dass zwischen dem Ereignis und dem Gefühl ein »Etwas« liegt. Der Zusammenhang zwischen dem Ereignis und dem Gefühlszustand kann bei Menschen sehr unterschiedlich sein. • Ein wichtiger Aspekt ist die Differenzierung von Situationen: Beschreibung der Situation, Erkennen von Zusammenhängen hinsichtlich des Verhaltens verschiedener Menschen, Schlussfolgerungen auf Gefühle (vgl. ebd., S. 207).
	Moralische Entwicklung	• Die Peergroup-Aktivitäten in der mittleren Kindheit und die moralische Entwicklung entsprechen sich wechselseitig, d. h. diese Aktivitäten unterstützen die Gelegenheit für Rollenübernahme, die die moralische Entwicklung fördern (Peergroup als Übungsfeld). Kinder dieser Altersgruppe sind an der Aufrechterhaltung sozialer Ordnung (konventionelle Rollenkonformität) interessiert. Die Motivation ist die Übereinstimmung mit der geltenden (zum Beispiel gruppenspezifischen) Ordnung (vgl. ebd., S. 225f.).

Quellen		Referenzrahmen
Entwicklungs-psychologische Besonderheiten bei schulpflichtigen Kindern	Prosoziales Verhalten	• Kinder lernen, dass andere Personen ihre eigene Sicht auf die Dinge haben, und sie lernen, die Motivationen anderer einzuschätzen. • Diese Prozesse des sozialen Lernens und die Erprobung der sozialen Geschicklichkeit werden im Umgang und im Spiel mit Gleichaltrigen eingeübt. • Die Beziehungen der Kinder werden stabiler, Freundschaften entstehen. Regelspiele sind besonders beliebt. • Der Umgang mit Spielpartnerinnen und Spielpartnern vermittelt Lebenstüchtigkeit. Die Auseinandersetzung mit Gleichaltrigen ist für die mittlere Kindheit von besonderer Bedeutung. Insbesondere die Aushandlungsprozesse unter Kindern stellen eine spezifische, entwicklungsfördernde Aufgabe dar, durch die sich die Kinder ein soziales Handlungspotenzial erarbeiten. • Kinder differenzieren ihre sozialen Beziehungen. Sie unterscheiden Teamkollege(in), Schulkamerad(in), beste/r Freund(in) etc. • Die Bewältigung sozialer Konflikte wird oft lautstark ausgetragen. Die Hilfestellung von Erwachsenen ist hier notwendig. • Die Entwicklung des prosozialen Verhaltens ist stark abhängig von dem sozialen Klima, in dem das Kind aufwächst. • Empathie, Nachdenken über Moral, moralisches Abwägen, moralisches Verhalten sind notwendige Schritte zur Entwicklung eines moralischen Urteils (Gewissen, Sinnfragen der Kinder) (vgl. ebd., S. 235f.; OSWALD, KRAPPMANN u.a. 1988, S. 79f.).
	Psychosexuelle Entwicklung	• Die Geschlechtszugehörigkeit wird mit ca. fünf bis sieben Jahren als unveränderlich erkannt (so genannte kognitive Selbstkategorisierung). • Differenzerfahrungen zwischen den Geschlechtern: Das wird u.a. daran deutlich, dass sich Spielgruppen eher geschlechtshomogen zusammensetzen. Dies kann als Übung für die eigene Geschlechtsrolle betrachtet werden. Geschlechtshomogene Gruppen entwickeln ein sehr intensives Sozialleben. Die typischen Ärgerrituale und Streitigkeiten zwischen Jungen und Mädchen sind meist mit zwölf Jahren beendet. • Die Ausprägung von Geschlechtsstereotypen (im Sinne von: Was ist männlich? Was ist weiblich?) erfolgt erst in der späteren Kindheit (vgl. BAACKE a.a.O., S. 240f.).

4.3.3 Partizipation/Partnerschaftlichkeit

Seit der Verabschiedung des SGB VIII und der UN-Kinderrechtskonvention wird in der (Fach-)Öffentlichkeit die aktive Beteiligung von Kindern an der Bewältigung ihrer Alltagssituationen sowie ihre aktive Rolle in den Bildungseinrichtungen diskutiert. Fachkräfte in den Tageseinrichtungen sind zunehmend gefordert, ihre Aktivitäten mit den Kindern gemeinsam zu planen und zu gestalten. »Bildungsangebote werden als Möglichkeit angesehen, demokratische Fähigkeiten zu erlernen, wie z.B. die eigene Meinung zu vertreten und die Meinung anderer zu achten, Konflikte auszutragen und Kompromisse auszuhandeln.« (BMFSFJ 1998, S. 150)

Partizipation von Kindern und Jugendlichen entsteht im Spannungsfeld zwischen »individuellen und strukturellen Partizipationserfahrungen« (KNAUER 1995, S. 24). Die ersten individuellen Partizipationserfahrungen werden in der Familie und im engeren Lebensumfeld gewonnen. So sind die Entwicklung von Verantwortung und die Fähigkeit, Entscheidungen zu treffen, nur zu fördern, wenn Eltern und pädagogische Fachkräfte den Kindern grundsätzlich Mitbestimmungs- und Entscheidungsmöglichkeiten zugestehen.

Die Träger von Horten und die örtliche Jugendhilfeplanung wiederum sollten Voraussetzungen dafür schaffen, dass Beteiligungsmöglichkeiten in den Kommunen, und zwar sowohl in einzelnen Einrichtungen als auch in bestimmten Projekten und Aktionen (zum Beispiel Gestaltung von Spielflächen und Räumen für Kinder), geschaffen und diese Chancen auch genutzt werden.

In den Tageseinrichtungen selbst sollten Formen der Beteiligung in den Alltag der Institution integriert sein *(Alltagspartizipation)*. Dabei sollte das Umfeld der Einrichtung einbezogen werden.

Wird Partizipation im Sinne einer Alltagspartizipation verstanden, dann ist dies ein Beitrag, um mit Kindern »im Alltag Demokratie zu (er)leben«. Für die sozialpädagogischen Fachkräfte bedeutet das, dass sie einerseits deutlich Position beziehen müssen und andererseits Kindern Raum lassen, eigene Wege zu gehen.

Damit Partizipation in Tageseinrichtungen gelingen kann, ist die Berücksichtigung einiger Regeln hilfreich:

- Freiwilligkeit der Teilnahme für Kinder
- Begleitung durch fachkundige Erwachsene (sozialpädagogische Fachkräfte)
- Einholen von Meinungen und Ideen der Kinder
- Transparenz und Offenheit der Prozesse, die in Gang gesetzt werden (sollen)
- Auswahl von Methoden und Medien, die dem Entwicklungsstand von Kindern im Schulalter entsprechen
- (möglichst) selbstständige Öffentlichkeitsarbeit der Kinder
- Berücksichtigung von rechtlichen Grundlagen für Beteiligungsmöglichkeiten (Fuchs 1996, S. 160)

Zentrale Leitziele zur Dimension Partizipation / Partnerschaftlichkeit

Quelle: Rechtsgrundlagen

Zentrale Leitziele:

- Tageseinrichtungen respektieren den Kinderwillen.
- Tageseinrichtungen fördern aktive Beteiligungsmöglichkeiten der Kinder.
- Tageseinrichtungen ermitteln die Wünsche der Eltern.
- Tageseinrichtungen beteiligen Eltern an Entscheidungen.
- Tageseinrichtungen ermutigen Eltern zur Mitarbeit.

Quelle: Gesellschaftliche Entwicklungen und Veränderungen

Zentrale Leitziele:

- Tageseinrichtungen beteiligen die Kinder an der Gestaltung der alltäglichen Abläufe.
- Tageseinrichtungen gestalten gemeinsam mit den Kindern das pädagogische Programm.

Quelle: Grundbedürfnisse von Kindern im Schultalter

Zentrale Leitziele:

- Tageseinrichtungen stärken die wachsende Selbstständigkeit der Kinder.
- Tageseinrichtungen ermöglichen es den Kindern, an der »Welt der Erwachsenen« teilzunehmen.

Quelle: Entwicklungspsychologische Besonderheiten bei schulpflichtigen Kindern

Zentrale Leitziele:

- Tageseinrichtungen nutzen die Kompetenzen der Kinder.
- Tageseinrichtungen wählen adäquate Wege der Förderung und Vermittlung von Beteiligungsmöglichkeiten.
- Tageseinrichtungen handeln Entscheidungen gemeinsam mit Kindern aus.
- Tageseinrichtungen fördern und unterstützen konstruktive Konfliktlösungen.

Dimension: Partizipation / Partnerschaftlichkeit

Quellen			Referenzrahmen
Rechts-grundlagen	Rechte von Kindern	UN-Kon-vention	• Artikel 12 Berücksichtigung des Kinderwillens • Artikel 13 Meinungs- und Informationsfreiheit • Artikel 14 Gedanken-, Gewissens- und Religionsfreiheit
		Grund-gesetz	• Artikel 1 Schutz der Menschenwürde • Artikel 2 Freiheitsrechte
	Auftrag der Tageseinrich-tung	SGB VIII	• § 8 Partizipation und Mitwirkung fördern • § 22 (3) Grundsätze zur Förderung von Kindern in Tagesein-richtungen (Zusammenarbeit mit den Eltern zum Wohl der Kinder)
		Länder-spezifische Gesetze	*BremKTG (19.12.2000)* • § 8 (1–5) Zusammenarbeit mit Elterngruppen und Eltern-gremien • § 8 (1) Die Konzeption der Einrichtung dient der gemeinsa-men Verständigung zwischen Eltern und Fachkräften • § 14 Zusammenarbeit mit anderen Einrichtungen und sozialen Diensten *GTK NRW (16.12.1998)* • § 3 Auftrag des Hortes • § 8 Kindermitwirkung im Hort • § 5 Elternversammlung • § 6 Elternrat • § 7 Rat der Tageseinrichtung *Sachsen – Elternmitwirkungsverordnung (29.11.1997)* Hinweis: Elternmitwirkung wird in den drei Bundesländern als wichtiger Bestandteil der pädagogischen Arbeit angesehen.
Gesellschaftli-che Entwick-lungen u. Ver-änderungen	Werte(-wandel)		• Partnerschaftlicher Umgang zwischen Eltern, sozialpädagogi-schen Fachkräften und Kindern, Entwicklung weg von Konfor-mität und Gehorsam hin zu Autonomie, Selbstständigkeit und Individualität (vgl. FTHENAKIS 1997, S. 19)
	Pluralisierung der Lebensformen		• Anpassungsleistungen der Kinder an veränderte Lebensformen • Viele Kinder werden bei Entscheidungen (Urlaub, Anschaffun-gen, Taschengeld) beteiligt (Aushandlungsprozesse zwischen Eltern und Kindern).
Grundbedürf-nisse von Kindern	Wertschätzungs-bedürfnisse		• Bedürfnisse nach Kompetenz, Anerkennung, Unabhängigkeit und Leistung im Sinne einer Wertschätzung der kindlichen Sichtweisen und Vorstellungen
Entwicklungs-psychologische Besonderheiten von Kindern im schulpflich-tigen Alter	Intelligenz/ Denkfähigkeit		• Informations- und Wissensdrang • Fortschreitende Interaktion zwischen Individuum und Umwelt • Sprachliche Entwicklung (Wortschatzerweiterung) und die Freude am Diskutieren und an sprachlicher Auseinanderset-zung
	Kreativität/Fantasie		• Streben nach Selbstorganisation, Aushandeln von Regeln und Absprachen mit Eltern und Erziehern und Erzieherinnen • Identitätsentwicklung durch aktives Tun in »Ernstsituationen«

4.3.4 Integration

Wir verstehen den Begriff der Integration im erweiterten Sinne einer »Pädagogik der Vielfalt« (PREUSS-LAUSITZ 1993, S. 13–36).

Mit diesem Verständnis sind erneut die individuelle sowie gesellschaftliche Dimension des Bildungsbegriffs angesprochen, wonach Bildungsangebote sowohl auf die Selbstbestimmung und persönliche Entfaltung des Individuums hin zu gestalten sind als auch auf die Förderung der Verantwortung eines jeden Individuums, bezogen auf die Gemeinschaft.

Hier sind die Handlungs- bzw. Partizipationschancen *aller* gesellschaftlichen Gruppen einzuschließen, sie können nicht auf bestimmte Teilgruppen begrenzt werden. »Bildung als Pädagogik der Vielfalt ist in jeder Hinsicht koedukativ, sie schließt Ausländerfeindlichkeit ebenso offensiv aus wie die Aberkennung gleicher Rechte verschiedener sozialer Gruppen.« (ebd., S. 33)

Weiterhin verstehen wir unter Integration die Fähigkeit zum *Umgang mit Differenzerfahrungen* (PRENGEL 1995, S. 181f.). Das bedeutet, dass Kinder und Erwachsene (Fachkräfte) vielfältige Lebensformen kennen und respektieren lernen.

Der Umgang mit Differenzerfahrungen bezieht sich auf unterschiedliche Schwerpunkte. Gemeint sind Erfahrungen im Zusammenleben von Deutschen und Migrantinnen und Migranten, von behinderten und nichtbehinderten Menschen, von Männern und Frauen sowie Erfahrungen im Zusammenleben von Familien unterschiedlicher sozialer Herkunft und im Umgang mit den unterschiedlichsten Lebensformen der eigenen Herkunftskultur.

Die Anforderungen an Fachkräfte in Bildungsinstitutionen, wie sie die Auseinandersetzung mit Differenzerfahrungen gestalten, lassen sich – bezogen auf die unterschiedlichen Gruppen – unter folgenden Gesichtspunkten zusammenfassen (ebd., S. 171–180):

- Vermeidung von Ausgrenzung und Hierarchiebildung
- Teilhabe an (Allgemein-)Bildung sowie Zugang zu bedürfnisgerechten Fördermaßnahmen
- Vermittlung von Respekt vor anderen Lebensweisen und nicht Zwang oder Nötigung durch die Institution, diese Lebensweisen abzulegen

Zentrale Leitziele zur Dimension Integration

Quelle: Rechtsgrundlagen

Zentrale Leitziele:

- Tageseinrichtungen fördern Toleranz und Aufgeschlossenheit gegenüber Menschen unterschiedlicher sozialer und kultureller Herkunft.
- Tageseinrichtungen verhindern Ausgrenzung von Kindern sowie ihrer Familien innerhalb ihres Verantwortungsbereichs.
- Tageseinrichtungen unterstützen Migrantenfamilien sowie benachteiligte Familien durch Beratung und Vermittlung von Erziehungs- und Bildungsangeboten.
- Tageseinrichtungen entwickeln spezifische Förderangebote für entwicklungsverzögerte und behinderte bzw. von Behinderung bedrohte Kinder.

Quelle: Gesellschaftliche Entwicklungen und Veränderungen

Zentrale Leitziele:

- Die Fachkräfte in Tageseinrichtungen verfügen über Kenntnisse *ihrer* jeweiligen Herkunftskultur.
- Tageseinrichtungen setzen sich bewusst mit der kulturellen Vielfalt der Gesellschaft auseinander.
- Tageseinrichtungen erschließen sich spezifische Informationen über die soziale und kulturelle Herkunft der Kinder und Familien, die ihre Einrichtung besuchen.
- Tageseinrichtungen stellen Fachkräfte mit Migrationshintergrund ein.
- Tageseinrichtungen verfügen über Fachkenntnisse und methodisches Wissen, um für Kinder unterschiedlicher sozialer und kultureller Herkunft spezifische Angebote zu entwickeln.

Quelle: Grundbedürfnisse von Kindern

Zentrale Leitziele:

- Tageseinrichtungen gestalten Alltagssituationen, die Ausgrenzung verhindern.
- Tageseinrichtungen geben Einblicke in andere Lebensgewohnheiten.

Quelle: Entwicklungspsychologische Besonderheiten bei schulpflichtigen Kindern

Zentrale Leitziele:

- Tageseinrichtungen sensibilisieren schulpflichtige Kinder für unterschiedliche Lebenslagen (wie Leben mit einer Behinderung, soziale Notlagen oder kulturelle Gewohnheiten).
- Tageseinrichtungen greifen Auseinandersetzungen um unterschiedliche Einstellungen und Werte auf und nehmen dazu Stellung.

- Vermittlung der Einsicht, dass die eigenen Erfahrungen und Bewertungen jeweils begrenzt, partikular und konfliktreich sind (»kulturelle Kontextualität«) und sich nur aus den unterschiedlichen Facetten des Zusammenlebens neue Lebensperspektiven entwickeln können
- Bereitstellung von Möglichkeiten, Gemeinsamkeiten und Unterschiede in den einzelnen Lebensformen zu erfahren

Dimension: Integration

(Fähigkeit zum Umgang mit Differenzerfahrungen, d. h. Fachkräfte und Kinder kennen und respektieren unterschiedliche Lebensformen. »Es ist normal, verschieden zu sein.«)

Quellen			Referenzrahmen
Rechtsgrundlagen	Rechte von Kindern	UN-Konvention	• Artikel 2 Diskriminierungsverbot • Artikel 3 Abs. 3 Wohl des Kindes (Fürsorge und Schutz) • Artikel 14 Gedanken-, Gewissens- und Religionsfreiheit • Artikel 22 Flüchtlingskinder • Artikel 23 Förderung behinderter Kinder • Artikel 29 (1c, 1d) Bildungsziele (u. a. Wahrung der kulturellen Identität, Toleranz gegenüber ethnischen oder religiösen Minderheiten) • Artikel 30 Minderheitenschutz
		Grundgesetz	Grundrechte: • Artikel 2 Freiheitsrechte • Artikel 3 (3) Diskriminierungsverbot • Artikel 4 Glaubens- und Bekenntnisfreiheit • Artikel 16 (2) Recht auf Asyl
	Auftrag der Tageseinrichtung	SGB VIII	• § 6 (2) Geltungsbereich des KJHG (u. a. auch für Migrantinnen und Migranten – Status der Duldung – Anspruch auf Leistungen des KJHG) • § 35a (1) Eingliederungshilfe für seelisch behinderte Kinder und Jugendliche
		BSHG (Bundessozialhilfegesetz)	• § 39ff. Eingliederungshilfe für Behinderte
		Länderspezifische Gesetze	*BremKTG (19.12.2000)* • § 3 (4) Für Kinder, die in ihrer Entwicklung beeinträchtigt sind, und für Kinder mit Behinderungen wird eine Betreuung und Förderung in integrativer Form angeboten. *NRW GTK (16.12.2000)* • § 1 Allgemeine Begriffsbestimmung (bezieht sich auch auf Horte, u. a. auch auf Integration von behinderten Kindern) • § 10 (3) Planung – Hinweis auf notwendige Begleitung und Unterstützung von Migrantenkindern und behinderten Kindern

Quellen			Referenzrahmen
Rechts-grundlagen	Auftrag der Tageseinrich-tung	Länder-spezifische Gesetze	*Sachsen SäKitaG (24.08.1997)* • § 2 (1) Aufgabe der Kita – Förderung von Toleranz gegenüber Kulturen und anderen Lebensformen *Sorbische Kita-Verordnung (Sachsen – 27.02.1995)* • Maßnahmen zur Förderung deutsch-sorbischer Kitas *Integrations-Verordnung (Sachsen – 24.03.1995)* • Integration von behinderten Kindern in die Kitas – gilt auch für Horte § 3 (2) – Gewährleistung einer entsprechenden heil-pädagogischen Förderung der Kinder
Gesellschaftli-che Entwick-lungen u. Ver-änderungen	Werte(-wandel)		Gesellschaftliche Auseinandersetzungen: • Widersprüchliche Haltung von Gesellschaft und Staat im Um-gang mit Migrantinnen und Migranten • Wirtschaft befürwortet Einwanderung (Beispiel: green card), • Teile der Gesellschaft fühlen sich »überfremdet« (Auseinander-setzung über gesellschaftliche Ressourcen; vgl. u. a. die aktuelle Diskussion zum Thema Rechtsradikalismus). • Durch den ausländerrechtlichen Status bestimmter Migranten-gruppen (Einschränkung der Freizügigkeit, Verbot der Aufnah-me einer Erwerbstätigkeit) wird die Integration dieser gesell-schaftlichen Gruppen verhindert. • Die Bundesrepublik Deutschland als Einwanderungsland • Gesellschaftliche Stigmatisierung von Menschen mit Behinde-rungen und deren Familien • Ausgrenzung von Kindern aus sozial benachteiligten Familien
	Pluralisierung der Lebensformen		• Zunehmende geografische Mobilität • Steigender Anteil von Kindern aus Migranten-, binationalen und Flüchtlingsfamilien • Mehrsprachigkeit wird zunehmend in der Arbeitswelt gefor-dert (vereinigtes Europa). • Größere sprachliche u. kulturelle Vielfalt (vgl. FTHENAKIS 1997, S. 20/21; FTHENAKIS 1999, S. 51) • Fremdsprachenkompetenz und interkulturelle Kompetenz wer-den als zukunftsfördernde Kompetenzen herausgestellt (vgl. BMBF 1998, S. 55).
Grundbedürf-nisse von Kindern	Sicherheitsbedürfnis		• Schutz, Stabilität, Sicherheit, Freiheit von Furcht
	Bedürfnis nach Zugehörigkeit		• Austausch und Teilhabe an Gemeinschaft sowie Zugehörigkeit, Geborgenheit und emotionale Zuwendung in der Gruppe • Zugehörigkeit unterstützt Identitätsentwicklung.
	Wertschätzungs-bedürfnisse		• Bedürfnis nach Stärke, Leistung, Anerkennung • Wertschätzung der muttersprachlichen Fähigkeiten und Wür-digung der Bemühungen beim Erwerb der Zweitsprache
Entwick-lungspsycho-logische Beson-derheiten von Kindern im schulpflichti-gen Alter	Prosoziales Verhalten		• Die Entwicklung von Empathie und Einfühlung ist auf Grund der kognitiven Entwicklung der Kinder möglich (Rollenüber-nahme). • Die von den Kindern übernommenen Werte und Normen sind noch nicht festgelegt. Um diese Werte und Normen wird ge-rungen. • Die Wertvorstellungen der Erwachsenen werden in Frage ge-stellt, Widersprüche werden aufgedeckt.
	Moralische Entwicklung		• In Aushandlungsprozessen innerhalb ihrer peer group entwi-ckeln Kinder Sensibilität für Gerechtigkeit. Diese Aushand-lungsprozesse sind geprägt von Aufrechnen, Abwechseln, Aus-gleichen und sich gegenseitig etwas »Abverlangen«. In diesen Prozessen erleben sie sich selbst im Spiegel der anderen. Die mo-ralische Entwicklung korrespondiert mit der sprachlich-kogni-tiven Entwicklung und umgekehrt (vgl. KRAPPMANN 1996, S. 91).

4.3.5 Regionale Bedarfsorientierung

Im Achten Kinder-und Jugendbericht der Bundesregierung (BMJFFG 1990, S. 86) wird die so genannte »Regionalisierung der Jugendhilfe« gefordert, die auch im Bereich der Angebote für Kinder im Schulalter Anwendung finden sollte. Demnach ist der Ausbau der Angebote für Schulkinder am Bedarf vor Ort zu orientieren, sind die Wünsche und Interessen der Eltern und Kinder sowie der jeweiligen Gemeinde zu berücksichtigen.

Um ein bedarfsgerechtes Angebot zu entwickeln, sind die Tageseinrichtungen auf Informationen und methodische Hilfen der regionalen Jugendhilfeplanung angewiesen. Sie hat die Aufgabe (§ 80 SGB VIII), Bestandserhebungen und Bedarfsplanungen durchzuführen und die damit einhergehende Dokumentation voranzubringen. Dabei muss vermieden werden, dass sich eine »sozialraumorientierte« Jugendhilfeplanung auf die Sammlung sozialgeographischer Daten beschränkt, sie muss vielmehr auch die subjektiv gedeuteten Lebenswelten der Kinder im Sozialraum ermitteln (vgl. dazu auch den Abschnitt »Lebensweltorientierung«, Kap. 4.3.2).

Hierbei sind wiederum die Tageseinrichtungen gefordert, der Jugendhilfeplanung Informationen über Veränderungen und Entwicklungen in ihrem sozialen Umfeld zur Verfügung zu stellen. Darüber hinaus sind auch andere Einrichtungen im Sozialraum an der Arbeit zu beteiligen, denn nur so kann eine differenzierte, facettenreiche Analyse der Lebenswelt wirklich gelingen. Für die Durchführung und Auswertung der Lebensweltanalyse sollte sich jedoch die Jugendhilfeplanung verantwortlich fühlen.

Arbeiten Jugendhilfeplanung und Tageseinrichtungen zusammen, können Maßnahmen und Angebote für Kinder im Schulalter entsprechend kleinräumig »angepasst« werden (DEINET 2001). Eine lokale bzw. regionale Ausrichtung der Bedarfsplanung und -gestaltung bietet die Chance, Möglichkeiten der Vernetzung und Kooperationen im Umfeld zu schaffen, die den Kindern im schulfähigen Alter bei der Bewältigung ihres Alltags zu Gute kommen.

Zentrale Leitziele zur Dimension Regionale Bedarfsorientierung

Quelle: Rechtsgrundlagen

Zentrale Leitziele:

- Tageseinrichtungen verfügen über eine der Zielgruppe (Kinder im Alter von sechs bis zwölf Jahren) und dem jeweiligen Sozialraum angemessene finanzielle und personelle Ausstattung, damit sie ihren Erziehungs- und Bildungsauftrag erfüllen können.
- Tageseinrichtungen gestalten ein bedarfsgerechtes Förderangebot unter Zuhilfenahme der sozialräumlichen Jugendhilfeplanung.
- Tageseinrichtungen kennen ihre »Sozialräume« und stellen diese Informationen der Jugendhilfeplanung und den Eltern zur Verfügung.

Quelle: Gesellschaftliche Entwicklungen und Veränderungen

Zentrale Leitziele:

- Tageseinrichtungen ermitteln die Bedürfnisse der Eltern hinsichtlich der Vereinbarkeit von Familie und Beruf.
- Tageseinrichtungen bieten verlässliche Betreuungsmöglichkeiten für Eltern und Kinder.

Quelle: Grundbedürfnisse von Kindern im Schulalter

Zentrale Leitziele:

- Tageseinrichtungen gestalten aktiv den Übergang der Kinder vom Kindergarten in den Hort und die Ablösungsphase vom Hort.
- Tageseinrichtungen verstehen sich als Treffpunkte für Kinder im Stadtteil (Verhältnis: Gastkinder und angemeldete Kinder).

Quelle: Entwicklungspsychologische Besonderheiten bei schulpflichtigen Kindern

Zentrale Leitziele:

- Tageseinrichtungen bieten Kindern gemäß ihrem Alter und ihren Bedürfnissen gestaltungsoffene Räume in ihrer Einrichtung.
- Tageseinrichtungen geben Kindern Hilfestellung bei der »Eroberung öffentlicher Räume«.

Dimension: Regionale Bedarfsorientierung

Quellen			Referenzrahmen
Rechts-grundlagen	Rechte von Kindern	UN-Kon-vention	• Artikel 3 Kindeswohl (u. a. fachliche Eignung des Personals sichern) • Artikel 4 Verwirklichung der Kinderrechte (u. a. Bereitstellung der Finanzmittel) • Artikel 18 (2) u. (3) Verantwortung für das Kindeswohl (Unterstützung geeigneter Maßnahmen und adäquater Dienste) • Artikel 31 Beteiligung an Freizeit und kulturellem Leben/Förderung durch den Staat
	Auftrag der Tageseinrichtung	SGB VIII	• § 3 Freie und öffentliche Jugendhilfe (u. a. Verhältnis von freien und öffentlichen Trägern der Jugendhilfe) • § 4 Zusammenarbeit der öffentlichen und freien Träger der Jugendhilfe • § 5 Wunsch- und Wahlrecht der Eltern • § 16 (2) Allgemeine Förderung der Familie • § 24 Gestaltung des Förderangebots (bedarfsgerechter Ausbau) • § 25 Unterstützung selbst organisierter Förderung von Kindern (Elternvereine und -initiativen) • § 79 Gesamtverantwortung, Grundausstattung (Die gesamte Planungsverantwortung liegt in der Hand der öffentlichen Jugendhilfe.) • § 80 Jugendhilfeplanung (Aufgaben der Jugendhilfeplanung: u. a. Bestandserhebung, Bedarfsermittlung, Zusammenarbeit mit den freien Trägern und dem überörtlichen Jugendhilfeträger) • § 81 Zusammenarbeit mit anderen Stellen und öffentlichen Einrichtungen (u. a. Schulen und Gesundheits- und Beratungsdienste)
		Länder-spezifische Gesetze	*BremKTG (19.12.2000)* • § 3 (4) Forderung nach integrativer Erziehung • § 7 (2) Horte: mindestens drei Stunden täglich geöffnet • § 7 (3) Öffnungs- und Betreuungszeiten: Berücksichtigung der Elternwünsche • § 10 (3) Einsatz von sozialpädagogischen Fachkräften im Hort • § 17 (1) Es wird eine partnerschaftliche Zusammenarbeit mit den freien Trägern beim bedarfsgerechten Ausbau des Angebots gefordert. • § 18 Förderung der freien Träger und Eigenleistung der Träger • § 18 (1, 2) Beiträge der Eltern – einkommensabhängige Staffelung der Beiträge *NRW GTK (16.12.1998)* • § 10 (3, 4) Aufnahmekriterien auch im Sinne von Planungskriterien für den Hort, u. a. sozial Benachteiligte, Betreuungs- u. Erziehungsbedarf (wg. Berufstätigkeit der Eltern, ausländische u. behinderte Kinder) • § 9 Öffnungszeiten – ganztägige Öffnung für Horte sowie Berücksichtigung der Gegebenheiten vor Ort • § 11 (1) Elterninitiativen als Träger • § 13 (3) Finanzielle Förderung der Elterninitiativen u. -vereine • § 17 Elternbeiträge (gestaffelt nach Einkommen der Eltern) • § 18 Betriebskosten (Eigenleistung des Trägers, Zuschüsse des örtlichen Jugendhilfeträgers sowie des Landes) • *Vereinbarung über die Eignung des Personals (17.02.1992)* § 5 (1) Einsatz von sozialpädagogischen Fachkräften im Hort

Quellen			Referenzrahmen
Rechtsgrundlagen	Auftrag der Tageseinrichtung	Länderspezifische Gesetze	*SäKitaG (24.08.1996)* • § 3 (2) Planungsgrundsätze – Bereithalten eines bedarfsgerechten Angebots • § 4 Öffnungszeiten (Berücksichtigung der Bedürfnisse der Kinder und der Eltern) • § 7 Umsetzung der Bedarfsplanung • § 8 Übernahme der Trägerschaft und Unterstützung der freien Träger sowie Elterninitiativen bei der Errichtung der Tageseinrichtungen • § 11 Übernahme der Baukosten • § 12 Personal – pädagogische Fachkräfte im Hort: Erzieher/-innen, Horterzieher/-innen, Unterstufenlehrer/-innen • § 13 u. § 14 Regelungen zur Übernahme der Betriebskosten (Träger, örtliches Jugendamt, Land, Eltern)
Gesellschaftliche Entwicklungen u. Veränderungen	Werte(-wandel)		• Frauen möchten Familienarbeit (Kindererziehung) und Erwerbsarbeit miteinander vereinbaren sowie gleichberechtigt an der Erwerbswelt teilhaben (vgl. FTHENAKIS 1999, S. 17).
	Pluralisierung der Lebensformen		• Flexibilisierung der Arbeitszeiten • Zunehmende Erwerbstätigkeit der Frauen sowie beider Eltern • Steigende Scheidungsquote • Rückgang der Geburten
Grundbedürfnisse von Kindern			• Alle *fünf Grundbedürfnisse* (s. Grundbedürfnisse bei Lebensweltorientierung) sind bei der Bedarfsorientierung zu berücksichtigen. Hinsichtlich der Bedarfsorientierung ist besonders der »sozialräumliche Bezug« der Schulkinder hervorzuheben, der mit ihren Bedürfnissen nach Gemeinschaft, Zugehörigkeit und Austausch sowie dem Sicherheitsbedürfnis innerhalb ihres Sozialraums verknüpft werden kann. • Gestaltung von kinderfreundlichen »Sozialräumen« mit einer entsprechenden Infrastruktur für Kinder im schulfähigen Alter (vgl. DEINET 1999, S. 28–33)
Entwicklungspsychologische Besonderheiten von Kindern im schulpflichtigen Alter			• Erweiterung des Aktionsradius von Kindern im Schulalter und ihr Wunsch nach Rückzugsmöglichkeiten • Bedeutung und Aneignung von Räumen

4.4 Literatur

Allgemeine gesetzliche Grundlagen

BUNDESMINISTERIUM FÜR FAMILIE, SENIOREN, FRAUEN UND JUGEND (Hg.): Die Rechte der Kinder. Bonn, 1999

LANDESZENTRALE FÜR POLITISCHE BILDUNG NRW (Hg.): Verfassung für das Land Nordrhein-Westfalen. Grundgesetz für die Bundesrepublik Deutschland, Textausgabe Stand Mai Düsseldorf, 1997

SOZIALGESETZBUCH (SGB): Achtes Buch (VIII), Kinder- und Jugendhilfe. In der Fassung vom 15.12.1998

Gesetze über die Tageseinrichtungen für Kinder (am Projekt beteiligte Bundesländer)

Kindergarten- und Hortgesetz im Lande Bremen (BremKTG). In der Fassung vom 19. Dezember 2000 (GBl. S. 491)

MOSKAL, E./FOERSTER, S.: Gesetz über Tageseinrichtungen für Kinder in Nordrhein-Westfalen. Kommentar. Köln, 1999 (17. Auflage)

Rechtsvorschriften zu Kindertageseinrichtungen im Freistaat Sachsen. Herausgegeben auf der Grundlage der Veröffentlichungen in den sächsischen Verkündigungsblättern. Dresden, 1998 (Stand: 1.1.1998)

Sonstige Literatur

BAACKE, D.: Die 6- bis 12-jährigen. Einführung in die Probleme des Kindesalters. Weinheim, Basel, 1999

BUNDESMINISTERIUM FÜR GESUNDHEIT (Hg.): Expertise zur Primärprävention des Substanzmissbrauchs. Bonn, 1993

BUNDESMINISTERIUM FÜR JUGEND, FAMILIE, FRAUEN UND GESUNDHEIT (Hg.): Achter Jugendbericht. Bonn, 1990

BUNDESMINISTERIUM FÜR FAMILIE, SENIOREN, FRAU-
EN UND JUGEND (Hg.): Zehnter Kinder- und
Jugendbericht. Bonn, 1998

BUNDESMINISTERIUM FÜR FAMILIE, SENIOREN, FRAU-
EN UND JUGEND (Hg.): QS 21 / Zielfindung und
Zielklärung – ein Leitfaden. Bonn, 1999

BUNDESMINISTERIUM FÜR BILDUNG UND FOR-
SCHUNG (Hg.): Abschlussbericht zum »Bildungs-Delphi« – Potenziale und Dimensionen der Wissensgesellschaft – Auswirkungen
auf Bildungsprozesse und Bildungsstrukturen. München, 1998

BUND-LÄNDER-KOMMISSION FÜR BILDUNGSPLA-
NUNG UND FORSCHUNGSFÖRDERUNG (BLK): Bildung für eine nachhaltige Entwicklung – Orientierungsrahmen. Materialien zur Bildungsplanung und Forschungsförderung, Heft 69.
Bonn, 1998

DEINET, U.: Sozialräumliche Jugendarbeit. Eine
praxisorientierte Anleitung zur Konzeptent-
wicklung in der offenen Kinder- und Jugendarbeit. Opladen, 1999

DEINET, U.: Sozialräumliche Orientierung –
Mehr als Prävention. In: Deutsche Jugend 3/
2001, 49. Jahrgang, S. 117–124

FATKE, R.: Was sind die Bedürfnisse und Ansprüche des Kindes? In: Pestalozzi-Fröbel-Ver-
band (Hg.): Fachtagung Elementarbereich
1980. Berlin, 1980, S. 166–173

FROMM, E.: Anatomie der menschlichen Des-
truktivität. Hamburg, 1977

FTHENAKIS, W. E.: Veränderte Familienformen
und außerunterrichtliche Kinderbetreuung.
In: Handbuch der Hortpädagogik. Freiburg,
1997, S. 13–31

FTHENAKIS, W. E.: Die Qualität von Bildung und
Erziehung von Kleinkindern. In: Bremische
Ev. Kirche, Landesverband Ev. Tageseinrich-
tungen für Kinder (Hg.): Zwischen Markt
und Menschlichkeit – Qualität für Kinder.
Seelze, 1999, S. 47–59

FTHENAKIS, W. E.: Wohin mit Erziehung und Bildung unserer Kinder? In: klein & groß 6/
2000, S. 6–14

FUCHS, D.: Partizipative Erziehung. Theorie und
Praxis. Mit Beispielen zur Förderung sozialer
Kompetenz in pädagogischen Einrichtungen.
Würzburg, 1996

KATZ, L. J.: Talks with teachers of young children: A collection. New Jersey, 1995

KNAUER, R.: Alltagspartizipation in pädagogischen Einrichtungen. In: Ministerium für
Arbeit, Soziales, Jugend und Gesundheit des
Landes Schleswig-Holstein (Hg.): Mitbestimmung von Kindern und Jugendlichen im
ländlichen Raum. Kiel, 1995

KRONBERGER KREIS FÜR QUALITÄTSENTWICKLUNG IN
TAGESEINRICHTUNGEN: Qualität im Dialog entwickeln. Seelze, 1998

LAEVERS, F.: Understanding the world of ob-
jects and of people: Intuition as the core element of deep level learning. In: International
Journal of Educational Research 29 (1998),
S. 69–86

MARTIN, E.: Didaktik sozialpädagogischer Arbeit.
Weinheim, 1994

MASLOW, A.: Motivation und Persönlichkeit. Ol-
te, 1977

MILITZER, R. / DEMANDEWITZ, M. / SOLBACH, R.:
Tausend Situationen und mehr! Die Tageseinrichtung – ein Lebens- und Erfahrungsraum für Kinder. Hg. v. Sozialpädagogischen
Institut NRW – Landesinstitut für Kinder, Jugend und Familie. Münster, 1999

OERTER, R. / MONTADA, L.: Entwicklungspsychologie. München, 1982

OSWALD, H. / KRAPPMANN, L. u. a.: Soziale Beziehungen und Interaktionen unter Grundschul-
kindern. Methoden und ausgewählte Ergebnisse eines qualitativen Forschungsprojektes.
Berlin, 1988

PAUSEWANG, F.: Ziele suchen – Wege finden. Ar-
beits- und Lehrbuch für die didaktisch-me-
thodische Auseinandersetzung in sozialpädagogischen Berufen. Berlin, 1994

PIEFEL, G.: Grundbedürfnisse der Kinder. Materialien für die Fortbildung von Erzieherinnen
im Kindergarten. Köln, 1993

PRENGEL, A.: Pädagogik der Vielfalt. Verschiedenheit und Gleichberechtigung in Interkul-
tureller, Feministischer und Integrativer Pädagogik. Opladen, 1995

PREUSS-LAUSITZ, U.: Die Kinder des Jahrhunderts. Zur Pädagogik der Vielfalt im Jahr
2000. Weinheim, Basel, 1993

SCHÄFER, G. E.: Bildung beginnt mit der Geburt.
In: Sozialpädagogisches Institut NRW (Hg.):
Fachpolitischer Diskurs – Lebensort Kinder-
tageseinrichtung. Köln, 2000, S. 7–20

SCHÄFER, G. E. (Hg.): Bildung beginnt mit der
Geburt. Förderung von Bildungsprozessen
in den ersten sechs Lebensjahren. Weinheim,
Basel, Berlin, 2003

SCHILLING, J.: Didaktik / Methodik der Sozialpädagogik. Berlin, Neuwied, 1995

TIETZE, W. / SCHUSTER, K.-M. / ROSSBACH, H.-G.: Die
Kindergarten-Einschätz-Skala (KES). Berlin,
1997

Strukturqualität

5.1 Der Stellenwert von Strukturqualität – drei Strukturebenen

Pädagogisches Handeln ist immer eingebunden in strukturelle Rahmenbedingungen. Strukturen prägen unsere Wahrnehmungen, unser Denken, unsere Interpretationen, Intentionen, unser Handeln. Sie eröffnen oder begrenzen Orientierungs- und Handlungsräume (vgl. MOLLEN-HAUER 1982, S. 12ff.). Es ist darum wichtig, sich über die vorhandenen Strukturen Klarheit zu verschaffen. Sie sind grundlegende Bestandteile des pädagogischen Feldes und müssen darum kontinuierlich einer systematischen Analyse und Qualitätsprüfung unterzogen werden.

Gebräuchlich ist es, unter Strukturqualität die Angebotsstruktur und die Rahmenbedingungen der Einrichtung zu fassen, also nach Personal, verfügbaren Räumen, Öffnungszeiten, nach der Gruppengröße und der Zusammensetzung der Gruppe sowie nach der Organisationsstruktur zu fragen.

QUAST will den Begriff der Strukturqualität jedoch weiter fassen und dadurch den bedeutenden Stellenwert der Tageseinrichtungen wie generell den Stellenwert der pädagogischen Angebote für Kinder im Schulalter

- im Sinne der familienergänzenden und familienunterstützenden Arbeit außerhalb des Schulunterrichts (»Entlastungsangebot für Eltern«) sowie
- als an sich bedeutsames Anregungs- bzw. Bildungsangebot für Kinder

herausstellen.

Dadurch werden auch die Wechselbeziehungen zwischen gesellschaftlichem Wandel, den Veränderungen in den Lebenswelten der Kinder und der Arbeit in den Einrichtungen (die ja selbst Teil dieser Lebenswelten sind) unterstrichen.

Drei Strukturebenen

Unser Begriff von **Strukturqualität** umfasst
- die *gesamtgesellschaftlichen, soziokulturellen, politischen Entwicklungen;*
- die *sozialräumlichen Gegebenheiten* bzw. die *sozialräumliche Verortung der Einrichtung* und schließlich
- die *strukturellen Gegebenheiten der Einrichtung*: Raum, Personal, Öffnungszeiten, Gruppengröße, Alter der Kinder etc. und die Organisationsstruktur.

Auf allen drei Ebenen geht es um die Frage nach den *Auswirkungen* dieser Strukturen auf die Aufwachs- und Lebensbedingungen der Kinder, auf deren Wahrnehmungen und Erlebnisse und die Verarbeitung dieser Erlebnisse. Wir fragen, wie diese Strukturen die Auseinandersetzung der Kinder mit ihrer Welt und reflexiv mit sich selbst prägen und welchen Einfluss sie auf die Aneignung und Gestaltung der Lebenswelt der Kinder haben.

Schließlich geht es um die Frage, wie diese Strukturen die Arbeit in der Einrichtung beeinflussen und welche Konsequenzen damit für die Einrichtung bzw. die einzelnen Mitarbeiterinnen und Mitarbeiter verbunden sind.

Erkenntnisleitende Fragen:

- Wie werden die strukturellen Faktoren von den Fachkräften der Einrichtung wahrgenommen?
- Wie nehmen die Kinder und Jugendlichen sie wahr?
- Wie gehen sie damit um?
- Wie beeinflussen die Strukturen die Arbeit in den Einrichtungen?
- Wie muss der Umgang mit den vorhandenen Strukturen gestaltet werden?
- Wie müssen Strukturen beschaffen sein und möglicherweise verändert werden, um bestimmte Aneignungsprozesse (besser) zu ermöglichen?
- Welche Strukturen sind veränderbar?
- Wer ist verantwortlich?
- Was können die Fachkräfte in den Einrichtungen konkret tun?

Drei Strukturebenen

gesamtgesellschaftliche, soziokulturelle, politische Entwicklungen

sozialräumliche Gegebenheiten bzw. sozialräumliche Verortung der Einrichtung

Angebotsstruktur und Rahmenbedingungen der Einrichtung

Die hier gewählte Form des Trichters soll verdeutlichen, dass sich das, was auf gesamtgesellschaftlicher Ebene geschieht, auf die beiden nachfolgenden Ebenen, also bis zur Arbeit der Fachkräfte vor Ort, auswirkt.

Uns ist wichtig, dass alle drei Ebenen im vorliegenden Kriterienkatalog ihren Niederschlag finden, damit Qualitätsfeststellung und -entwicklung im System der Tageseinrichtungen, also auch in der wechselseitigen Durchdringung der verschiedenen Ebenen, möglich wird.

Daraus resultiert die Notwendigkeit, **verschiedene Verantwortungsebenen** zu betrachten und einer Qualitätsprüfung zu unterziehen und dafür Kriterien zu formulieren.

5.2 Dimension Bedarfsgerechte Angebote im Verantwortungsbereich von Politik und Gesellschaft

Strukturqualität im allgemeinen, umfassenden Sinne ist zuerst die Frage nach einem *transparenten, bedarfsgerechten Angebotssystem*. Hier ist die besondere Verantwortung von Politik und Gesellschaft angesprochen, eine »Kultur des Aufwachsens« zu schaffen, in der Kinder zu starken, selbstbestimmten und sozial verantwortlichen Persönlichkeiten heranwachsen und Mütter und Väter in ihrer Erziehungsarbeit und -verantwortung begleitet und tatkräftig unterstützt werden. Tageseinrichtungen für Kinder und hier explizit die Angebote für die Mädchen und Jungen im Schulalter leisten dabei wertvolle Arbeit. Sie sollten darum von Staat und Gesellschaft nachdrücklich unterstützt, gefördert und weiter ausgebaut werden (vgl. hierzu den ersten »Leitgedanken«, Kap. 2.1).[28] Angesichts knapper werdender Ressourcen geht es gegenwärtig in den meisten Bundesländern allerdings vorrangig darum, überhaupt den Bestand und die Qualität der Angebote für Kinder im Schulalter zu sichern.

Strukturqualität zielt aber darüber hinaus auf

- *Transparenz des Angebotssystems und vereinfachte Zugänge und Übergänge.* Erforderlich sind klare Zuständigkeiten sowie die Koordination der Angebote und die Kooperation zwischen den Angeboten.[29]
- die *Wahlmöglichkeit der Eltern* zwischen verschiedenen Angeboten verschiedener Träger. Sie muss gestärkt werden. Dazu gehört als

unerlässliche Voraussetzung, dass die Angebote *erschwinglich* sind. Die finanziellen Möglichkeiten der Eltern dürfen nicht über die Güte des Angebots an die Kinder mit seinen gesetzlich verbürgten Elementen der Betreuung, Erziehung und Bildung entscheiden. Bildung ist Bürgerrecht; in ihr liegt zugleich die Zukunft unserer Gesellschaft (vgl. die ersten beiden »Leitgedanken«, Kap. 2.1 u. 2.2).[30]

- *die Wohnbereichsnähe / Erreichbarkeit der Angebote*. Die Einrichtung sollte im Wohnumfeld der Kinder und ihrer Familien liegen und gut, möglichst zu Fuß oder mit dem Fahrrad, erreichbar sein.
- *die sozialräumliche Verortung der Einrichtung bzw. ihre Integration am Ort* (vgl. die entsprechende Dimension in der Orientierungsqualität, Kap. 4.3.5). Dazu gehört, dass jene Kinder Aufnahme in der Einrichtung finden bzw. ihre Angebote mitbenutzen können, die im Umfeld der Einrichtung leben. Gleiches gilt auch für die Eltern und Familien der Umgebung. Für sie ist die Einrich-

28 Fthenakis weist auf die hohe Bedeutung der außerschulischen Betreuung von Mädchen und Jungen im schulpflichtigen Alter angesichts der wachsenden Erwerbstätigkeit von Frauen mit Kindern dieser Altersgruppe hin: Studien zur Situation und Problematik von nicht betreuten Kindern haben ihm zufolge u. a. gezeigt, »dass diese Kinder im nichtbetreuten Zeitraum länger fernsehen und übermäßig essen. Sie zeigen ein geringeres Interesse an ihren Schulaufgaben und sie verfügen über geringere Möglichkeiten, ein soziales Netz aufzubauen. [...] Zudem schneiden sie schlechter als betreute Kinder in bestimmten Entwicklungsbereichen ab. Die Vermutung, dass nicht betreute Schulkinder schneller ›kompetent‹ und ›erwachsen‹ werden, konnte durch die Forschung nicht bestätigt werden.« (Fthenakis 2000, o. S.)

29 Zahlreiche Interviewpartner/-innen wiesen auf die Notwendigkeit hin, das Angebotssystem der Jugendhilfe transparenter zu gestalten und die Zugänge zu und Übergänge zwischen den Angeboten zu erleichtern sowie Vergleichbarkeit herzustellen. Ein Experte führte z. B. aus: »Ich brauche ein flexibles Angebot, und zwar im Rahmen der Jugendhilfe. Es ist nicht aushaltbar, dass Eltern drei oder vier verschiedene Ansprechpartner haben, um ihre Kinder versorgt zu bekommen. Eltern sind hier überfordert. Sie müssen Arbeiten machen, die gut von zentraler Stelle aus koordiniert werden könnten. Insofern brauchen wir einen Ansprechpartner. Wir brauchen die Jugendhilfe.«

30 Im EU-NETZWERK heißt es dazu: »Gleicher Zugang zu qualitativ hochwertigen Angeboten für alle Kinder und Familien kann nur durch substanzielle öffentliche Förderung sichergestellt werden.« (EU-NETZWERK 1986/96, S. 9)

tung Haus ihrer Kinder und ein Zentrum, in dem auch sie Kontakte knüpfen und Unterstützung finden. Hier sind sie gern gesehene Gäste und aktive Mitgestalter/-innen des Lebens in der Einrichtung. Über die engen Kontakte zu den Eltern und ihren Familien hinaus werden auch nachbarschaftliche Beziehungen gepflegt. Und schließlich gibt es eine intensive Zusammenarbeit in organisatorischen, finanziellen, personellen und konzeptionellen Fragen mit den Vertreterinnen und Vertretern verschiedener Einrichtungen der Jugendhilfe und der Schule (zum Beispiel unter dem Aspekt der Bildung konzeptioneller Schwerpunkte und der Abstimmung zwischen den Angeboten (vgl. Mit Kindern Hort machen 2000, S. 28).

Aus dem Gesagten ergeben sich folgende Qualitätskriterien:

Dimension: Bedarfsgerechte Angebote

Merkmal	Qualitätskriterium	Verantwortungsebenen	
Bedarfs-orientie-rung	Die sozialen Gegebenheiten im Einzugsbereich der Einrichtung werden ermittelt: • Zusammensetzung der Bevölkerung, Lebensstandard, Wohn- und Verkehrsverhältnisse, soziale Probleme • Infrastruktur mit Einkaufsmöglichkeiten, Bildungsangeboten (Schulen, Musikschulen, Volkshochschule, Familienbildung, Bibliotheken u.a.), dem kulturellen Leben am Ort, Freizeitmöglichkeiten (Spiel-, Bolz- und Sportplätze, Frei- und Hallenbäder, Internetcafés, OT-Heime u.a.), Grünflächen, Parks, Wäldern, nahen Erholungsgebieten • Andere Angebote für Kinder, Jugendliche und Familien der verschiedenen Träger am Ort, allgemeine soziale und pädagogische Dienste, psychologische Hilfen, Religionsgemeinschaften, Vereine, Initiativen und Selbsthilfegruppen Es finden die Kinder Aufnahme, die im Umfeld der Einrichtung leben. Das beinhaltet die bewusste Entscheidung zur Aufnahme von Migrantenkindern oder auch Kindern mit besonderem Förderungsbedarf sowie die Aufnahme von Kindern in besonderen Lebenslagen. Es gibt eine intensive Zusammenarbeit in organisatorischen, finanziellen, personellen und konzeptionellen Fragen mit den Vertreterinnen und Vertretern verschiedener Einrichtungen der Jugendhilfe und der Schule. Die Einrichtung bietet den Kindern und garantiert den Eltern verlässliche Betreuungsmöglichkeiten: • vor Unterrichtsbeginn • bei Unterrichtsausfall, wobei hier ausdrücklich auf die Verantwortung der Schule hingewiesen sei, Unterrichtsausfall möglichst gering zu halten und aus eigener Kraft Vertretungsstunden zu sichern, also ihrerseits verlässliche Unterrichts- bzw. Bildungs- und Betreuungszeiten zu garantieren • nach der Schule Die Öffnungszeiten werden am systematisch erhobenen Bedarf der Kinder und ihrer Eltern/Familien festgelegt.	Träger Fachberatung Leitung	Geldgeber Politik Jugendhilfeausschuss

Merkmal	Qualitätskriterium	Verantwortungsebenen	
Bedarfs-orientie-rung	Es gibt außerdem verlässliche Möglichkeiten zu kurzfristigen Kontaktaufnahmen und zur Abstimmung in dringenden Fällen.	Träger Fachbera-tung Leitung	Geldgeber Politik Jugendhilfe-ausschuss
	Die Einrichtung ist Treffpunkt der Kinder im Stadtteil, von Freundinnen und Freunden der angemeldeten Kinder.		
	Aktivitäten der Einrichtung stehen darum auch »Gast«kindern offen.		
Finanzie-rung	Die Elternbeiträge sind an der finanziellen Leistungsfähigkeit der Familien orientiert und entsprechend gestaffelt.	Land, Kommune	Träger
	Wichtig ist Planungssicherheit. Die Finanzierung ist für einen Zeitraum von mehreren Jahren gesichert.		
	Es gibt ein festes Jahresbudget; Ansparungen sind möglich. Ressourcen können gebündelt werden. Die Mittel können flexibel gehandhabt werden.		
	In verantwortlichem Umfang dürfen die Einrichtungen selbst Einnahmen erzielen, zum Beispiel durch • die Vermietung von Räumen an Elterngruppen und Nachbarschaftsinitiativen • die Bewirtung im Eltern-und-Schüler-Café • Kulturveranstaltungen (Kinderkino, Theateraufführungen, Lesungen, Konzerte, Disco) • Basare, Trödelmärkte • Tauschbörse Dadurch können die Einrichtungen in begrenztem Rahmen rein kommerziellen Angeboten Konkurrenz machen und zugleich vorsichtig lenkenden Einfluss auf das Konsumverhalten ihrer Adressaten nehmen.		
	Das Prinzip der Chancengleichheit macht mitunter besondere Förderungen erforderlich. Sie bezieht sich u. a. auf • die finanzielle Förderung von Einrichtungen an besonders problembelasteten Standorten • die Förderung besonderer Projekte: Hausaufgabenbetreuung, Deutschunterricht, sonderpädagogische Förderungen etc.		
	Unter dem Aspekt der Qualitätsentwicklung sollten außerdem innovative pädagogische Projekte und ihre wissenschaftliche Begleitung besonders gefördert werden.		

5.3 Dimensionen der Strukturqualität im Kontext der einzelnen Einrichtung

Während bei der Dimension »bedarfsgerechte Angebote« die besondere Verantwortung der politischen Gremien hervorgehoben wird, konzentrieren sich die anschließenden Ausführungen auf Dimensionen der Strukturqualität im Kontext der einzelnen Einrichtung.

Der Begriff des Kontextes zeigt allerdings an, dass auch hier nicht nur an jene Strukturen gedacht ist, die unmittelbar zur Einrichtung gehören (wie Personal, Räume und ihre Ausstattung, einzelne Leistungen, Organisation und Verwaltung). Auch hier spielen vielmehr die Wechselbeziehungen zwischen dem gesellschaftlichen Wandel, den Veränderungen in den Lebenswelten der Kinder und der Arbeit in den Einrichtungen eine bedeutsame Rolle.

Über Qualität zu reden heißt, sich mit den Anforderungen an die pädagogische Arbeit auseinander zu setzen, die mit den besonderen Aufwachs- und Lebensbedingungen in dieser Gesellschaft, mit der Lebenswelt der Kinder und ihrer Familien im jeweils spezifischen Sozialraum und schließlich mit der individuellen Lebenssituation der Mädchen und Jungen verbunden sind.

Die besonderen Strukturen und Rahmenbedingungen im Einzugsgebiet der Einrichtung machen bestimmte Umgangsweisen und Antworten der Einrichtungen erforderlich. Es ist die Frage, welche Strukturen sie ihrerseits schaffen, um mit den gegebenen Strukturen umzugehen. Pädagogisches Handeln unter strukturellen Rahmenbedingungen setzt darum stets Entscheidungen voraus.

Die »Strukturqualität« einer Einrichtung zeigt sich darin, ob sie ihr Angebot flexibel auf die Bedürfnisse und Entwicklungserfordernisse der im Einzugsbereich lebenden Kinder unter Berücksichtigung ihrer Herkunft und eventuell besonderen Förderungsbedarfe einstellt. Ein Zeichen für Strukturqualität ist es auch, wenn die Einrichtung auf die jeweiligen, stets Veränderungen unterworfenen Lebenslagen und Lebenspläne der Eltern und ihrer Familien eingeht. Das betrifft insbesondere die Frage der Öffnungs- und Betreuungszeiten, die Zuverlässigkeit und Sicherheit der Angebote und ihre flexible Ausgestaltung (vgl. Mit Kindern Hort machen 2000, S. 27).

Was bedeutet es zum Beispiel, wenn das Einzugsgebiet einer Einrichtung und dementsprechend auch der Lebensraum der Kinder durch eine hohe Verkehrsdichte, schlechte Luftqualität, beengte Wohnverhältnisse und einen damit verbundenen mangelnden Bewegungsraum gekennzeichnet ist, wenn die Einrichtung selbst an einer dicht befahrenen Straße liegt? Die pädagogischen Fachkräfte sind nicht für das Wohnumfeld verantwortlich, sie tragen jedoch entscheidend dazu bei, wie die Mädchen und Jungen mit den vorgefundenen Strukturen umgehen, ob sie zum Beispiel lernen, sich auf das Gefahrenpotenzial ihrer Umgebung einzustellen und es zu meistern.

Die infrastrukturellen Daten (Grünanlagen, Einkaufsmöglichkeiten, Verkehrslage, Erreichbarkeit mit öffentlichen Verkehrsmitteln) sagen viel über die Lebensqualität des Sozialraums aus, aber nicht auch gleichermaßen etwas über die Qualität des pädagogischen Angebots. Diese Qualität zeigt sich darin, ob und wie die genannten Aspekte ihren Niederschlag in den Angeboten für die Mädchen und Jungen im schulpflichtigen Alter finden, zum Beispiel in der Gestaltung und Ausstattung der Räume der Einrichtung, in der Entwicklung eines anregungsreichen Angebots für die Kinder und beispielsweise auch darin, ob und wie die Fachkräfte zusammen mit den Kindern und ihren Eltern, den Schulen und womöglich auch mit Repräsentantinnen und Repräsentanten von Politik und Verwaltung zusammenarbeiten, um öffentlichen Raum für Kinder zurückzugewinnen, ihn begehbar und bespielbar, für Kinder erlebbar zu machen.

Nach diesen allgemeinen Erörterungen zum Begriff der Strukturqualität werden einzelne Dimensionen dieses Bereichs ausführlicher betrachtet und dazu Qualitätskriterien entwickelt. Es geht um folgende Dimensionen:
1. Kompetenzen des pädagogischen Personals
   a) Kompetenzen der Leitungskräfte
   b) Kompetenzen der pädagogischen Fachkräfte
2. Personalausstattung und Arbeitsbedingungen
3. Raumstrukturen und Ausstattung der Räume
4. Infrastruktur/Vernetzung

5.3.1 Kompetenzen des pädagogischen Personals

Mit dem gesellschaftlichen Wandel, dem Wandel der Aufwachs- und Lebensbedingungen, aber auch dem Wandel des Selbstverständnisses von Kindern und Jugendlichen, von Müttern und Vätern sind neue, hohe Anforderungen an den Beruf der sozialpädagogischen Fachkraft verbunden.

Kinder, Schulkinder zumal, wollen ihre Welt entdecken und aktiv gestalten, mitreden. Sie wollen mit anderen Kindern zusammentreffen, mit ihnen spielen, arbeiten, lernen, sich herausfordern lassen und selbst herausfordern – auch und manches Mal gerade die Erwachsenen.

Die Einrichtung soll ein Raum der Begegnung und kreativen Betätigung sein. Sie soll den Kindern vielfältige Spiel-, Lern- und Erfahrungsräume eröffnen und dabei gezielt an den Interessen und Lebenslagen der Kinder und ihrer Familien anknüpfen.

Das macht deutlich: Die Arbeit der sozialpädagogischen Fachkräfte in der Kinder- und Jugendhilfe ist zunehmend komplexer geworden. Sie verlangt zum Teil ganz neue Kompetenzen und damit verbunden ein verändertes Selbstverständnis der Fachkräfte. Deshalb muss dieses Projekt ein Profil von Kompetenzen formulieren, das langfristig angestrebt werden soll. Verbunden ist damit die Aufforderung an Ausbildung sowie Fort- und Weiterbildung, ihre Curricula auf diese Kompetenzen hin zu orientieren.

Geblieben sind die elementaren Aufgaben der Kinder- und Jugendhilfe (sie weisen vielfach Übereinstimmung mit denen der Lehrerinnen und Lehrer auf):
- »das beispielgebende, verständliche Umgehen mit Kindern und Jugendlichen;
- die Entfaltung von Können und Wissen;
- das orientierende Führen der Kinder und Jugendlichen zu individueller Persönlichkeitsentwicklung, Selbstbehauptung und sozialer Verantwortung« (Bildungskommission NRW 1995, S. 301).

Explizit durch den Auftrag des KJHG und der Ländergesetze hinzugekommen, tatsächlich aber von den Einrichtungen längst als zentrale Aufgabe verstanden und übernommen, sind der Anspruch und das Recht der Kinder und Jugendlichen auf ganzheitliche individuelle Förderung und Entwicklung aller Sinne, Kräfte und Fähigkeiten (Kopf, Herz und Hand).

Diese individualpädagogische, auf die Entwicklung des einzelnen Kindes zielende Aufgabe muss mit dem gesellschaftlichen Auftrag der »Vermittlung und Sicherung gemeinsamer kultureller Inhalte« und der Integration des/der Einzelnen in die Gemeinschaft verknüpft werden (ebd.). Der Bildungsauftrag der Tageseinrich-

tungen umfasst beide Aufgaben (vgl. den zweiten »Leitgedanken«, Kap. 2.2 und die entsprechende Dimension in der Orientierungsqualität, Kap. 4.3.1).

Neu oder zumindest mit neuem Stellenwert versehen sind die hier zunächst nur in Schlagwörter gefassten Aufgaben. Sie knüpfen allerdings oft an bereits vorhandene und ausgeübte, aber keineswegs immer bewusste und bewusst eingesetzte Kompetenzen der Fachkräfte an:
- Selbststeuerung
- Öffnung nach außen/Vernetzung
- Kooperations- und Teamfähigkeit
- Beratungskompetenz
- Evaluationskompetenz (vgl. Bildungskommission NRW 1995, S. 305)

Colberg-Schrader (1999, S. 9ff.) hält ein verändertes Rollenverständnis der pädagogischen Fachkräfte (und insbesondere der Leiter/-innen) hinsichtlich der Aufgaben Planen, Beraten, Koordinieren für erforderlich und hilfreich und fasst darunter folgende Tätigkeiten:
- Organisations- und Beratungsarbeit
- infrastrukturelle Tätigkeit (Was ist los im Stadtteil? Wo gibt es weitere Angebote/Hilfen für Kinder und Eltern?)
- Koordination und Kooperation (Wie können wir vermittelnd und verbindend – überleitend – tätig werden?)
- Initiieren und Stützen von sozialen Netzen
- Moderation
- Mobilisierung von Laienkompetenzen in Netzwerken und Beziehungen
- Ausbau sozialpädagogischer Handlungsfähigkeit
- Betriebsführung
- Verwaltung
- Zusammenarbeit mit Eltern
- interkulturelle Praxis

Dimension: Kompetenzen des Personals in Tageseinrichtungen für Kinder

Subdimension: Kompetenzen der Leitungskräfte

Große Bedeutung für eine Kinder, Eltern und Mitarbeiter/-innen zufrieden stellende und erfolgreiche Arbeit kommt den Leitungskräften zu. Von ihrem Wissen und Können, ihrem Organisationstalent und Verhandlungsgeschick, ihrer Teamfähigkeit, aber auch ihrer Durchsetzungskraft und Konfliktfähigkeit, ihrer sensiblen

Wahrnehmung aktueller Problemlagen und Bedarfe sowie ihrer Aufgeschlossenheit gegenüber neuen fachlichen Herausforderungen und Entwicklungen hängt wesentlich ab, ob die Einrichtung als ein pädagogisch wertvolles Angebot für Mädchen und Jungen im schulpflichtigen Alter, als bedeutsame Hilfe, Unterstützung und Anregung für Eltern und ihre Familien sowie als kompetente, kreative und kooperative Partnerin im Stadtteil anerkannt und empfohlen wird. Im komplexen Aufgabenfeld der Qualitätsfeststellung und -entwicklung sind die Leitungskräfte darum auch die ersten Ansprechpartner/-innen (vgl. z. B. Ziesche 1999).[31]

Merkmal	Qualitätskriterium	Weitere Verantwortungsebenen		
Selbstkompetenz[32]	Die Leitung verfügt über Selbstreflexivität und geklärte, d. h. durch Supervision, Fort- und Weiterbildung vertiefte und reflektierte Berufserfahrung (vgl. Kronberger Kreis 1998, S. 51f.).	Ausbildung Supervision	Fort- und Weiterbildung	
	Sie erfasst die Möglichkeiten zum Erreichen pädagogischer Ziele und erkennt die Grenzen der eigenen Handlungs- und Gestaltungsmöglichkeiten.			
	Sie kann ihre Stärken und Schwächen einschätzen und weiß, wo sie selbst wirksam tätig werden kann, wo sie Weiterqualifizierung braucht und/oder wo andere Teammitglieder oder externe Expertinnen und Experten die geforderte Arbeit besser leisten können.			
	Sie ist in der Lage, kollegial sowie interprofessionell mit anderen zusammenzuarbeiten.			
	Sie ist konfliktfähig und verfügt über Kenntnisse und Fähigkeiten im Bereich der Mediation / Konfliktschlichtung: Vermittlung im Konflikt, Gesprächsmoderation, Klärungshilfen.			
Fachkompetenz	Die Leitung hat Einsicht in berufsbezogene Zusammenhänge und kann fachgerecht damit umgehen.	Ausbildung	Fachberatung Fort- und Weiterbildung	
	Sie hat fundiertes Fachwissen im Bereich Pädagogik, Psychologie, besonders der Entwicklungs- und Wahrnehmungspsychologie, der Sozialisationsforschung und Familiensoziologie.			
	Sie hat Einsicht in soziale Zusammenhänge.			
	Sie verfügt über Kenntnisse und Fähigkeiten im Bereich der interkulturellen Pädagogik (interkulturelle Kompetenz):			
	• Sie ist in der Lage, das soziale Miteinander von Menschen verschiedener Kultur- und Sprachgruppen zu fördern und trägt engagiert dazu bei, dass sich im Team sowie unter den Kindern und Familien Toleranz, Empathie und Kooperationsfähigkeit entwickeln.			
	• Sie weiß um die große Bedeutung, die die Muttersprache für den Erwerb der deutschen Sprache als Zweitsprache hat und arbeitet in dieser Hinsicht gezielt mit den Kolleginnen und Kollegen im interkulturell zusammengesetz-			

31 Siehe auch die Ausführungen des Kronberger Kreises zur »Leitungsqualität« (Kronberger Kreis 1998, S. 51–57).

32 Zum Begriff der Selbstkompetenz siehe »Lehrplan zur Erprobung. Sozialpädagogik« des Ministeriums für Schule und Weiterbildung des Landes Nordrhein-Westfalen (1996, S. 8).

Merkmal	Qualitätskriterium		Weitere Verantwortungsebenen
Fachkompetenz	ten (evtl. um Honorarkräfte ergänzten) Team sowie mit Eltern, Lehrerinnen und Lehrern, Vereinen und Initiativen zusammen (vgl. Wie Kinder sprechen lernen 2001; MILITZER u. a. 2001) Sie verfügt über Kenntnisse aus dem komplexen Feld der »integrativen Erziehung – Umgang mit Differenz« und arbeitet gezielt mit den Eltern (als denjenigen, die die Situation ihrer Kinder in der Regel am besten einschätzen können) sowie mit heilpädagogischen Fachkräften, mit Logopädinnen und Logopäden, Sprachtherapeutinnen und Sprachtherapeuten, Ärztinnen und Ärzten etc. zusammen. Sie bietet oder vermittelt spezielle Erziehungshilfen für seelisch, körperlich und/oder geistig behinderte Kinder. Sie kennt verschiedene Beobachtungsverfahren und ist in der Lage, diese anzuwenden, die Ergebnisse auszuwerten und zu dokumentieren.	Ausbildung	Fachberatung Fort- und Weiterbildung
	Sie nimmt ihre Rolle und ihre Aufgaben als Leitung gegenüber den Mitarbeiterinnen und Mitarbeitern an: • Sie vermittelt ihnen den fachlichen Auftrag der Einrichtung und leitet sie entsprechend an. • Sie leitet die Organisation und den Arbeitseinsatz des Personals, einschließlich der Beschäftigung der Honorarkräfte. • Kompetenzen und Entscheidungsstrukturen werden geklärt und für alle transparent gemacht. • Die Leitungskraft vertritt einen lösungsorientierten Umgang mit gruppendynamischen Prozessen. • Sie sorgt für eine qualifizierte Förderung ihrer Mitarbeiterinnen und Mitarbeiter. • Teamsitzungen werden moderiert.	Träger	Fort- und Weiterbildung Mitarbeiterinnen und Mitarbeiter
	Sie nimmt ihre Rolle und ihre Aufgaben als Leitung gegenüber dem Träger an: • Die Leitungskraft informiert den Träger regelmäßig und systematisch über die laufende Arbeit, über geplante Projekte und neue Anforderungen an die Angebotsstruktur aufgrund veränderter Bedürfnisse und Interessen von Kindern und Eltern und spezifischen Entwicklungen im Einzugsgebiet der Einrichtung. • Sie unterbreitet – orientiert an den Entwicklungen im sozialen Umfeld der Einrichtung – Vorschläge zur Veränderung und Verbesserung der Angebotsstruktur und trägt mit Ideen und fachlichen Entwürfen zur Profilierung der Einrichtung und damit auch zur Profilbildung des Trägers bei.	Träger Fachberatung Jugendhilfeplanung	Fort- und Weiterbildung Mitarbeiterinnen und Mitarbeiter Eltern

Merkmal	Qualitätskriterium	Weitere Verantwortungsebenen	
Fachkompetenz	Sie nimmt ihre Rolle und ihre Aufgaben als Leitung **gegenüber den Eltern und Kindern** an: • Sie vertritt die Einrichtung mit ihrem Anforderungsprofil, ihrem Konzept, den einzelnen Leistungen und der konkreten Arbeit mit den Ergebnissen gegenüber den Eltern und Kindern. • Sie wirkt darauf hin, dass die Einrichtung im Gemeinwesen vertreten wird.	Mitarbeiterinnen und Mitarbeiter	Träger
Vernetzungsaufgaben	Die Leitung hat Kenntnis vom sozialen Umfeld ihrer Einrichtung: Bevölkerungsstruktur, Sozialstruktur, Infrastruktur, Angebote für Schulkinder im Sozialraum, verschiedene Dienstleistungen am Ort. Sie erarbeitet zusammen mit dem Träger die Aufnahmekriterien der Einrichtung. In Zusammenarbeit mit dem Träger und dem Team entwickelt sie ein auf die Bedürfnisse und Interessen der Kinder und den Bedarf der Eltern und ihrer Familien zugeschnittenes Angebot. Kinder und Eltern sind ebenfalls aktiv zu beteiligen. Die Leitung hat die Fähigkeit, die Tageseinrichtung als »alltagsstützende niederschwellige Anlaufstelle« (COLBERG-SCHRADER), als Treffpunkt und Kommunikationsort für Eltern zu gestalten.	Ausbildung Träger Fachberatung Mitarbeiter und Mitarbeiterinnen Eltern, Kinder	Jugendhilfeausschuss
Personalführung	Sie besitzt die Fähigkeit, mit ihren Mitarbeiterinnen und Mitarbeitern sowie mit Außenstehenden kollegial und interprofessionell zusammenzuarbeiten. Die Leitungskraft verfügt über ein Konzept der Werbung und Auswahl geeigneter Mitarbeiterinnen und Mitarbeiter. Sie ist an Einstellungsgesprächen beteiligt. Sie führt Personalentwicklungsgespräche. Es gibt regelmäßige Personalgespräche über die gemeinsamen Zielvereinbarungen. Diese werden dabei auf ihre Aktualität und Notwendigkeit überprüft und gegebenenfalls verändert oder ergänzt. Sie sucht und fördert die fachliche Auseinandersetzung mit und unter ihren Mitarbeiterinnen und Mitarbeitern und fordert dabei gerade auch zur Darlegung und Klärung unterschiedlicher Positionen heraus. Sie greift kritische Hinweise und fachliche Anregungen aus dem Team zu den verschiedenen Arbeitsbereichen und Angeboten der Einrichtung auf und setzt sie konstruktiv mit allen Beteiligten in die Praxis um. Die Leitung ist in der Lage, mit allen Beteiligten Ziele und Verfahren der pädagogischen Arbeit auszuhandeln.	Träger Fort- und Weiterbildung	Mitarbeiterinnen und Mitarbeiter

Merkmal	Qualitätskriterium	Weitere Verantwortungsebenen	
Personalführung	Sie fordert ihre Mitarbeiterinnen und Mitarbeiter zur Wahrnehmung von Fortbildungen und Qualifizierungen auf und unterbreitet hierzu, orientiert am fachlichen Profil der sozialpädagogischen Fachkraft, konkrete Vorschläge.	Träger Fort- und Weiterbildung	Mitarbeiterinnen und Mitarbeiter
	Sie akzeptiert und unterstützt das berufspolitische/gewerkschaftliche Engagement ihrer Mitarbeiterinnen und Mitarbeiter.	Träger Berufsverbände Gewerkschaften	Mitarbeiterinnen und Mitarbeiter
Organisation und Steuerung	Die Leitung besitzt die Fähigkeit, die Aufgabenbereiche je nach Qualifikationen und Kompetenzen mit den Fachkräften aufzuteilen. Die Mitarbeiter/-innen haben Schwerpunkte in ihrer Arbeit. Laienkompetenzen werden mobilisiert und einbezogen. Die Leitung besitzt die erforderlichen Verwaltungskenntnisse. Sie arbeitet intensiv in organisatorischen, finanziellen, personellen und konzeptionellen Fragen mit Vertretern verschiedener Einrichtungen der Jugendhilfe und der Schule zusammen. Sie verfügt über Kenntnisse und Fähigkeiten in Betriebsführung und ist in der Lage, das Leistungsangebot ihrer Einrichtung mit Blick auf die Anforderungen des Umfelds und der zur Verfügung stehenden Mittel effektiv und effizient zu gestalten. Sie ist in der Lage, Rechenschaft über Absichten, Vorhaben, Methoden, Ziele, Erfolge und Misserfolge der Arbeit abzulegen. Sie ist in der Lage, Rechenschaft über die verwendeten Mittel zu geben.	Träger	Fort- und Weiterbildung

Dieses Anforderungsprofil verlangt hohes Engagement von den Leitungskräften und die Bereitschaft zur kontinuierlichen Weiterbildung und Qualifizierung. Ohne die tatkräftige und qualifizierte Förderung und Unterstützung durch die jeweiligen Träger der Einrichtungen, die ihrerseits größtes Interesse an derart qualifizierten und kreativen Leitungskräften haben, muss über kurz oder lang allerdings selbst das größte Engagement versanden. Darum wird weiter unten auch über die Verantwortung des Trägers zu sprechen sein, der entsprechende Voraussetzungen bzw. Rahmenbedingungen dafür schaffen muss. Gleiches gilt auch für die Dimension »Kompetenzen der pädagogischen Fachkräfte«, die deshalb zuerst betrachtet wird.

Dimension: Kompetenzen des pädagogischen Personals

Subdimension: Kompetenzen der pädagogischen Fachkräfte

Merkmal	Qualitätskriterium	Weitere Verantwortungsebenen	
Selbst-kompe-tenz	Biographische Reflexion wird als bedeutsame Voraussetzung und fester Bestandteil der pädagogischen Arbeit begriffen:	Ausbildung Supervision	
	Die pädagogische Fachkraft setzt sich intensiv mit ihren eigenen Kindheitsbildern und deren Auswirkungen auf ihre pädagogische Arbeit mit Mädchen und Jungen auseinander.		
	Sie setzt sich mit ihren eigenen Erfahrungen und Vorstellungen von Familie, Elternschaft, Väter- und Mütterrolle auseinander und prüft, wie diese in ihre Arbeit mit Eltern – Müttern *und* Vätern – einfließen.		
	Sie nimmt geschlechtsspezifische Verhaltensweisen bei sich und anderen sensibel wahr.		
	Sie setzt sich kritisch mit ihrem eigenen Bildungsverständnis und ihrem eigenen Bildungserleben auseinander (Frage nach Selbstkonzept, Selbstwertgefühl und Selbstvertrauen, nach Eigenliebe und Lebensfreude, nach dem Umgang mit sich selbst, dem eigenen Körper, der eigenen Gefühlswelt, nach gesunder Lebensführung, Frage nach eigenen Bedürfnissen, Wünschen, Interessen, der eigenen Neugier und Aufgeschlossenheit gegenüber Neuem, Fremdem, der eigenen Lernfähigkeit und Lernbereitschaft, der Lust an kulturellen Angeboten, am geselligen und gesellschaftspolitischen Leben etc.).[33]		
	Die pädagogische Fachkraft ist zur kritischen Selbstwahrnehmung in der Lage.		
	Sie weiß sich zu behaupten.		
	Sie handelt gegenüber den anvertrauten Kindern und Jugendlichen verantwortlich und wertorientiert.[34]		
	Sie kennt ihre Stärken und Schwächen.	Ausbildung	Leitung
	Sie weiß um ihre Fähigkeiten und bringt diese Fähigkeiten konstruktiv in die Arbeit ein.		Supervision
	Sie schätzt ihre Handlungs- und Gestaltungsmöglichkeiten und deren Grenzen realistisch ein.		Fachbera-tung
	Sie arbeitet weitgehend eigenständig und souverän.		
	Sie ist in der Lage, die eigene Professionalität und die beruflichen Entwicklungsmöglichkeiten zu analysieren.		
	Sie ist in der Lage, über die Vorhaben, Methoden, Ziele, Erfolge und Misserfolge ihrer Arbeit Rechenschaft zu geben.		

33 Viele im Rahmen dieses Projekts interviewte Expertinnen und Experten wiesen auf die große Bedeutung hin, die das eigene Bildungsverhalten und Bildungserleben für die Arbeit mit den Mädchen und Jungen im Schulalter haben.

34 Dies ist die Definition von Selbstkompetenz, wie sie dem »Lehrplan zur Erprobung. Sozialpädagogik« des Ministeriums für Schule und Weiterbildung des Landes Nordrhein-Westfalen (1996, S. 8) zu Grunde liegt.

Merkmal	Qualitätskriterium	Weitere Verantwortungsebenen	
Fachkompetenz	Die pädagogische Fachkraft hat Einsicht in berufsbezogene Zusammenhänge und kann fachgerecht damit umgehen:	Ausbildung	Leitung Schule Fort- und Weiterbildung
	Sie verfügt über entwicklungspsychologische Kenntnisse, besonders über Kenntnisse über die Lebensphase der Mädchen und Jungen zwischen sechs und zwölf Jahren.		
	Sie verfügt über Kenntnisse aus der Wahrnehmungspsychologie und versteht sich u. a. auf aktives Zuhören, konstruktive Rückmeldungen, metakommunikative Prozesse.		
	Sie kennt verschiedene Beobachtungsverfahren und ist in der Lage, diese Verfahren anzuwenden, die Ergebnisse auszuwerten und zu dokumentieren.		
	Sie ist in der Lage, den Bildungsprozess der Mädchen und Jungen zu begleiten und zu unterstützen.[35]		
	• Die Fachkraft versteht es, die Mädchen und Jungen individuell und ganzheitlich zu fördern und unterstützt sie darin, alle Sinne, Kräfte und Fähigkeiten zu entwickeln.		
	• Sie ist in der Lage, die Hausaufgaben der Kinder kompetent zu betreuen und Hilfestellung zu geben. Sie kennt dabei ihre Möglichkeiten und Grenzen und ist in der Lage, bei Bedarf kompetente Unterstützung zu vermitteln (Honorarkräfte).		
	• Sie verfügt über Kenntnisse zum Ablauf von Lernprozessen und kennt verschiedene Lernstrategien.		
	• Sie ist in der Lage, die Lernpotentiale sowie spezifischen Lernvoraussetzungen, Lernhindernisse, aber auch die (mitunter sehr) kleinen Lernfortschritte der Mädchen und Jungen zu erkennen.		
	• Sie weitet den Blick über den rein schulischen Bereich aus und hilft dem Kind, seine Stärken und Fähigkeiten zu erkennen und bewusst nach außen zu vertreten. So schafft sie ein konstruktives Gegengewicht zur in der Schule oft vorherrschenden Konzentration auf die kognitiven Fähigkeiten (so wichtig diese zweifellos sind).		
	Sie berät und unterstützt die Eltern in Erziehungsfragen.		
Sozialkompetenz	Die pädagogische Fachkraft hat Einsicht in soziale Zusammenhänge:	Ausbildung	Leitung Fachberatung Fort- und Weiterbildung
	Sie setzt sich mit den verschiedenen Lebenssituationen der Mädchen und Jungen auseinander (Familienformen, Wohnverhältnisse, infrastrukturelle Situation, Sprachen, kultureller Hintergrund).		
	Sie verfügt insbesondere über Kenntnisse und Fähigkeiten im Bereich der interkulturellen Pädagogik (interkulturelle Kompetenz):[36]		

35 Siehe hierzu die Kriterien »ganzheitliche Förderung der Mädchen und Jungen« im Bereich der Prozessqualität.

36 Siehe hierzu auch die Ausführungen zur interkulturellen Arbeit im Bereich der Prozessqualität.

Merkmal	Qualitätskriterium	Weitere Verantwortungsebenen	
Sozialkompetenz	• Die eigene Sichtweise wird als eine unter verschiedenen möglichen begriffen. • Die Präsenz und Eigenständigkeit anderer Kulturen und Sprachen wird beachtet und geschätzt. • Die pädagogische Fachkraft ist in der Lage, gemeinsame kulturelle Inhalte zu vermitteln und zu sichern. Sie verfügt zudem über Kenntnisse aus dem Bereich der »integrativen Erziehung« im Sinne eines Umgangs mit Differenz (vgl. hierzu die Dimension »Integration« in der Orientierungsqualität). Sie ist in der Lage, kollegial mit anderen zusammenzuarbeiten. Sie ist konfliktfähig und verfügt über Kenntnisse und Fähigkeiten der Konfliktschlichtung.	Ausbildung	Leitung Fachberatung Fort- und Weiterbildung
Medienkompetenzen	Die pädagogische Fachkraft ist für die Bedeutung der Medien im Leben von Kindern / Jugendlichen sensibel und kann die durch die Medien vermittelten »Botschaften« beurteilen. Sie kennt die Hör- und Fernsehgewohnheiten der Kinder (zum Beispiel Vorlieben für bestimmte Serien und spezielle Medienfiguren) und knüpft in ihrer Arbeit daran an. Sie ist mit dem Einsatz sowie der Nutzung neuer Medien vertraut und nutzt zusammen mit den Kindern die durch die Medien gegebenen Bildungs- und Gestaltungsmöglichkeiten.	Ausbildung Leitung Kinder Eltern	Fort- und Weiterbildung
Vernetzungsaufgaben[37]	Die pädagogische Fachkraft ist in der Lage, soziale Netze zu initiieren und zu unterstützen: Sie trägt aktiv dazu bei, die Tageseinrichtung als »alltagsstützende niederschwellige Anlaufstelle« (COLBERG-SCHRADER), als Treffpunkt und Kommunikationsort für Eltern zu gestalten. Sie weiß oder informiert sich, wie es im Stadtteil aussieht und was im Stadtteil los ist. Sie weiß oder informiert sich, wo es weitere Angebote / Hilfen für Kinder und Eltern gibt. Sie geht in Absprache mit der Leitung und dem Team Kooperationen mit anderen Einrichtungen ein. Sie hilft den Kindern bei der (Rück-)Eroberung öffentlicher Räume, so dass die Mädchen und Jungen in der Öffentlichkeit (im Stadtteil, im Bezirk) sichtbar sind. Das geschieht u. a. durch vielfältige Ausflüge in den Stadtteil, die Sicherung von Übergängen, gezielte Nachbarschaftspflege, stadtteilbezogene Projekte, Projekte mit Personen des öffentlichen Lebens (wie Künstlerinnen und Künstlern), die Teilnahme an Festen, an Kunstausstellungen, Musik-, Tanz- und Theateraufführungen.	Ausbildung Leitung Fachberatung	Träger Jugendhilfeausschuss

37 Siehe auch die Dimension »Infrastruktur / Vernetzung« in dem Bereich der Strukturqualität.

Zur Verantwortung des Trägers

Es ist schnell ersichtlich, dass derartige Kompetenzen und das mit ihnen verbundene veränderte Rollen- und Selbstverständnis nicht bereits wie eine »reife Frucht« vorliegen und als Ergebnis einer veränderten Steuerung erwartet werden dürfen. Sie müssen geweckt, gefördert und tatkräftig unterstützt werden, wobei

- der Ausbildung,
- der Supervision sowie der
- Fortbildung der Fachkräfte,
- der Fachberatung und
- der Organisationsberatung

ein besonderer Stellenwert zukommt.

Nicht alle anfallenden Aufgaben müssen von den fest angestellten Mitarbeiterinnen und Mitarbeitern geleistet werden. Zu wissen, wie Unterstützung gewonnen werden kann, wird ein wichtiges Organisationsprinzip werden. Das bedeutet u.a., dass für die entsprechenden Aufgabenbereiche qualifizierte Honorarkräfte eingestellt werden können. Das Team muss dementsprechend die Frage prüfen, was die Fachkräfte machen müssen und was Honorarkräfte übernehmen könnten. Deren Einsatz steigert womöglich die Differenzierung des Angebots (vgl. Colberg-Schrader a.a.O.). In diesem Sinne sollten sich die Einrichtungen grundsätzlich für Beschäftigte mit anderen Qualifikationen öffnen – wie das in einigen Einrichtungen auch längst üblich ist, zum Beispiel für Motopädinnen und Motopäden, Ergotherapeutinnen und Ergotherapeuten, Lehrerinnen und Lehrer, Menschen aus handwerklichen Berufen, Künstler und Künstlerinnen u.a.

Grundvoraussetzung dafür, dass sich die gewünschten Kompetenzen und mit ihnen auch das Qualitätsprofil der Einrichtungen entwickeln, ist jedoch die Sicherung elementarer Strukturen, die nicht nur den Eltern und ihren Kindern, sondern auch dem Personal Handlungs- und Gestaltungsspielraum sowie Planungssicherheit garantieren.

Hier liegt die besondere Verantwortung des Trägers. Er muss die Fürsorgepflicht für seine Mitarbeiterinnen und Mitarbeiter mit profunden Kenntnissen und Fähigkeiten im Sozialmanagement verbinden. Außerdem muss er die Balance halten zwischen verbindlich festgelegten Strukturen einerseits und Offenheit für neue Entwicklungen und Herausforderungen andererseits (vgl. z.B. Merchel 2001; siehe auch den dritten Leitgedanken: »Das Selbstverständnis der Tageseinrichtung als lernende Organisation«, Kap. 2.3).

Der Träger muss die Frage beantworten, welche Rahmenbedingungen bzw. Voraussetzungen er schaffen muss,

1. damit sich Qualität in seinen Angeboten für die Mädchen und Jungen im schulpflichtigen Alter entfalten kann;
2. um die erbrachten Leistungen auf Dauer zu stellen bzw. ihre Qualität zu sichern und auch über längere Zeiträume hinweg die Effektivität und Effizienz der sozialen Dienstleistung zu garantieren;
3. um die Qualität seiner Einrichtungen/Angebote weiterzuentwickeln und den sich wandelnden Verhältnissen und neuen Herausforderungen (veränderte Bedürfnisse und Interessen der Kinder, veränderte Lebensplanung der Eltern, Entwicklungen im Sozialraum u.a.) angemessen zu begegnen und – mehr noch – die Entwicklungen engagiert mitzugestalten.

Fragen der Qualitätssicherung und -entwicklung sind eng mit Fragen der Personalentwicklung verknüpft (vgl. Ziesche 1999, Merchel 2001), die wiederum eng, gleichsam als Fundament, mit Fragen der Personalausstattung und den Arbeitsbedingungen zusammenhängen. Sie nehmen im Bereich der Strukturqualität eine herausragende Stellung ein und unterliegen dabei der besonderen Verantwortung des Trägers.[38] Sie werden im folgenden Abschnitt näher betrachtet.

---

38 Wir verweisen hier auf das Teilprojekt V: »Trägerqualität« im Verbund der »Nationalen Qualitätsinitiative«.

5.3.2 Personalausstattung und Arbeitsbedingungen

Merkmal	Qualitätskriterium	Verantwortungsebenen	
Personalschlüssel	Träger und Leitung kennen »ihre« Sozialräume (Bezirke, Stadtteile) und orientieren daran die personelle Zusammensetzung in der jeweiligen Einrichtung. Die Personalstruktur entspricht dem Bedarf der Zielgruppe. Grundsätzlich gilt dabei, dass als hauptamtliche Mitarbeiter/-innen (Leitung, Gruppenleitung, Zweitkräfte) ausschließlich ausgebildete Fachkräfte eingestellt werden.	Träger Leitung	Land
	Der Personalschlüssel sichert, dass über die gesamte Öffnungszeit eine gleichbleibende Qualität der pädagogischen Arbeit gegeben ist.		
	Er berücksichtigt die Öffnungs- und Schließzeiten in den Ferien (Bündelung von Urlaubstagen) und garantiert die tariflich vereinbarte Arbeitszeit jeder Mitarbeiterin und jedes Mitarbeiters.		
	Qualifizierte Ersatz- bzw. Vertretungskräfte stehen zur Verfügung, um den Personalschlüssel beim Ausfall einzelner Mitarbeiter/-innen (zum Beispiel wegen Krankheit) aufrechtzuerhalten.		
	Es gibt sowohl unter als auch über 30-Jährige im Team.		
	Mindestens 20 Prozent des angestellten pädagogischen Fachpersonals sind Männer.[39]		Ausbildung
	Es gibt in der Einrichtung pädagogische Fachkräfte mit Migrationshintergrund.		
	Das Personal weist unterschiedliche Kompetenzen auf. Je nach Zusammensetzung der Kindergruppen in der Einrichtung und dem speziellen Förderbedarf einzelner Mädchen und Jungen werden zum Beispiel Motopädinnen und Motopäden, Sprachtherapeutinnen und Sprachtherapeuten, Heilpädagoginnen und Heilpädagogen beschäftigt.		
Einbeziehung weiterer Personen	Die Einrichtungsleitung fördert die aktive Beteiligung von Männern an der Betreuung und Erziehung der Mädchen und Jungen und sorgt für ausreichend männliche Honorarkräfte bzw. bezieht die Väter aktiv in die Erziehungsarbeit ein (siehe Fußnote 43).		Leitung, Mitarbeiter/ -innen, Eltern, Schule, Vereine
	Die Einrichtungsleitung fördert die aktive Beteiligung von Personen mit Migrationshintergrund, zum Beispiel durch aktive Einbeziehung von Honorarkräften sowie Eltern in die Erziehungsarbeit und durch Kontakte im Stadtteil.		
	Bei Aktivitäten mit erhöhtem Personalbedarf werden Personen von außen zur Unterstützung beteiligt.		Land, Leitung

39 Dieser Aspekt ist besonders wichtig, da die heutige Kindheits- und Sozialisationsforschung bereits von einer »Feminisierung« heutiger Kindheit spricht (vgl. z. B. Karsten 1996).

Merkmal	Qualitätskriterium	Verantwortungsebenen	
Dienst-plange-staltung **Zeit-struktur**	Die Dienstplangestaltung vereinbart die Belange der Arbeitnehmer/-innen mit dem erzieherischen Auftrag, den Bedürfnissen und Interessen der Kinder, ihrer Eltern und Familien. Sie berücksichtigt folgende Aspekte: • Die Betreuungszeiten der einzelnen Kinder (Erfassung des Bedarfs) • Die Öffnungszeiten der Einrichtung • Die durch die Anwesenheitszeiten der Kinder entstehenden Gruppen bzw. entstehende Gruppengröße • Die tariflich vereinbarte Arbeitszeit jeder Mitarbeiterin und jedes Mitarbeiters. Dazu gehören: – Pausenregelung – Früh- und Spätdienst – Ferienzeiten – Urlaubsregelung – Überstundenausgleich – Vertretungsregelung • Verfügungszeiten für – die pädagogische Arbeit mit einzelnen Kindern oder mit Teilgruppen – Vor- und Nachbereitung der Arbeit – Teambesprechungen / Reflexion der Arbeit – Elternarbeit – Zusammenarbeit mit der Schule – konzeptionelle Arbeit – kollegiale Beratung (einzeln, in Gruppen oder im gesamten Team) – Verwaltungsaufgaben, organisatorische Tätigkeiten – Öffentlichkeitsarbeit – Zusammenarbeit mit dem Träger – Betreuung von Praktikantinnen und Praktikanten – Evaluation – Dienstbesprechungen – andere feste Termine • Die Zeiten der Abwesenheit wegen – Fortbildungen – Hospitationen in anderen Einrichtungen (benchmarking) – Leitungskonferenzen – Arbeitskreisen Aus den oben genannten Faktoren ergibt sich, welche Erziehungskräfte zu welchen Zeiten und für welche Tätigkeiten sinnvoll zum Einsatz kommen. Die nötigen Personalkapazitäten für die Einrichtung werden anhand der Einrichtungsform, -größe und der erforderlichen Öffnungszeiten ermittelt. Der Dienstplan wird im Team mit allen Beteiligten gestaltet.	Träger	Leitung, Mitarbeiter/-innen, Eltern, Schule

Merkmal	Qualitätskriterium	Verantwortungsebenen	
Dienstplangestaltung Zeitstruktur	Es wird regelmäßig (mindestens einmal im Jahr) geprüft, ob die Dienstplangestaltung noch den Bedürfnissen und Erfordernissen der Kinder, Eltern und Mitarbeiter/-innen entspricht. Anderenfalls werden die erforderlichen Veränderungen vorgenommen.	Träger	Leitung, Mitarbeiter/-innen, Eltern, Schule
Gestaltung des Arbeitsplatzes	Die Arbeitszeiten, der hauptsächliche Arbeitsort und die Aufgaben des Personals sind vertraglich in Schriftform vereinbart.		
	Die Arbeitsverträge des Fachpersonals sind unbefristet oder mindestens auf drei Jahre befristet.		
	Ein Personalraum steht zur Verfügung, um Besprechungen durchzuführen, Vorbereitungen zu treffen, die Möglichkeit zu haben, sich zurückzuziehen.		
	Es gibt in der gesamten Einrichtung für das Personal angemessenes Mobiliar.		
	Personelle und strukturelle Veränderungen werden mit allen Beteiligten ausgehandelt.		

5.3.3 Raumstrukturen und Ausstattung der Räume

Raum ist eine »zentrale Dimension des Aufwachsens« (vgl. LIEBAU 1993, S. 607). Im Raum gestalten wir die Welt; über Räume erschließt sich uns die Welt. Räume prägen unsere Wahrnehmung, sie haben große Bedeutung für die Entfaltung und (Aus-)Bildung unserer Sinneskompetenzen.[40] Es ist darum wichtig zu fragen, welche Bedeutung die veränderten und sich wandelnden (Lebens-)Räume für das Leben der Kinder haben und welche Auswirkungen auf ihre Raumwahrnehmung und -gestaltung damit verbunden sind.

Mit Blick auf die globalen, gesellschaftlichen Entwicklungen spricht die Kindheits- und Sozialisationsforschung u. a. von folgenden Erscheinungen:

- *Funktionsentmischung der Räume:* Räume dienen ganz bestimmten Funktionen, sie sind nur (womöglich in vorgebender, vorfabrizierter Weise) für bestimmte Tätigkeiten zu nutzen. Das kann durchaus sinnvoll sein, wenn sich bestimmte Tätigkeiten der Mädchen und Jungen gegenseitig stören (beispielsweise Werken und Toben oder Musizieren und Hausaufgaben machen) oder wenn Mädchen und Jungen unter sich sein wollen (Mädchen-

und Jungenraum). Mitunter widerspricht die Funktionsentmischung aber dem Bedürfnis der Kinder nach ganzheitlichem Lernen (vgl. BERG 1995, S. 85). Das muss im Einzelfall zusammen mit den Mädchen und Jungen und orientiert an ihren Bedürfnissen und Interessen abgewogen werden.

- *Verhäuslichung:* »Kinderleben [hat sich] – allen Kinderwünschen zum Trotz – stark ›nach innen‹ verlagert« (ebd.). Das hat auch Auswirkungen auf das Spielverhalten der Kinder. »Manche, vor allem raumgreifende und von natürlichen Bedingungen abhängende Spiele drohen bereits in Vergessenheit zu geraten, weil das Gelände für sie nicht mehr existiert oder geeignet ist.« (ebd., S. 87) Zahlreiche Studien sehen in der Einengung des Bewegungsraums der Kinder eine zentrale Ursache für die festgestellte zunehmende gesundheitliche Beeinträchtigung bei Kindern im Vorschul- und Grundschulalter, insbesondere für ihre motorischen Defizite (geringe

---

40 Insbesondere das Gehör scheint »mit der räumlich-zeitlichen Situation verbunden« und der »eigentliche Sinn für Raum und Zeit« zu sein. Beim Menschen kommt noch das Sehen, beim Tier eher das Riechen hinzu. »... beim Menschen ist – was oft unterschätzt wird – die Aneignung des Raums schallbedingt« (BARTHES 1990, S. 250).

körperliche Leistungsfähigkeit beim Laufen, Springen, bei der Ausdauer und Koordinationsfähigkeit), für die Häufigkeit von Unfällen, für Herz-Kreislauf-Schwäche und motorische Auffälligkeiten (vgl. EINFLUSS VON RAUM- UND BEWEGUNGSANGEBOTEN AUF DIE (GESUNDHEITLICHE) ENTWICKLUNG VON KINDERN 2000, S. 2f.).[41]

- *»Verinselter« Lebensraum:* Die Distanzen zwischen den verschiedenen Aufenthaltsorten, den »Inseln« der Kinder, den verschiedenen Institutionen ihrer Betreuung und Bildung werden oftmals übersprungen, sind in Bussen und Bahnen, erst recht auf der Fahrt durch U-Bahn-Tunnel, oft gar nicht mehr nachvollziehbar und als (erlebnisreiche) Wegstrecke nicht erfahrbar. »Es gibt zwischen den Orten und den Wahrnehmungen kein Kontinuum, keine Beziehungen.« (BERG 1995, S. 84)

Diesen Entwicklungen müssen die Einrichtungen begegnen und dabei im einzelnen prüfen, wie der Lebensraum der Mädchen und Jungen, die die Einrichtung besuchen, beschaffen ist (Wohnsituation, infrastrukturelle Gegebenheiten). Sie müssen prüfen, welche Bewegungs-, Handlungs- und Gestaltungsmöglichkeiten die Kinder haben bzw. welche Grenzen ihrem Tatendrang und Entdeckergeist, ihrer Kreativität und Spontaneität durch das räumliche Umfeld gesetzt sind.

Pädagogische Fragen nach den räumlichen Bedingungen des Aufwachsens lauten u. a.:

- Welche Räume gibt es im Wohnumfeld für welche Kinder welchen Alters, welcher Herkunft, welcher sozialen und familiären Lage?
- Welche Räume brauchen die Mädchen und Jungen, die unsere Einrichtung besuchen?
- Wie sollen diese Räume gestaltet und ausgestattet werden?
- Was können und sollen wir als Erwachsene tun, damit Kindern die notwendigen und wünschenswerten Räume auch tatsächlich eröffnet werden? (Vgl. LIEBAU 1993, S. 608)

Die Antworten auf diese Fragen weisen den Weg, den die Einrichtung mit ihrem Raumkonzept einschlagen muss. Grundsätzlich lässt sich als zentrale Aufgabe heutiger Pädagogik festhalten, »den Raum der Wahrnehmungen zu erweitern, den Raum der Vorstellungen und des Denkens zu öffnen, den Raum des Urteilens anzureichern, den Raum der Handlungsmöglich-

keiten zu verbreitern, den Raum der Ausdrucksformen zu erschließen, um sublime [feinsinnige] Formen des Lebens, um autonomes und solidarisches Leben zu ermöglichen« (ebd. 1993, S. 611).

LIEBAU nennt mit Blick auf die pädagogische Qualität der »räumlichen Bedingungen des Aufwachsens« folgende allgemeine Kriterien:

Raum für Kinder muss gestaltbarer Raum, zugleich offener und geschlossener Raum, sozialer Raum, in objektiver Hinsicht gefährdungsarmer (allerdings nie gefährdungsfreier) Raum, anregungsreicher Raum, Spiel-, Lebens-, Lern- und Entwicklungsraum, Raum für Kinder und Erwachsene sein (ebd., S. 607).

BERG nennt folgende *spielfördernde Prinzipien* für den Lebensraum der Kinder: *Anregung, Erfahrung, Aktivierung, Integrierung, Offenheit, Gestaltbarkeit, Sicherheit* (BERG 1995, S. 86).

Diese allgemeinen Anforderungen an die pädagogische Qualität von Räumen machen deutlich, dass hier nicht nur die Einrichtungen – ihre Träger, die Leitungskräfte und pädagogischen Mitarbeiterinnen und Mitarbeiter – gefordert sind; sie kommen allerdings nicht umhin, den Lebensraum der Kinder zu analysieren und ihre (Raum-)Angebote (einschließlich des Umgangs mit den vorhandenen Räumen im Umfeld) daran zu orientieren. Auch die politischen Gremien, zum Beispiel der Jugendhilfeausschuss und der Stadtrat sowie die Stadt- und Regionalplanung, sind gefragt. Sie sind aufgefordert, den öffentlichen Raum so zu gestalten, dass Kinder hier sichtbar und als aktive Mitglieder unserer Gesellschaft erlebbar werden und nicht in »Raumreservate« abgedrängt werden. BERG nennt in diesem Zusammenhang Mindestkriterien, die im öffentlichen Raum, d. h. in den Wohngebieten, eingehalten werden müssen:

- Breite Gehwege, die nicht zu Ersatzparkplätzen werden dürfen (Abtrennung durch Poller, Pflöcke, Ketten usw.), damit sie haus- und einrichtungsnahes Spielen ermöglichen. Gehwege sind immer auch Spielwege.
- Von Kraftfahrzeugen freigehaltene Spielzonen im Straßenraum.
- Kooperativ von Kindern, erwachsenen Fußgängern und Autofahrern genutzte Mischflächen, kenntlich gemacht zum Beispiel durch Farbmarkierungen oder Aufpflasterungen.

---

41 Demnach ist »der Anteil motorisch förderungsbedürftiger Schüler innerhalb der letzten zehn Jahre um das Dreifache angestiegen« (EINFLUSS VON RAUM- UND BEWEGUNGSANGEBOTEN ... 2000, S. 2).

- Nur Kindern vorbehaltene Straßenplätze (BERG 1995, S. 86).

Sie hält dazu fest, dass es »wünschenswert wäre, diese Wege, Plätze, Zonen so zu vernetzen, dass Kinder auf eigenen, sogenannten ›Kinderpfaden‹, also sicheren Fuß- und Radwegen, einen innerstädtischen Bewegungsraum mit wachsenden Radien gewönnen und diesen relativ gefahrlos nutzen könnten« (ebd.).[42]

Dimension: Raumstrukturen und Ausstattung der Räume

Merkmal	Qualitätskriterium	Verantwortungsebenen	
Lage der Einrichtung	Die Einrichtung ist in den Stadtteil integriert. Die Einrichtung ist mit öffentlichen Verkehrsmitteln oder zu Fuß zu erreichen.	Träger	Jugendhilfeplanung
Raumangebot	Für jede Gruppe stehen mindestens ein Gruppenraum und ein Nebenraum zur Verfügung. Die Räume sind schadstofffrei. Es gibt ausreichend Möglichkeit, die Räume zu lüften. Anzahl, Größe und Ausstattung der Räume entsprechen den Bedürfnissen der Schulkinder. Es gibt für Schulkinder eigene Räume, in denen sie – von den Jüngeren ungestört – ihren Interessen nachgehen und ihre Dinge aufbewahren können. Es gibt ein Raumkonzept, das sich an der Lebenssituation der Kinder und ihrer Familien orientiert. Dazu werden die Spiel-, Lern- und Freizeitmöglichkeiten im Umfeld ermittelt und in die pädagogische Arbeit der Einrichtung einbezogen (Spiel- und Sportplätze, die Außengelände anderer Einrichtungen, Bäder, öffentliche Grünflächen, öffentliche Einrichtungen wie Stadtbibliothek, Museen, OT-Heime u. a.). Die Kinder finden Raum • für Bewegung und Sport • zum Bauen und Werken • zum Musizieren und Musikhören • für Rollen- und Theaterspiel • für Entspannung und Rückzug • für das ungestörte Spiel in Kleingruppen • für die Arbeit / das Spiel am Computer • für Aktivitäten in Mädchen- und Jungengruppen • um Freunde einzuladen Es gibt Aufenthaltsmöglichkeiten für Eltern in der Tagesstätte: • Sitzgelegenheiten • ein Elterncafé • die Möglichkeit, Räume mit zu benutzen	Leitung, Fachkräfte, Eltern, Kinder	Träger, Jugendhilfeplanung, Einrichtungen, Schulen, Vereine

42 Vgl. hierzu das Anliegen der so genannten Fotospaziergänge, bei denen die Fachkräfte den Lebensraum der Mädchen und Jungen zusammen mit ihnen erkunden und jene Straßen, Plätze, Orte herausstellen, in, auf und an denen sie sich bevorzugt und gerne aufhalten oder die sie aus verschiedenen Gründen (Öde, Gefahr, Schmutz) meiden. Hierdurch erhalten Kinder, Eltern, pädagogische Fachkräfte und auch der Träger wertvolle Argumentationshilfen für Sitzungen des Jugendhilfeausschusses oder des Stadtrats.

Merkmal	Qualitätskriterium	Verantwortungsebenen
Raumge-staltung	Die Raumgestaltung ist fester Bestandteil der pädagogischen Planung und Konzeption der Einrichtung.	Ausbildung
	Die Raumgestaltung wird als Prozess betrachtet. Daher gibt es keine »für immer fertigen« Räume, sondern nur solche, die den aktuellen Bedürfnissen der Gruppe entsprechen.	
	Die Mädchen und Jungen sind aktiv und selbstständig an der Gestaltung der Räume beteiligt.	
	Die Räume sind für unterschiedliche Nutzungsmöglichkeiten offen, mehrdeutig und veränderbar. Sie können je nach Bedürfnis der Kinder auch von den Kindern selbst umgestaltet werden. Der Eingangsbereich, der Flur und die Waschräume werden hierbei einbezogen.	
	Die Räume lassen sich mit Decken, Raumteilern u. a. flexibel gestalten.	
	Räume, ihre Ausstattung und die angebotenen Aktivitäten berücksichtigen gleichermaßen die Bedürfnisse und Interessen von Mädchen und Jungen.	
	Sie ermöglichen selbstbestimmte Tätigkeiten und freies, von den Erwachsenen nicht kontrolliertes Spiel.	
	Die Räume bieten vielfältige Möglichkeiten der Bewegung. Die Kinder können toben, raumgreifend spielen, sich sportlich betätigen.	
	Die Räume bieten Rückzugsmöglichkeiten. Es gibt Ecken und Nischen, die es ermöglichen, allein und unbeobachtet zu sein.	
	Die Mädchen und Jungen haben die Möglichkeit, persönliche Dinge und ihre nicht beendeten Werke sicher aufzubewahren.	
	Die Kinder können Waschbecken, Badewannen und Duschen leicht erreichen und selbsttätig nutzen: für individuelle Bedürfnisse nach Körperpflege und -erkundung, aber auch zu lustvollem Spielen und Erleben in der Gruppe.	
	Die Räume gehen auf das Bedürfnis von lustvollem Körpererleben und kindlicher Sexualität ein.	
	Die Räume sind schallgedämmt, damit sich die Kinder nicht gegenseitig bei ihren verschiedenen Tätigkeiten stören.	

Merkmal	Qualitätskriterium	Verantwortungsebenen	
Ausstattung	Die Ausstattung der Räume entspricht den Vorstellungen und Interessen der Kinder.	Leitung, Fachkräfte, Eltern, Kinder	Träger
	Die Räume regen zum Hören, Sehen, Tasten und zur Bewegung an.		
	Klangräume schaffen Orientierung; sie fordern zum Verweilen auf und ermöglichen neue Raum- und Zeiterfahrungen bzw. -nutzungen. Die pädagogischen Fachkräfte schaffen zusammen mit den Kindern Klangräume.		
	Helle und dunklere Bereiche wechseln einander ab, um die ermüdende Wirkung gleichmäßig ausgeleuchteter Räume zu vermeiden. Es gibt mehrere Lichtquellen in den Räumen.		
	Die Räume vermitteln Geborgenheit. Die Farbgestaltung übt einen entscheidenden Einfluss aus.		
	Die Spiele und Materialien sind leicht zugänglich. Die Kinder können sie selbst auswählen und selbsttätig damit umgehen.		
	Die Räume sind geschmackvoll und sorgfältig eingerichtet. Es gibt zum Beispiel schönes Geschirr – kein Sammelsurium von rein funktionalen Tellern und Tassen. Die Spielsachen und Gegenstände werden regelmäßig auf ihren Zustand überprüft und wenn nötig repariert oder ersetzt.[43]		
	Das Mobiliar und die Ausstattung der Einrichtung entsprechen dem Alter der Schulkinder und sind an der »Erwachsenenwelt«, nicht an der »Welt der Kleinen«, der Kindergartenkinder oder noch Kleineren orientiert. Es ist u. a. stabiles, der Körpergröße der Mädchen und Jungen angemessenes Mobiliar.		
	Ausstattung, Spiel- und Werkmaterial richten sich gleichermaßen nach den Interessen von Mädchen *und* Jungen. Den Mädchen und Jungen stehen verschiedene Möglichkeiten für handwerklich-technische und hauswirtschaftliche Arbeiten zur Verfügung.		
	Die Räume sind behindertengerecht. Kinder mit einem Handicap können sich darin selbstständig und sicher bewegen und ihren Alltag bewusst gestalten.		
	Das Material berücksichtigt die verschiedenen ethnischen Hintergründe der Mädchen und Jungen. Es gibt Gegenstände, die im Alltag der Kinder mit unterschiedlichem ethnischem Hintergrund bedeutsam sind.		

43 Eine Interviewpartnerin wies nachdrücklich auf diesen Aspekt hin, der im Rahmen der Qualitätsdebatte viel zu wenig berücksichtigt werde: Es spiegele den Wertehintergrund, »dass wir beide hier die gleichen Tassen haben und man uns z. B. noch eine Serviette dazu legt, ob es ein kultureller Raum ist oder ob wir hier von Plastikgeschirr essen. Diese ganze Wertediskussion ist zentral – also, [häufig herrscht doch die Einstellung vor:] für die Kinder ist immer das Letzte gut genug, da kommen ein paar Sammeltassen in die Puppenecke... Für mich fehlt auch dieser heilpädagogische Aspekt: wenn etwas kaputt ist, dann muss es heil gemacht werden, das fehlt für mich.«

Merkmal	Qualitätskriterium	Verantwortungsebenen	
Ausstattung	Das große Interesse der Kinder an Medien wird beachtet. Es gibt eine entsprechende Ausstattung mit Computern und anderen Medien, um die Interessen der Kinder aufzugreifen, und auch um mit kommerziellen Anbietern konkurrieren zu können.	Leitung, Fachkräfte, Eltern, Kinder	Träger
	Die Mädchen und Jungen können mit Informations- und Kommunikationsmedien arbeiten und experimentieren.		
Außengelände	Den Kindern steht ein Außengelände zur Verfügung. Es entspricht mit seinen vielfältigen Betätigungs- und Bewegungsmöglichkeiten dem Konzept der offenen Arbeit und damit den unterschiedlichen Bedürfnissen der Kinder.		
	Das Außengelände kann von den Kindern selbstständig genutzt werden.		
	Auch Kinder aus dem Umfeld können das Außengelände außerhalb der Betriebszeiten nutzen.		
	Es sind Spiel- und Arbeitsgeräte mit unterschiedlichen Funktionen und für unterschiedliche Bedürfnisse vorhanden.		

5.3.4 Infrastruktur / Vernetzung

»Persönliche Beziehungen tragen entscheidend zur sozialen Integration eines Menschen in seine gesellschaftliche Umwelt bei. Sie dienen damit auch der Entwicklung und Bewahrung dessen, was man im Allgemeinen unter den Begriffen ›Identität‹ und ›Selbstwertgefühl‹ zusammenfaßt.« (MARBACH/MAYR-KLEFFEL 1988, S. 285)

Unter diesem Aspekt kommt den Tageseinrichtungen für Kinder ein besonderer Stellenwert zu. Sie sind häufig die erste (und manches Mal auch die einzige) Anlaufstelle für junge Mütter und Väter, die mit der Geburt ihres Kindes nicht selten ihren bisherigen Freundes- und Bekanntenkreis verlieren und auch nicht über familiale Unterstützung verfügen.

Tageseinrichtungen geben angesichts der bestehenden familiären Diskontinuitäten in Scheidungs- und Trennungssituationen Stabilität und Sicherheit. Sie helfen den Betroffenen, ihre Lebenssituation neu zu gestalten, geben den Kindern Geborgenheit in der belastenden Situation und den Erwachsenen den notwendigen Freiraum, sich neu zu orientieren und ihr Leben auf eine neue Grundlage zu stellen (vgl. STRÄTZ 2001, S. 5). Tageseinrichtungen sind Orte der Familienbegegnung; Anlaufstellen, die die soziale Isolation junger Familien durchbrechen,

die soziale Segregation im Wohngebiet (zum Beispiel die Trennung von Gruppen verschiedener ethnischer Zugehörigkeit) vermindern helfen. Tageseinrichtungen leisten soziale Integration im weitesten Sinne.

Es kommt darauf an, dass die Tageseinrichtungen diese Herausforderung annehmen und die Chance erkennen, sich als Haus der Kinder und Treffpunkt und Kommunikationsort für Eltern, Familien und Nachbarn und mehr noch: als Verknüpfungsstelle von öffentlicher und privater Hilfe zu profilieren. Sie müssen als ein solcher Ort aber auch gesellschaftlich anerkannt und vom Träger und Geldgeber, von Politik und Verwaltung unterstützt werden (vgl. hierzu auch den ersten »Leitgedanken«, Kap. 2.1).

Viele Interviewpartnerinnen und Interviewpartner haben die Bedeutung der Tageseinrichtung als Vernetzungsstelle hervorgehoben. Sie sehen gerade darin die Zukunft der Einrichtungen. Ihre Einschätzung wird innerhalb der Erziehungswissenschaft und im Bereich der sozialpolitisch interessierten Netzwerkforschung geteilt. Hier wird u. a. darauf hingewiesen, dass die pädagogischen Fachkräfte den alltäglichen Problemen der Kinder, Eltern, Familien näher stehen als die weitgehend bürokratisch agierenden staatlichen Hilfesysteme, die die Hilfeempfänger/-innen zudem oftmals zu stigmatisieren drohen (MARBACH/MAYR-KLEF-FEL 1988, S. 282).[44] Tageseinrichtungen hätten auch eher »die Möglichkeit, Leistungsangebot und -bedarf flexibel aufeinander abzustimmen und dabei eine gefühlsmäßige Grundlage von Solidarität« aufzubauen« (ebd., S. 282f.). VERLINDEN führt aus, was das im einzelnen heißen könnte: »In konkreten Bündnissen lassen sich vielfältige Maßnahmen entwickeln, z. B. für ein kinder- und familienfreundliches Wohnumfeld, für eine bessere Vereinbarkeit von Familie und Beruf, für die Verbesserung der gesundheitlichen Situation der Familie und die Verständigung zwischen den Generationen.« (VERLINDEN 2001, S. 4) Mögliche Bündnispartner sieht er in Schulen, Jugendorganisationen, Sportvereinen, Familienverbänden, Nachbarschaftsvereinen, Selbsthilfegruppen, Stadtteilkonferenzen, innerhalb der Familienbildung, bei den Volkshochschulen, in der Erziehungsberatung, beim Allgemeinen Sozialen Dienst, beim Kinderschutzbund, den Krankenkassen u. a. m.

Die Vernetzung sozialer Einrichtungen, auch darauf weist VERLINDEN hin, ist allerdings kein Selbstzweck. Sie muss vielmehr bedürfnisorientiert und lebensweltnah gestaltet werden und sich am konkreten und langfristigen Nutzen der Mädchen und Jungen und ihrer Familien orientieren (ebd., S. 5).

Die Organisation der Vernetzung sollte insofern auch »nicht zur Hauptaufgabe ausarten« (ebd., S. 6). Vernetzung braucht im Gegenteil »eine niederschwellige, schlanke und transparente Organisation ihrer Abläufe und Treffen, auch um ›bildungsferne‹ AdressatInnen einzubeziehen« (ebd., vgl. auch COLBERG-SCHRADER 1999). Eltern, Nachbarn und andere Interessentinnen und Interessenten sollen die Tageseinrichtung also unbeschwert und gerne – ohne große Hemmungen und Anlaufschwierigkeiten – aufsuchen bzw. besuchen können und hier gern gesehene Gäste sein.

Vernetzung muss allerdings gepflegt und gefördert werden. Dazu muss das Team diese Aufgabe als gemeinsame Aufgabe betrachten. Dann kann eine engagierte Fachkraft gezielt mit dieser Aufgabe betraut werden. Sie muss dafür die entsprechende Zeit und Gestaltungsspielraum erhalten, d. h. »die Kompetenz zu weitgehenden Initiativen und verbindlichen Absprachen« (ebd.). Sie ist ihrerseits verpflichtet, die Leitung, das Team und den Träger über die Vernetzung zu informieren bzw. im Vorfeld schwierige Fragen, Voraussetzungen und Bedingungen zu klären. Schließlich müssen sich alle Beteiligten, also auch die Mitglieder des Teams, an die getroffenen Absprachen halten.

Dimension: Infrastruktur / Vernetzung

Merkmal	Qualitätskriterium	Verantwortungsebenen	
Sozial-raum-orientie-rung	Die pädagogischen Fachkräfte kennen die sozialen Gegebenheiten im Einzugsbereich der Einrichtung (siehe in der Dimension »bedarfsgerechte Angebote« das Merkmal der Bedarfsorientierung). Sie sind in der Lage, diese Bedingungen unter dem Aspekt der Vernetzung zu analysieren.	Ausbildung, Träger, Leitung, Team, Fachberatung	Jugendhilfeausschuss, Politik, Geldgeber
	Sie kennen die Lebenssituation der Kinder und ihrer Familien.	Ausbildung	
	Die Fachkräfte kennen die dominierenden und / oder bevorzugten Aufenthalte der Mädchen und Jungen und können deren Qualität beurteilen.		
	Die Einrichtung ist Treffpunkt der Kinder im Stadtteil, von Freundinnen und Freunden der angemeldeten Kinder.		

---

44 JAN H. MARBACH und VERENA MAYR-KLEFFEL weisen darauf hin, dass »das öffentliche Netz der sozialen Sicherheit im Hinblick auf eine Dämpfung sozialer Ungleichheit« zwar unentbehrlich ist, dass es paradoxerweise aber zugleich »zur Befestigung dieser Ungleichheit [...], zumindest in seinem behördlichen Kernbereich« beiträgt (MARBACH/MAYR-KLEFFEL 1988, S. 290).

Merkmal	Qualitätskriterium	Verantwortungsebenen
Sozial-raum-orientie-rung	Die Einrichtung hält für Kinder und Eltern deutlich sichtbar und leicht zugänglich Informationen über Bildungs-, Kultur- und Freizeitangebote im nahen Umfeld bereit. Sie informiert über den allgemeinen sozialen Dienst in der Stadt oder Gemeinde, über Angebote der Eltern-, Familien- oder Partnerschaftsberatung.[45] Die Einrichtung vermittelt bei Bedarf die Angebote/Hilfe anderer sozialer Dienste: Erziehungsberatung, Familienberatung, Eheberatung, Schuldnerberatung, Sozialamt, Arbeitsamt, Gesundheitsdienste, Frauenhaus. Je nach Bedarfslage werden Eltern und Familien durch Beratung und die Bereitstellung von Erziehungshilfen sowie Bildungsangeboten besonders unterstützt, zum Beispiel durch: • Begleitung zu Elternsprechtagen der Schule • Eltern-Kind-Angebote • Organisation von Sprachkursen für Eltern mit Migrationshintergrund • Organisation von Computerkursen für Eltern Die Einrichtung fördert die Bildung von Selbsthilfegruppen für Eltern, zum Beispiel muttersprachliche Gruppen oder Vätergruppen, und stellt dafür ihre Räume zur Verfügung. Außerdem sorgt sie für die Betreuung der Kinder während der Treffen.	Träger
Formen der Ko-operation und Ko-ordina-tion	Der Kontakt zwischen Kindertagesstätte, Elternhaus, Schule und anderen Einrichtungen ist selbstverständlicher Bestandteil der Arbeit der Einrichtung und als solcher in der Konzeption verankert. Die Zusammenarbeit umfasst z. B.: • die Mitarbeit in Arbeitskreisen von Kindertagesstätte und den Schulen, deren Kinder die Einrichtungen besuchen • gemeinsame Veranstaltungen (z. B. Schulfeste, Stadtteilfeste) • die Zusammenarbeit mit sozialen Beratungsdiensten • die Zusammenarbeit mit verschiedenen Ämtern (z. B. Jugendamt, Gesundheitsamt, Schulamt) • die Zusammenarbeit mit Personen und Einrichtungen, die zu einer Bereicherung des Angebots der Einrichtung beitragen können, beispielsweise andere Kitas, Jugendheime, Vereine, Museen, Kinos, Theater, Einrichtungen im sozialen Umfeld und Lebensraum der Kinder (politische Parteien, Rathaus, bestimmte Firmen, Müllverbrennungsanlage, Kläranlage, Feuerwehr, Krankenhaus etc.) Gemeinwesenarbeit ist Aufgabe des gesamten Teams. Für die Zusammenarbeit mit Schulen, Vereinen, öffentlichen Diensten und anderen möglichen Kooperationspartnern gibt es innerhalb der Einrichtung/innerhalb des Teams bestimmte Ansprechpartner/-innen und klare Absprachen über Aufgaben und Verantwortlichkeiten sowie Art und Umfang der jeweiligen Kooperationen.	Träger

45 Siehe auch die Kriterien zur Zusammenarbeit mit Eltern im Bereich der Prozessqualität.

| **Präsenz im Stadtteil / Öffentlichkeitsarbeit** | Die Erzieher/-innen helfen den Kindern bei der (Rück-)Eroberung öffentlicher Räume, so dass Kinder in der Öffentlichkeit (im Stadtteil, im Bezirk) sichtbar sind. |

Dies geschieht u. a. durch vielfältige Ausflüge in den Stadtteil, die Sicherung von Übergängen, gezielte Nachbarschaftspflege, stadtteilbezogene Projekte, Projekte mit Personen des öffentlichen Lebens (zum Beispiel mit Künstlerinnen und Künstlern), die Teilnahme an Festen, Kunstausstellungen, Musik-, Tanz- und Theateraufführungen.

Die Einrichtung nutzt die vorhandenen Möglichkeiten im Umfeld (Spiel- und Sportplätze, Bäder, öffentliche Grünflächen, Räume und Angebote anderer Träger) und bietet – wenn möglich – ihrerseits ihre Räume, ihr Außengelände, ihre Leistungen den Kindern und Erwachsenen aus der Nachbarschaft sowie anderen Anbietern und deren Teilnehmerinnen und Teilnehmern an.

Die Einrichtung stellt ihre Räume für Familienfeiern und Feste im Gemeinwesen zur Verfügung.

5.4 Literatur

BERG, CHR.: Aufwachsen in der Stadtkultur. In: Kinder und Jugendliche in Nordrhein-Westfalen. 6. Jugendbericht. Expertisen: Situation von Kindern und Jugendlichen in Nordrhein-Westfalen und Entwicklungen auf dem Gebiet der Jugendhilfe. Hg. v. Ministerium für Arbeit, Gesundheit und Soziales des Landes NRW. Düsseldorf, 1995

BILDUNGSKOMMISSION NRW: Zukunft der Bildung – Schule der Zukunft. Denkschrift der Kommission »Zukunft der Bildung – Schule der Zukunft« beim Ministerpräsidenten des Landes Nordrhein-Westfalen. Neuwied, Kriftel, Berlin, 1995

BUNDESMINISTERIUM FÜR FAMILIE, SENIOREN, FRAUEN UND JUGEND (Hg.): Zehnter Kinder- und Jugendbericht. Bonn, 1998

COLBERG-SCHRADER, H.: Kindertageseinrichtungen in einer sich verändernden Welt. Zwischen Bildungsauftrag und sozialen Netzen für Familien. In: Magistrat der Stadt Bremerhaven, Amt für Jugend und Familie / Abt. Kinderförderung (Hg.): Dokumentation: Was ist ein guter Kindergarten? Qualitätssicherung in Kindertagesstätten. Fachtag für die Bremerhavener Kindertagesstätten am 11. Juni 1999 im Freizeitheim Folk-Treff in Bremerhaven-Leherheide. Bremerhaven, 1999, S. 1–13

DETTLING, W.: Kinder in einer globalisierten Welt. In: Hagemann, U. u. a. (Hg.): Betrieb und Kinderbetreuung. Opladen, 1999

EINFLUSS VON RAUM- UND BEWEGUNGSANGEBOTEN AUF DIE (GESUNDHEITLICHE) ENTWICKLUNG VON KINDERN. Arbeitsberichte des Instituts für angewandte Familien-, Kindheits- und Jugendforschung an der Universität Potsdam. Hg. v. Ministerium für Bildung, Jugend und Sport des Landes Brandenburg. Potsdam, 2000

FTHENAKIS, W. E.: Referat auf dem Bildungskongress Jugendhilfe und Schule: Perspektivenwechsel – Was brauchen Schulkinder in Bremen am 11./12. Mai 2000. In: Reader zum Kongress. Bremen, 2000

KARSTEN, M.-E.: Der strukturimmanente »Blick« der Kinder- und Jugendhilfe auf Kinder und Kindheit. In: ZEIHER, H. / BÜCHNER, P. / ZINNECKER, J. (Hg.): Kinder als Außenseiter? Umbrüche in der gesellschaftlichen Wahrnehmung von Kindern und Kindheit. Weinheim, München, 1996, S. 151–156

KINDER UND IHRE KINDHEIT IN DEUTSCHLAND. Ein Bericht des Wissenschaftlichen Beirats in Familienfragen. Bonn, 1998

KRAPPMANN, L.: Kinderbetreuung als kulturelle Aufgabe. In: TIETZE, W. (Hg.): Früherziehung. Trends, internationale Forschungsergebnisse, Praxisorientierungen. Neuwied, 1996, S. 20–29

KRONBERGER KREIS FÜR QUALITÄTSENTWICKLUNG IN KINDERTAGESEINRICHTUNGEN (Hg.): Qualität im Dialog entwickeln: Wie Kindertageseinrichtungen besser werden. Seelze, Velber, 1998

LIEBAU, E.: Raum für Kinder. In: Neue Sammlung, 33 (1993), S. 601–612

LIPP-PEETZ, CHR.: Raumqualität im Situationsansatz. Zehn Regeln und Fragen zur Selbsteinschätzung. In: TPS, 3/1998, S. 21–23

MARBACH, J.H./ MAYR-KLEFFEL, V.: Soweit die Netze tragen... – Familien und ihr soziales Umfeld. In: Deutsches Jugendinstitut (Hg.): Wie geht's der Familie? München, 1988, S. 281–290

MERCHEL, J.: Sozialmanagement. Eine Einführung in Hintergründe, Anforderungen und Gestaltungsperspektiven des Managements in Einrichtungen der Sozialen Arbeit. Münster, 2001

MILITZER, R. u. a.: Der Vielfalt Raum geben. Interkulturelle Erziehung in Tageseinrichtungen für Kinder. Münster, 2002

MINISTERIUM FÜR SCHULE UND WEITERBILDUNG DES LANDES NORDRHEIN-WESTFALEN (Hg.): Lehrplan zur Erprobung. Sozialpädagogik. Düsseldorf, 1996

MIT KINDERN HORT MACHEN. Modellprojekt: Weiterentwicklung des sozialpädagogischen Profils in Kindertageseinrichtungen mit Hortkindern 1989–2001. Hg. v. Sächsischen Landesamt für Familie und Soziales, Abteilung 5 – Landesjugendamt. Chemnitz, 2000

MOLLENHAUER, K.: Theorien zum Erziehungsprozeß. Zur Einführung in erziehungswissenschaftliche Fragestellungen. München, 1982

MOSS, P.: Qualitätsziele und Qualitätskonzepte in Systemen der Kindertagesbetreuung. Referat beim 11. Deutschen Jugendhilfetag. In: FORUM Jugendhilfe, 3/2000, S. 5–10

NORDT, G.: Qualität als Chance – Qualitätskriterien für die Arbeit mit Schulkindern. Ein Werkstattbuch. Münster, 2000

PEUKERT, U.: Der demokratische Gesellschaftsvertrag und das Verhältnis zur nächsten Generation. Zur kulturellen Neubestimmung und zur gesellschaftlichen Sicherung frühkindlicher Bildungsprozesse. In: Neue Sammlung, 37 (1997), S. 278–293

STRÄTZ, R.: Auswirkungen der Bevölkerungsentwicklung auf Tageseinrichtungen für Kinder. In: Bundesarbeitsgemeinschaft der Landesjugendämter / Landschaftsverband Rheinland, Landesjugendamt (Hg.): (K)eine Zukunft ohne Kinder?! Dokumentation der Fachtagung »Auswirkungen der demografischen Entwicklung auf die Felder der Jugendhilfe« vom 7.–8.3.2001 in Fulda

VERLINDEN, M.: Mütter und Väter als Erziehungspartner sehen. Verständnis für Systeme, Transitionen und Vernetzung als Chance für Erzieherinnen, Kinder und Familien. Beiträge für die Teilnehmenden der Fachtagung »Die Gesellschaft, die Kinder und wir – Erziehungsqualität heute« mit sozialpädagogischen Fachkräften städtischer Kindertageseinrichtungen in Grevenbroich am 19.6.2001 (unveröffentl. Manuskript, zitiert als Verlinden 2001)

WIE KINDER SPRECHEN LERNEN. Entwicklung und Förderung der Sprache im Elementarbereich auf der Grundlage des situationsbezogenen Ansatzes. Text: R. MILITZER, H. DEMANDEWITZ u. R. FUCHS. Hg. v. Ministerium für Frauen, Jugend, Familie und Gesundheit des Landes Nordrhein-Westfalen. Düsseldorf, 2001

WILHELMI, H.J.: Lernen für die Wissensgesellschaft. Oder: Delphi – Kein Orakel. In: Theorie und Praxis in der Sozialpädagogik, 6/1998, S. 20

ZIESCHE, U.: Werkstatthandbuch zur Qualitätsentwicklung in Kindertagesstätten. Neuwied, Berlin, 1999

Prozessqualität

6.1 Der Stellenwert von Prozessqualität

Auf der Prozessebene geht es um

1. die Entwicklung und Gestaltung von sozialen *Beziehungen*,
2. die Ausgestaltung und Nutzung von *Räumen*,
3. den Umgang mit *Zeit*,
4. die *inhaltliche* Gestaltung von Aktivitäten und *Angeboten* und
5. die Sicherstellung verbindlicher und transparenter *Abläufe*.

Um soziale Beziehungen möglichst umfassend diskutieren zu können, werden der Qualitätsdimension »Entwicklung und Gestaltung von sozialen Beziehungen« die drei Subdimensionen »Interaktion«, »Kommunikation« und »Kooperation« zugeordnet. Die anderen vier genannten Aspekte werden in der zweiten Qualitätsdimension »Handlungsfelder« zusammengefasst.

Auch diejenigen Prozesse, an denen Kinder nicht unmittelbar beteiligt sind, haben pädagogische Bedeutung, und zwar erstens durch ihre Modellfunktion: Kinder nehmen wahr, wie Erzieher/-innen miteinander, mit anderen Kindern bzw. mit anderen Erwachsenen umgehen. Sie lernen so eine bestimmte Kultur des Umgangs. Hier kommt es folglich darauf an, dass die Interaktionen der Erwachsenen miteinander ein glaubwürdiges Modell für konstruktiven und partnerschaftlichen Umgang miteinander sind.

Zum zweiten können sich als Folge solcher Prozesse Veränderungen in der Einrichtung, im schulischen oder familiären Umfeld ergeben, von denen wiederum die Kinder betroffen sind.

Gegenstand dieses Bereichs ist daher die Erfassung der Prozesse zwischen

- Erzieher/-in und Kind(ern)
- Kindern
- Erzieher/-innen (Zusammenarbeit im Team)
- Erzieher/-innen und Eltern (Zusammenarbeit mit Eltern)
- Erzieher/-innen und Lehrkräften (Zusammenarbeit mit der Schule) bzw. anderen Institutionen sowie
- Team und Träger

Erzieher/-innen gestalten nicht nur die sozialen Prozesse, an denen sie selbst unmittelbar beteiligt sind. Eine mindestens ebenso wichtige Aufgabe der sozialpädagogischen Fachkräfte besteht darin, Gruppenprozesse »indirekt« zu gestalten, zum Beispiel durch die Zusammensetzung einer *Kleingruppe* (Wer unternimmt was mit wem?), durch die Strukturierung der *Zeit* (etwa dadurch, dass hektische Abläufe aufgrund knapper Zeitplanung vermieden werden) und indem sie die notwendigen *Räume* und *Materialien* bereitstellen. Zwar wird das Ziel immer sein, dass die Kinder die gemeinsamen Tätigkeiten selbstständig gestalten, aber auf dem Weg dorthin brauchen die meisten vielfältige Unterstützung.

6.2 Dimension: Entwicklung und Gestaltung sozialer Beziehungen

Dass erzieherisches Handeln eine tragfähige Beziehung zwischen den zu Erziehenden und der / dem Erziehenden voraussetzt, ist eine basale pädagogische Erkenntnis. Hier soll die Qualität entwicklungsfördernder Beziehungen insbesondere unter zwei Teil-Aspekten beleuchtet werden:

- soziale Beziehungen als Grundlage für (Selbst-)Bildungsprozesse,
- soziales Miteinander in der Einrichtung als Modell für das Zusammenleben in den Familien, im Stadtteil und darüber hinaus.

Soziale Beziehungen entwickeln sich in bestimmten Formen der Interaktion, der Kommunikation und der Kooperation. Hier geht es zum Beispiel um das »*typische*« Kommunikationsverhalten einer sozialpädagogischen Fachkraft gegenüber Kindern, das sie in verschiedenen Handlungsfeldern (bei Mahlzeiten, Gesprächen, Ausflügen, Freizeitangeboten, bei der Hausaufgabenbetreuung usw.) in ähnlicher Weise zeigt. Diese Formen der Interaktion, der Kommunikation und Kooperation sind zu beobachten und zu reflektieren.

Wir unterscheiden die Subdimensionen

- **Interaktion** als »wechselseitiges Aufeinandereinwirken zwischen Individuen zum Zwecke der Abstimmung des Verhaltens der Beteiligten bzw. des konkreten Handelns der Kooperationspartner« (CLAUSS 1974, S. 259).
- **Kommunikation** – der Begriff meint Mitteilung, u. a. im Sinne eines Austauschs von Informationen. Man wendet sich an den Kommunikationspartner und zieht ihn gleichsam mit zu Rate (vgl. LENZEN 1989, S. 872). Kommunikation ist die (sprachlich vermit-

telte) »Verständigung von Menschen über die Normen und Regeln ihrer gemeinsamen Interaktion, die in Kommunikationsprozessen ausgehandelt werden können«. Diese Kommunikationsprozesse unterliegen dabei zugleich »selbst den Regeln gesellschaftlicher Interaktion« (ebd.).

Die Analyse kommunikativer Prozesse kommt im Schulkindalter deshalb besonders zum Tragen, weil – im Unterschied zur frühen Kindheit – in dieser Altersstufe »Metakommunikation« möglich ist (vgl. PEUKERT 1985): Schulkinder sind in der Lage, *über* Kommunikation zu reden, zum Beispiel über die Absichten, die in einer Unterhaltung ausgetauscht werden, wie auch über die Möglichkeiten, Gefühle auszudrücken.

Mit Blick auf die Erziehungsaufgabe der pädagogischen Fachkräfte ist die Begriffsbestimmung von MOLLENHAUER hervorzuheben, der »Erziehungshandeln« als »kommunikatives Handeln« begreift und dazu ausführt: »›Kommunikatives Handeln‹ nennen wir solches Handeln, das seine Zwecke in den daran beteiligten Subjekten selbst hat« und »Verständigung über Sinn-Orientierungen und Handlungsziele erreichen will« (MOLLENHAUER 1972, S. 42).

- **Kooperation** als Form des Zusammenwirkens mehrerer Personen, die ein gemeinsames Ziel verfolgen, geht über einzelne Interaktionen hinaus. Hier ist hervorzuheben, dass gute Kooperation nur möglich ist, wenn verbindliche und transparente Abläufe gewährleistet sind.

Ein oft zitiertes Qualitätsziel besteht darin, »die Versprechen, die wir machen, auch zu halten«. Vielfach scheitert die Umsetzung guter Absichten an ungeregelten Zuständigkeiten oder am Fehlen verbindlicher Terminabsprachen. Daher werden auf der Prozessebene auch Qualitätsmerkmale auf der organisatorischen Ebene formuliert. Das ist weder rein »formal«[46] noch betrifft es ausschließlich die Handlungsfelder, in denen die Erwachsenen »unter sich« sind. Im Gegenteil: Für Kinder ist ein wichtiges Merkmal tragfähiger Beziehungen, dass Vereinbarungen eingehalten und umgesetzt werden, dass Bezugspersonen verlässlich sind, dass Regeln durchschaubar, einfach und verlässlich sind. Gerade Kinder im Schulalter dringen zudem darauf, dass Entscheidungen begründet werden und Regeln gleichermaßen für alle Beteiligten gelten. Nicht zuletzt werden Kinder auch lernen (müssen), dass bei ihrer selbstständigen Gestaltung des Alltagslebens in der Einrichtung auch organisatorische Dinge bedacht, Aufgaben klar verteilt und Abmachungen eingehalten werden müssen.

Die Konzentration auf soziale Prozesse hat nicht nur einen gesellschaftlichen Aspekt, sondern berücksichtigt auch die Auseinandersetzung der Beteiligten mit sich selbst. Es besteht ein innerer Zusammenhang zwischen sozialen Prozessen einerseits und der Entwicklung von Selbstbild und Identität andererseits: »Kommunikative Kompetenz, Selbstbild und soziale Integration bilden ein untrennbares Beziehungsgefüge, eine Tatsache, der bislang nur in den Theorien des symbolischen Interaktionismus' Rechnung getragen wurde ….« (SCHERER 1977, S. 237) Nur in der Interaktion mit anderen haben die Mädchen und Jungen die Möglichkeit, ein realistisches Selbstbild und angemessene Selbstwirksamkeitsüberzeugungen zu entwickeln.

Als Konsequenz ergibt sich: »›Interaktionssensibilität‹ für Identitätsbedürfnisse anderer ist … ebenso als Erziehungsziel wie als Berufsqualifikation für Erzieher begründet.« (OSWALD 1989, S. 762)

Soziale Prozesse, und hier besonders die Prozesse wechselseitiger Anerkennung, »sind nicht nur wichtig für die eigene *Identitätsbildung*«. Sie leisten darüber hinaus auch »einen Beitrag zu Prozessen *gesellschaftlicher Integration*«, die sich wieder auf eine Stärkung des Selbstwertgefühls auswirken. »Damit diese Potentiale zum Tragen kommen«, so hält LEU fest, »müssen die einzelnen in der Lage und bereit sein, für andere und für Neues *offen* zu sein, *flexibel* zu reagieren und *gleichzeitig* in Aushandlungsprozessen einen *eigenen Standpunkt* zu behaupten« (LEU 1999, S. 172, Hervorhebungen im Zitat).

»Die soziale Wertschätzung setzt ein gemeinsames Ziel beziehungsweise einen gemeinsamen ›Wertehorizont‹ voraus. Gegenstand der Anerkennung sind die eigenen Fähigkeiten oder Eigenschaften, deren Wert sich dadurch zeigt, dass man etwas für die Gemeinschaft Wertvolles oder Nützliches tut oder verkörpert. Damit kann die

---

46 Qualitäts-Sicherungsverfahren, die sich an der früheren DIN ISO 9000ff orientierten, wurde zuweilen vorgehalten, dass sie sich auf Abläufe und Formalia konzentrierten und die »Inhalte« nicht einbezögen. Kategorien wie »Verlässlichkeit« und »Transparenz« sind jedoch auch inhaltlich bedeutsam.

eigene Leistung als Beitrag zu einem gemeinsamen Anliegen verstanden werden. Nur wer so erfährt, dass seine Leistung von anderen, die ihr beziehungsweise ihm wichtig sind, als wertvoll anerkannt wird, kann daraus Selbstwertgefühl schöpfen.« (ebd., S. 175)

Qualitätsmerkmale

Von jeder sozialpädagogischen Fachkraft genau dasselbe Interaktions- und Kommunikationsverhalten zu fordern, wäre unrealistisch und unberechtigt. Aber es muss verlangt werden, dass sie

- bestimmte Interaktions- und Kommunikationsformen anwendet und bestimmte andere nicht praktiziert und
- ihr Interaktions- und Kommunikationsverhalten selbstkritisch und mit angemessenen Methoden, zum Beispiel über kollegiale Rückmeldungen, reflektiert (Reflexion als konstitutives Prinzip pädagogischer Arbeit, s. Kap. 7.1 u. 7.2 im Bereich der »Entwicklungsqualität«).

Eine entwicklungsfördernde Interaktions-, Kommunikations- und Kooperationsform berücksichtigt folgende Aspekte:

- Förderung der »*Distanzierungsleistung*, welche Kommunikation gegenüber konkreten Situationen zu erbringen vermag« (LENZEN 1989, S. 873, Hervorhebung im Zitat). Ein Kind kann zum Beispiel im Gespräch mit der Erzieherin oder dem Erzieher erste Möglichkeiten zur Bewältigung einer Situation finden, die ihm in der Situation selbst nicht verfügbar waren.
- *Balance von Nähe und Distanz:*
  »Eine solche von den Erzieherinnen erwartete Mischung von Zuwendung und respektvoller Distanz, die das Kind in seiner Eigenheit ernst nimmt, ist als wünschenswerte Interaktionsqualität weitgehend bekannt.« (LEU 1999, S. 174) Entsprechend sollten »Erzieherinnen dazu beitragen, dass unter den Kindern eine Kultur und Fähigkeit wächst, Gefühle zu äußern und mit unterschiedlichen Bedürfnissen nach Nähe und Distanz gut umzugehen« (ebd.).
- Förderung der Fähigkeit zur *Rollenübernahme* ebenso wie der Fähigkeit zur *Rollendistanz* (vgl. OSWALD 1989, S. 760):

»Wenn es ... um Aktivitäten geht, bei denen entdeckendes Lernen und Eigenständigkeit gefördert werden sollen, ... müssen Erwachsene Kinder als Subjekte ernst nehmen, die eine eigene Sicht einbringen, die genauso Beachtung verdient.« (LEU 1999, S. 173) Auf der anderen Seite brauchen Kinder Modelle für den Wechsel von Perspektiven.

- Förderung der Fähigkeit von Kindern, unterschiedliche Ansprüche und Bedürfnisse auszubalancieren, mit *Meinungsverschiedenheiten und Konflikten konstruktiv umzugehen.* Dazu müssen die Erzieher/-innen den Kindern verdeutlichen, dass sie bei Aushandlungsprozessen »Partner gleichen Rechts« (PEUKERT) sind. »Begründete Erziehungsziele sind von daher die Fähigkeiten zu kohärenter Selbstdarstellung und zum Ausbalancieren von Ansprüchen als Komponenten voller Interaktionskompetenz.« (OSWALD 1989, S. 761)
- Förderung der Fähigkeit der Kinder zur *Verantwortungsübernahme* im Rahmen ihrer jeweiligen Möglichkeiten.
  Die Aufgabe besteht darin, »Entscheidungsräume so abzustecken, dass die Kinder nicht kleingehalten, aber auch nicht überfordert werden mit Verantwortung für Entscheidungen, deren Folgen sie nicht absehen können. Kinder brauchen die Erfahrung, dass es möglich ist, Fehler zu machen und daraus zu lernen« (LEU 1999, S. 174). Kinder werden so »Mitentwickler von Regeln« (ebd.) und können sich in der Übernahme »aktiver Verantwortung« üben (vgl. BAACKE 1992, S. 106f.).

Eine tabellarische Zusammenstellung von Qualitätskriterien folgt auf den nächsten Seiten.

6.2.1 Subdimension: Interaktion

Merkmal		Qualitätskriterien
Interaktions-**Häufigkeit**		Die Erzieher/-innen signalisieren Interaktions-/Gesprächsbereitschaft, lassen jedoch den Kindern die Freiheit, darauf einzugehen.
		Interaktionshäufigkeit allein ist kein Anzeichen für Qualität!
Interaktions-**Verlauf**	Beginn und Beendigung einer Interaktion	Die Erzieher/-innen sind *nicht* diejenigen, die Interaktionen allein oder vorwiegend beginnen bzw. beenden. Kinder beginnen und beenden Interaktionen ebenso häufig wie Erzieher/-innen.
	Rollenverteilung im Verlauf der Interaktion	Die Gesprächsführung kann ebenso bei Kindern wie bei der sozialpädagogischen Fachkraft liegen.
		Neue Themen, die Kinder einbringen, werden aufgegriffen.
		Fragen der Kinder an die Erzieher/-innen sind ebenso selbstverständlich wie Fragen der Erzieher/-innen an die Kinder.
Interaktions-**Ort**		Kinder können sich überall in der Einrichtung aufhalten, auch ohne dass eine sozialpädagogische Fachkraft anwesend ist.
		Kinder haben ausreichende Rückzugsmöglichkeiten, die sie auch für Gespräche miteinander nutzen können.
		Die Privatsphäre der Kinder wird strikt respektiert.
Interaktions-**Adressat**	individualisierte vs. gruppenorientierte Interaktion (Beispiel: Spricht die Fachkraft mit einzelnen Kindern oder spricht sie mit mehreren gleichzeitig?)	Gespräche werden so individuell wie möglich – d.h. zumeist in Kleingruppen oder mit einzelnen Kindern – geführt. Dinge, die ein einzelnes Kind betreffen, werden nicht im Beisein von anderen verhandelt.
	ungleiche vs. gleichmäßige Verteilung der Adressaten (interagieren meist dieselben oder wechselnde Personen miteinander?)	Nicht jedes Kind sollte mit jedem anderen interagieren (müssen). Freundschaften wie Abneigung zwischen Kindern und Sympathie/Antipathie gegenüber Erwachsenen werden respektiert (zum *Umgang* mit Sympathie/Antipathie s.u.).
		Jedes Kind kann sich jederzeit an eine sozialpädagogische Fachkraft wenden, die es als Vertrauensperson akzeptiert.

Merkmal		Qualitätskriterien
Grund-haltungen vgl. TAUSCH / TAUSCH 1977 (»förderliche Dimensio-nen«) bzw. RÜCKERT / SCHNABEL 1999 und 2001)	**Akzeptanz, Wertschätzung** »Prozesse wech-selseitiger Anerkennung« (LEU 1999): • emotionale Zuwendung • Anerkennung gleicher Rechte • gegenseitige soziale Wert-schätzung	Die Erzieher/-innen drücken ihre Wertschätzung für jedes Kind geschlechts- und altersangemessen so aus, dass sie vom Kind akzeptiert werden kann.
		Die Erzieher/-innen verdeutlichen jedem Kind seine Stellung als »Partner gleichen Rechts« (PEUKERT) (Beispiel: Sie stellen kein Kind vor anderen bloß, sie rufen kein Kind aus der Ferne, sondern gehen zu ihm, sie lassen jedes Kind ausreden, die Interaktionen finden in gleicher Augenhöhe statt).
		Die Erzieher/-innen verdeutlichen jedem Kind, dass sie strikt zwischen Person/Beziehung und Handlungsweisen trennen (Beispiel: »Du bist in Ordnung, aber das, was Du machst, finde ich nicht in Ordnung.«)
		Die Erzieher/-innen halten die Balance zwischen Nähe und Distanz, können auch bei großer Sympathie Grenzen setzen.
		Die Erzieher/-innen können Signale von Wertschätzung, die Kinder setzen, annehmen.
	einfühlendes, nicht wertendes Verstehen (Empathie)	Die Erzieher/-innen signalisieren Empathie und fördern gleichberechtigte Kommunikation (wie auch sprachliche Kompetenzen) durch • aktives Zuhören • Fragen statt Aussagen, insbesondere offene Fragen • Nachfragen und Äußerungen, in denen sie Verständnis ausdrücken (vgl. RÜCKERT/SCHNABEL 2001) • Ich-Botschaften (vgl. GORDON 1972)
	Echtheit/Auf-richtigkeit (Kongruenz)	Am Modell der Erzieherin und des Erziehers können die Kinder Übereinstimmung zwischen Worten, Gefühlen und Verhaltensweisen (Beispiel: »Sage nicht ›ja‹, wenn Du ›nein‹ sagen willst!«) beobachten (vgl. RÜCKERT/SCHNABEL 2001).
	Partizipation und **Aushandlungsprozesse** statt Dirigierung/ Lenkung	Die Erzieher/-innen sensibilisieren die Kinder dafür, auf eine angemessene Balance zwischen den eigenen Intentionen und denen des Partners / der Partnerin zu achten (vgl. JONES/GERARD 1967, S. 505–513).
		Sie bestärken die Kinder bei ihren Versuchen, Konflikte konstruktiv zu lösen und dabei »Winner-Winner-Lösungen« zu finden.
		Sie bieten »Schritte für verständnisorientierte Konfliktlösungen« an: • »Konfliktsituation beschreiben • eigene Gefühle / Gedanken äußern • Auswirkungen des Konfliktverhaltens beschreiben • Anliegen in Bitten umformulieren • mit Hilfe von Aktivem Zuhören, Fragenstellen, Ich-Botschaften gemeinsam Lösungen entwickeln • auf gemeinsame Lösung einigen und entsprechende Vereinbarungen festlegen…« (RÜCKERT/SCHNABEL 2001, S. 102, Hervorh. im Text)
		Die Erzieher/-innen begründen ihre Intentionen und Entscheidungen auch, wenn die Kinder nicht danach fragen.

Merkmal		Qualitätskriterien
Soziale Beziehungen (vgl. zum Beispiel MEHRABIAN 1972)	Sympathie / Antipathie	Die Erzieher/-innen sensibilisieren die Kinder für die Gestaltung der sozialen Beziehungen in der Gruppe, besonders für angemessene Formen der Äußerung von Sympathie und Antipathie. Sie nehmen das Zusammenleben der Kinder in der Einrichtung, die Kontaktbedürfnisse und Kontaktbemühungen der Mädchen und Jungen sensibel wahr – gestützt auf regelmäßig und systematisch durchgeführte gezielte Beobachtung und deren Auswertung. Sie unterstützen die Kontaktbedürfnisse und Kontaktbemühungen der Mädchen und Jungen. Sie fördern • die Fähigkeit der Mädchen und Jungen, auf andere zuzugehen, sich in die Lage des Gegenübers einzufühlen und Rücksicht auf seine Bedürfnisse und Interessen zu nehmen; • ihre Fähigkeit, Vertrauen aufzubauen, Freundinnen und Freunde zu finden und verlässliche, enge Beziehungen einzugehen; • ihre Fähigkeit, Konflikte auszuhandeln und gemeinsam nach Lösungen zu suchen.
	Überlegenheit (Dominanz-Submission)	Die Erzieher/-innen sensibilisieren die Kinder für Fragen und Probleme des sozialen Status in peer groups (beispielsweise für die Rollen des Außenseiters und des Meinungsführers in der Gleichaltrigengruppe).

6.2.2 Subdimension: Kommunikation

Merkmal	Qualitätskriterien
Kommunikationsformen	Die Erzieher/-innen praktizieren eine »entwicklungsfördernde Kommunikationsform« (zur Definition dieser Form nach SATIR s. FUCHS 1999, S. 182ff.) und vermeiden beschwichtigende, rationalisierende, anklagende und ablenkende Formen der Kommunikation.
Inhalte von Nachrichten (vgl. SCHULZ V. THUN 1981, S. 25ff.): • Sachinhalt • Selbstoffenbarung • Beziehung • Appell	Die Erzieher/-innen verdeutlichen den Kindern die verschiedenen Inhalte einer Nachricht. Sie sensibilisieren sie für mögliche Kommunikationsstörungen (vgl. ARONSON 1972, S. 253ff.) und weisen Wege zur • adäquaten Interpretation und für beide Partner/-innen akzeptablen Übermittlung der Gefühle der Kommunikationspartner füreinander, • adäquaten Übermittlung und Interpretation der wechselseitigen Absichten. Die sozialpädagogische Fachkraft ist ein Modell für Sicherheit, Klarheit und Genauigkeit der Kommunikation.

Merkmal				Qualitätskriterien
Kommu-nikations-kanäle	face to face	verbal		Die Botschaften der Erzieher/-innen stimmen auf den verschiedenen Kanälen überein (sie sind »kongruent«).
		non-verbal	Blick	Die Erzieher/-innen respektieren kulturbedingte Unterschiede (beispielsweise zwischen »touching societies« und »non-touching societies« – Gesellschaften, bei denen es üblich ist, sich per Handschlag zu begrüßen oder sich auch öffentlich zu umarmen und Gesellschaften, in denen dies nicht üblich oder mehr noch gegen die guten Sitten ist).
			Mimik	
			Gestik	
				Die Erzieher/-innen sensibilisieren die Kinder für Formen der Körpersprache und kulturbedingte Unterschiede.
	medial vermittelt	Aushänge		In der Einrichtung werden alle genannten Kommunikationskanäle genutzt, die geeignet sind, die Adressaten bzw. Adressatinnen sicher zu erreichen.
		schriftliche Mitteilungen		
		Telefon		Das gilt auch für die Kinder (sie nutzen zum Beispiel ein System der An- und Abmeldung durch Namensschilder an einer Pinnwand oder eventuell durch e-mail).
		elektronische Medien		

6.2.3 Subdimension: Kooperation

Merkmal	Qualitätskriterien
Ebenen von Kooperation: • Wechselseitige Information • Organisatorische Abstimmung, zum Beispiel bei der Nutzung von Räumen • Individuelles Vorgehen innerhalb einer gemeinsam ausgehandelten Linie • Kooperatives Vorgehen einschließlich Aufgaben- bzw. Rollenverteilung	Den Kindern werden Erfahrungen auf allen genannten Kooperationsebenen ermöglicht. Dabei steht das Ziel der Bewältigung von möglichen Problemen ohne direktes Eingreifen von Erwachsenen im Vordergrund. Die Erzieher/-innen bieten jedoch ihre Hilfe an, wenn die Kinder dies wünschen. Die Erzieher/-innen verdeutlichen die Bedeutung von Absprachen und wechselseitigen Verpflichtungen.
Kooperations**partner**: • Kind(er) • Erzieher/-innen • Einrichtungsleitung • Eltern • Schule • Andere Institution(en) • Träger	Kinder werden über Veränderungen in der Einrichtung, von denen sie betroffen sind, so früh wie möglich informiert. Die betroffenen Kinder werden an Gesprächen mit Eltern wie mit Lehrkräften so weit wie möglich beteiligt. Kinder werden – entsprechend ihren Fähigkeiten und Interessen – in die Zusammenarbeit mit dem Träger und anderen Institutionen einbezogen. *(Weitere einschlägige Qualitätskriterien finden sich im Bereich »Entwicklungsqualität«.)*

6.3 Dimension: Handlungsfelder

Bei der zweiten Dimension geht es um die Ausgestaltung bestimmter Handlungsfelder, zum Beispiel um die Gestaltung der Mahlzeiten, musisch-kreativer Aktivitäten oder um den Umgang mit Medien. Bei einer Einrichtung, die sich als Bildungseinrichtung versteht, stellt sich die Frage nach der inhaltlichen Ausgestaltung entsprechender Angebote.

Diese Frage hat zwei Aspekte:

- *Welche* Inhalte und Aktivitätsbereiche (zum Beispiel im musisch-kreativen oder im technischen Bereich) bietet erstens die Einrichtung den Kindern an?
- *Wie* werden zweitens diese Angebote ausgestaltet und organisiert – wie werden etwa vorhandene Kompetenzen von Kindern oder Kompetenzen »von außen« einbezogen und genutzt?

Eine Bildungseinrichtung für Kinder im Schulalter wird sich außerdem fragen, wie sie das Verhältnis zu schulischer Bildung versteht, wie sie ihre Rolle bei der Unterstützung der schulischen Laufbahn der Kinder begreift (insbesondere die Hausaufgabenbetreuung) und wie sie dazu beiträgt, dass sich die Beteiligten (Familie, Schule und Einrichtung) im Interesse der Kinder miteinander abstimmen und die Kinder dabei so weit wie möglich einbeziehen.

Auf der Prozessebene erweist sich, wie weit und in welcher Form abstrakte Leitziele wie »Partizipation«, »Integration« oder »Selbstständigkeit« (vgl. Qualitätsdimensionen und Leitziele im Bereich »Orientierungsqualität«) in alltägliche Lernchancen und Entwicklungsschritte umgesetzt werden. Was Kindern tatsächlich zugestanden und zugetraut wird, erfahren sie konkret durch die Möglichkeiten, die wir ihnen einräumen, miteinander, mit Räumen und mit ihrer Zeit so selbstbestimmt wie möglich umzugehen.

Kinder eignen sich Haltungen und Handlungsmuster nicht durch punktuelle pädagogisierte Bemühungen an, sondern in einer Form des Zusammenlebens, für die HARTMUT V. HENTIG die folgenden vier Regeln formuliert hat (v. HENTIG 2001, S. 76):

- »Die ›Sache‹ muß den Erziehenden und Lehrenden selber wichtig sein.
- Nichts, was bleiben soll, kommt schnell.
- Alles Lernen ist mit Erfahrung zu verbinden, wenn es schon nicht immer aus ihr hervorgehen kann.
- Die Person der Erziehenden oder der Lehrenden muß ins Spiel kommen, ja, sie ist ihr stärkstes Mittel.«

Die Verantwortung für die Gestaltung der bisher genannten Handlungsfelder tragen in erster Linie die sozialpädagogischen Fachkräfte.

Die Felder pädagogischen Handelns mit Kindern lassen sich unter vier Gesichtspunkten betrachten: 1. *Raum,* 2. *Zeit,* 3. *Dinge,* 4. *Personen.*

Beim letzten Aspekt, den beteiligten Personen, sind außerdem die an einer Aktivität Teilnehmenden von denjenigen zu unterscheiden, die anleiten, initiieren, begleiten bzw. verantwortlich sind.

Damit ergeben sich fünf Gestaltungselemente des Lebens mit Kindern in der Einrichtung:
1. Raumgestaltung
2. Tagesablauf
3. Ausstattung und Materialangebot
4. Gruppenformen (individuelle Aktivitäten, Kleingruppen, Gesamtgruppe)
5. Anleiter/-innen/Tutor/-innen

Wegen der bei Angeboten für Schulkinder besonders wichtigen »Öffnung nach außen« sind bei jedem dieser fünf Gestaltungselemente auch die Ressourcen *außerhalb* der Einrichtung in die Betrachtung einzubeziehen:
1. Nutzung von Räumen außerhalb der Einrichtung
2. Zeit, die außerhalb der Einrichtung verbracht wird
3. Erschließung von materiellen Ressourcen außerhalb der Einrichtung
4. Aktivitäten zusammen mit »Gast«kindern/ Teilnahme an Aktivitäten von Gruppen außerhalb der Einrichtung
5. Anleitung/Tutoring durch externe Personen

Im Hinblick auf Qualität sind dabei drei Fragen wichtig:

- *Wie* werden fehlende Möglichkeiten innerhalb der Einrichtung kompensiert?
- *Wie* wird der Gedanke der Vernetzung im Gemeinwesen umgesetzt?
- *Wie* werden die Kinder »aus der Einrichtung herausgeführt«?

Ausgestaltung und Nutzung von Räumen

Bei der Raumnutzung sind *feste* Regeln bzw. Abläufe von *flexiblen* zu unterscheiden, bei der Raumgestaltung ist der Unterschied zwischen
- zweckbestimmten Räumen und
- den Räumen, die entweder variabel nutzbar oder zunächst zweckfrei sind,
bedeutsam.

Daraus ergeben sich als Qualitätskriterien: Es gibt »gestaltungsoffenen« Raum. Und: Kinder gestalten ihre Räume weitgehend selbstständig.

Jungen und Mädchen brauchen die tägliche Erfahrung, dass sie ihre Lebensräume gemäß den eigenen Bedürfnissen, Interessen und

Vorstellungen gestalten, nutzen und verändern können. Sie brauchen Materialien und Räume, die für Ausgestaltungsprozesse offen sind und keine Nutzung vorschreiben. Sie müssen das Spannungsfeld von Öffentlichkeit und Privatheit von Räumen erleben und miteinander aushandeln können.

Umgang mit Zeit

Für die Mädchen und Jungen stellt sich die Aufgabe, mit der eigenen Zeit und mit der Zeit anderer umgehen zu lernen. Das bedeutet das ständige Ausbalancieren eigener und fremder Interessen und Ansprüche, von fremd- und selbstbestimmter, von verplanter und unverplanter Zeit.

Qualitätskriterien sind hier: Den Kindern wird unverplante Zeit eingeräumt. Und: Ein flexibler Tagesablauf kommt ihren unterschiedlichen Interessen, Bedürfnissen und Tagesrhythmen entgegen.

Die Aufgabe der Erzieher/-innen in diesem Zusammenhang beschreibt LOTHAR KRAPPMANN wie folgt: »Der Hort übernimmt die Kinder während des größten Teils der Zeit, die ihnen sonst zur eigenen Gestaltung zur Verfügung stehen würde. Er muß seine Aufgabe treuhänderisch begreifen. Er muß ihnen diese Zeit zurückgeben. Angesichts unserer Lebensverhältnisse sollte der Hort sich das Ziel setzen, den Kindern die Zeit gestaltbarer, beziehungsintensiver, erfahrungsstimulierender zurückzugeben, als viele Kinder außerhalb des Hortes sie erfahren können.« (KRAPPMANN 1996, S. 94f.)

Inhaltlich wird im Tagesablauf unterschieden zwischen

dem Freizeitbereich →
Spiel
Sport/Bewegung
musisch-kreativer Bereich
technisch-handwerklicher Bereich
Umgang mit Medien

und dem Bereich der Kulturtechniken
Hausaufgabenbetreuung, Kulturtechniken

Zusätzlich sind die *Mahlzeiten* zu betrachten, die gerade bei Schulkindern auch eine wichtige soziale Funktion haben: Das Mittagessen ist zum Beispiel oft die Gelegenheit, Erlebnisse aus der Schule auszutauschen, Verabredungen für den Nachmittag zu treffen und das Gespräch mit der Erzieherin oder dem Erzieher zu suchen. Nicht zuletzt ist eine altersangemessene Esskultur Ziel vieler Erzieher/-innen.

Ausstattung / Materialangebot

Den Zielen der wachsenden Selbstständigkeit und der Übernahme von Verantwortung entspricht das Prinzip, dass die Kinder im Rahmen ihrer Möglichkeiten auch die Ausstattung der Einrichtung und das zur Verfügung stehende Materialangebot mitbestimmen.

Gruppenformen

Da sich die Interessen der Kinder mit steigendem Alter ausdifferenzieren und vertiefen, werden Kleingruppenaktivitäten im Vordergrund stehen, Tätigkeiten in der Gesamtgruppe treten demgegenüber im Schulkindalter zurück.

Anleitung / Tutorinnen

Als Prinzip kann gelten: Kompetenzen von Kindern haben Vorrang. Wenn ein Kind bereit und in der Lage ist, andere Kinder zu einem bestimmten Thema zu informieren oder Aktivitäten anzuleiten – eventuell zunächst unter Mitwirkung einer sozialpädagogischen Fachkraft –, dann wird dies für alle Beteiligten Vorteile gegenüber einer Aktivität haben, die von der sozialpädagogischen Fachkraft angeleitet wird.

Wenn Kleingruppen von Kindern Aufgaben übernehmen (zum Beispiel die Planung eines Ausflugs), dann werden die Kinder dabei lernen, dass eine Aufgaben- und Rollenverteilung vereinbart und eingehalten werden sollte (vgl. »Ebenen der Kooperation« in der Subdimension »Kooperation«).

Andererseits wird jede sozialpädagogische Fachkraft versuchen, den Kindern ihre Interessen nahe zu bringen, schon deshalb, weil die Kinder über eine Bezugsperson eher ein Verhältnis zum Gegenstand entwickeln werden.

6.3.1 Subdimension: Handlungsfelder in der pädagogischen Arbeit mit Kindern

Merkmal			Qualitätskriterien
Raum-gestaltung und -nutzung	einerseits zweck-bestimmter Raum, andererseits zweckfrei-er/variabel nutzbarer Raum sowohl innerhalb als auch außerhalb der Einrichtung		Die Räume werden möglichst variabel gestaltet und ge-nutzt.
			Die Ausgestaltung der Räume geschieht durch die Kinder.
			Die Kinder treffen Absprachen über die abwechselnde Nut-zung von Räumen.
			Weitere räumliche Möglichkeiten außerhalb der Einrichtung werden gemeinsam mit den Kindern erschlossen.
Tagesab-lauf: verplante Zeit – un-verplante Zeit	Mahlzeiten		Der Tagesablauf ist variabel und kommt den unterschiedlichen Tagesrhythmen der Kinder entgegen.
			Die angebotenen Mahlzeiten sind hochwertig und ausge-wogen.
			Die Erzieher/-innen machen den Kindern deutlich, dass ih-nen Tischkultur wichtig ist (auch durch die Gestaltung der Tische, entsprechendes Geschirr, Tischdekoration).
			Erzieher/-innen nehmen an den Mahlzeiten der Kinder teil.
	Hausaufgaben-betreuung		Die Kinder entscheiden, *wann* sie die Hausaufgaben ma-chen – entsprechende Raumressourcen vorausgesetzt. Die Erzieher/-innen helfen den Kindern, ihre Arbeits- und Frei-zeit sinnvoll einzuteilen und kennen die Spannungs- und Entspannungskurven der Mädchen und Jungen.
			Die Kinder haben Zugang zu den Informationsmöglichkei-ten, die sie brauchen (Lexika, Wörterbücher, Internet) und werden zu deren Gebrauch angeleitet.
			Sie werden dazu angehalten, die Richtigkeit und Vollstän-digkeit der Hausaufgaben im Rahmen ihrer Möglichkeiten selbst zu überprüfen.
	Frei-zeitbe-reich	Spiel	Kinder können ihren unterschiedlichen Interessen nachge-hen, auch ganz intensiv in langfristigen Arbeitsgemeinschaf-ten. Die Kinder werden angehalten, sich realistische (Zwi-schen-)Ziele zu setzen.
		Sport/ Bewegung	Die angebotenen Aktivitäten berücksichtigen gleichermaßen Interessen von Mädchen und Jungen, von älteren und jün-geren Kindern.
		musisch-krea-tiver Bereich	Das Interesse der Kinder an Bewegung und sportlichen Ak-tivitäten innerhalb und außerhalb der Einrichtung wird ge-fördert.
		technisch-handwerkli-cher Bereich	Die Erzieher/-innen bieten – auch gruppenübergreifend – Aktivitäten an, die ihren eigenen Interessengebieten ent-sprechen.
			Die Kinder haben Möglichkeiten, sich mit Literatur, Musik, darstellender und gestaltender Kunst sowie Architektur aus-einanderzusetzen. Dabei werden auch Kontakte zu Exper-tinnen und Experten bzw. Angeboten außerhalb der Einrich-tung aufgebaut und genutzt.
		Umgang mit »klassischen« und mit elek-tronischen Medien	Die Kinder erhalten vielfältigen Zugang zur Berufswelt, so-wohl durch Angebote in der Einrichtung als auch durch Kontakte nach draußen.

Merkmal			Qualitätskriterien
Ausstattung und Materialangebot	Umgang mit Ressourcen innerhalb der Einrichtung, Erschließung/Nutzung von Ressourcen außerhalb der Einrichtung		Die Räume sind nicht überladen. Sie sind variabel und entsprechend den Vorstellungen der Kinder ausgestattet. Das Materialangebot entspricht den Interessen und Neigungen der Kinder. Die Materialien sind umweltbewusst ausgewählt. Mit Ressourcen wird umweltbewusst umgegangen.
Gruppenformen	gruppen- bzw. einrichtungsintern	Gruppenaktivitäten	Kleingruppenaktivitäten haben Vorrang vor Aktivitäten mit der Gesamtgruppe. Einzelaktivitäten werden ermöglicht. Einzelne Angebote stehen auch »Gast«-kindern offen. Freundinnen und Freunde der Kinder können – nach Absprache – die Einrichtung besuchen und an Aktivitäten teilnehmen. Die Kinder werden ermuntert, ihren Interessen (etwa sportlichen oder musikalischen) auch außerhalb der Einrichtung nachzugehen.
		Kleingruppenaktivitäten	
		Aktivitäten einzelner Kinder	
	Aktivitäten mit »Gast«-kindern		
	Teilnahme an Aktivitäten außerhalb der Einrichtung		
Anleitung/ Tutoring	durch Erzieher/-innen		Vorhandene Kompetenzen von Kindern haben Vorrang. Externe Personen (nicht nur Eltern, sondern möglicherweise auch externe Kinder) gestalten das Geschehen in der Einrichtung mit.
	durch Kinder		
	durch externe Personen		

Handlungsfeldübergreifende Aspekte:

1. Unterstützung der individuellen Persönlichkeitsentwicklung	Die Erzieher/-innen unterstützen und fördern die individuelle Persönlichkeitsentwicklung, die Selbstbehauptung und soziale Verantwortung der Kinder: • Sie fördern Phantasie, Kreativität und Neugier. • Sie fördern die Entfaltung von Wissen und Können, Urteilen und Entscheiden. • Sie unterstützen die Mädchen und Jungen, ihre Fragen zu stellen und selbsttätig nach Antworten auf diese Fragen zu suchen (beispielsweise über die Nutzung moderner Medien). • Sie machen Mut zum Handeln und Ausprobieren. Sie unterstützen die Kinder darin, »Eigen-Sinn« zu entwickeln: wahrnehmen und vertreten, was ich mag oder nicht mag; ein positives Selbstkonzept entwickeln, Eigenliebe empfinden, bewusst mit den eigenen Gefühlen und dem eigenen Körper umgehen, Geschlechtsidentität entwickeln, eigene Bedürfnisse und Interessen wahrnehmen, Interessen ausbilden.

Merkmal	Qualitätskriterien
1. Unterstützung der individuellen Persönlichkeitsentwicklung	Sie sensibilisieren die Mädchen und Jungen für eine gesundheitsbewusste Lebensführung: gesunde, schmackhafte Ernährung, Bewegung, Körperpflege, Freude an Körperlichkeit und Sinnlichkeit, Ruhe und Entspannung, gesunde, lebensfroh gestaltete Umgebung, Bedeutung von Licht und Farben, Klängen, Musik, Pflanzen etc. Sie fördern die Freude an der Natur und die Bereitschaft, liebevoll und sorgsam mit Pflanzen und Tieren umzugehen und sich umweltfreundlich zu verhalten.
	Sie fördern die Auseinandersetzung mit geschlechtsspezifischem Verhalten, mit Freundschaft, Partnerschaft und Sexualität.
	Sie unterstützen die Mädchen und Jungen darin, sich Fremdes vertraut zu machen und sich neuen Herausforderungen zu stellen.
	Sie fördern die Fähigkeit und Bereitschaft, für sich und andere Verantwortung zu übernehmen und sich aktiv an der Gestaltung und Veränderung gesellschaftlicher Verhältnisse zu beteiligen.
	Sie knüpfen mit Aktionen und Projekten an den Fragen und Interessen der Kinder an.
2. Interkulturelle Erziehung	Die Erzieher/-innen setzen sich mit den in ihrer Einrichtung vertretenen Sprachen und Kulturen sowie den damit verbundenen verschiedenen Familiensituationen auseinander und knüpfen in ihrer Arbeit daran an.
	Sie fördern die Neugier der Kinder auf verschiedene Kulturen und vermitteln den Kindern Einblicke in (familiäre) Lebensweisen, Essgewohnheiten, Bräuche, Feste und Feiern, Rituale und Symbole, Werte und Normen mindestens jener Kulturen, die in der Einrichtung vertreten sind.
	Sie fördern mit Phantasie und Kreativität die mündliche und schriftliche Ausdrucksfähigkeit der Mädchen und Jungen mit Migrationshintergrund in der deutschen Sprache.

Weitere Handlungsfelder

Die weiteren Handlungsfelder (Subdimensionen: Planung und Reflexion der pädagogischen Arbeit, Zusammenarbeit im Team, mit Eltern, mit dem Träger, mit der Schule, mit weiteren Institutionen) lassen sich nach einem einheitlichen Schema befragen:

- Wie wird das Handlungsfeld organisiert? Der Aspekt der *Organisation* wird gesondert befragt und vorangestellt, weil schon vor allen inhaltlichen Fragen und möglichen Problemen eine sozialpädagogische Fachkraft bzw. ein Team mit ihren/seinen Vorhaben an organisatorischen Unzulänglichkeiten scheitern kann. Qualitätskriterien auf der Prozessebene beziehen sich daher hier auf die Sicherung
  - der Rahmenbedingungen,
  - der Transparenz und
  - der Verbindlichkeit.
- Welche *Formen* der Zusammenarbeit werden praktiziert? Welche methodischen Möglichkeiten werden dabei eingesetzt?
- Welche *Inhalte* sind Gegenstand der Zusammenarbeit?
- Welche *Ziele* verfolgt die Einrichtung bei der Zusammenarbeit?

Detailliertere Qualitätskriterien folgen auf den nächsten Seiten.

Die Zusammenarbeit mit anderen Institutionen wird dabei nicht näher erläutert, da sie meist anlassbezogen und sehr spezifisch stattfindet.

Mit den Themen »Zusammenarbeit mit Eltern« und »Zusammenarbeit mit der Schule« werden Handlungsfelder angesprochen, deren Ausgestaltung von verschiedenen Beteiligten, nicht nur von den Fachkräften der Einrichtung abhängt. Gleichwohl muss von der Einrichtung gefordert werden, dass sie *ihren* Beitrag leistet und sich immer wieder neu um eine Verbesserung der Zusammenarbeit bemüht, wenn dies notwendig ist.

Hinsichtlich der Verantwortung für die Aus-gestaltung dieser Handlungsfelder kommt der **Einrichtungsleitung** eine Schlüsselrolle zu (s. Strukturqualität: Kompetenzen der Leitung).

6.3.2 Subdimension: Planung und Reflexion der pädagogischen Arbeit

Das Handlungsfeld der Planung und Reflexion stellt eine Grundlage dar, um die pädagogische Arbeit an den Entwicklungsbedürfnissen und Interessen der Kinder auszurichten. Ziel sollte dabei sein, die Kinder zu einer zunehmend selbstständigen Gestaltung ihres Alltagslebens zu führen. Auch Erwartungen und Wünsche der Eltern sollten bei der Planung und Reflexion der pädagogischen Arbeit berücksichtigt werden.

Merkmal		Qualitätskriterien
Organisation	Sichern der räumlichen und zeitlichen Rahmenbedingungen	In der Einrichtung stehen Räume außerhalb der Gruppenräume zur Verfügung, die für die Planung und Reflexion der pädagogischen Arbeit genutzt werden.
	technische Unterstützung (Fotokopiermöglichkeiten, Zugang zu Fachliteratur, PC, Internetzugang usw.)	Jede sozialpädagogische Fachkraft hat Zugang zur Fachliteratur, die in der Einrichtung vorhanden ist, und zu den Planungsunterlagen der Kolleginnen und Kollegen.
		Die Einrichtung hat die Möglichkeit, über Bibliotheken (auch online) benötigte Fachliteratur zu beschaffen.
		Die Einrichtung hat mindestens eine pädagogische Fachzeitschrift abonniert.
Formen	Planung und Reflexion • individuell • im Gruppenteam • gemeinsam mit weiteren Teammitgliedern	Planung und Reflexion geschehen nicht ausschließlich individuell, sondern auch gemeinsam mit weiteren Teammitgliedern.
	Durchsicht von Arbeitsmaterialien	Den Eltern werden Informationen über geplante Aktivitäten und Veränderungen angeboten (zum Beispiel durch Aushänge oder ständig ausliegende Informationsmappen). Die Eltern werden um Rückmeldungen gebeten.
	Erarbeitung schriftlicher Unterlagen (auch zur Information der Eltern)	*(Weitere einschlägige Qualitätskriterien finden sich im Bereich »Entwicklungsqualität«.)*
Inhalte	Planung und Reflexion • der täglichen Abläufe in der Einrichtung • der Aktivitäten und Angebote in und außerhalb der Einrichtung • der Feste und Feiern	*Qualitätskriterien zu diesem Merkmal sind im Bereich »Entwicklungsqualität« formuliert.*

6.3.3 Subdimension: Zusammenarbeit im Team

Ziele der Zusammenarbeit im Team sind zum einen der fachliche Austausch, die Abstimmung pädagogischer Fragen, die Erarbeitung der Konzeption und die Weiterentwicklung fachlicher Kompetenzen (siehe Kap. 7: »Entwick-lungsqualität«). Zum anderen geht es auch um die Sicherstellung des laufenden Betriebs. Informationsfluss, Vertretungsregelungen und Aufgabenverteilung tragen hier wesentlich dazu bei, die Qualität der pädagogischen Arbeit zu unterstützen.

Merkmal		Qualitätskriterien
Organisation	generelle Zuständigkeiten und Aufgabenverteilung organisatorische Regelungen bei einzelnen Aktivitäten	Die Teammitglieder können ihre Stärken einbringen. Die Leitung delegiert so viele Aufgaben wie möglich und gibt der jeweiligen Fachkraft Entscheidungsbefugnisse. Der Informationsfluss ist gesichert – auch bei zeitweiliger Abwesenheit (etwa wegen Krankheit).
Formen	Austausch von Informationen und Materialien Erfahrungsaustausch Fachgespräch Fallbesprechung kollegiale Beratung wechselseitige Hospitation	Im Team findet ständig eine intensive wechselseitige Information zu pädagogischen Fragen statt – unter Zuhilfenahme aktueller Fachliteratur. Die Mitarbeiter/-innen geben sich gegenseitig kritisches, aber konstruktives Feedback. Praktikantinnen und Praktikanten werden entsprechend ihrem Ausbildungsstand in die Zusammenarbeit im Team einbezogen.
Inhalte	Planung, Durchführung und Reflexion gruppenübergreifender Aktivitäten pädagogische Arbeit mit Schulkindern: Neue Konzepte und Entwicklungen Entwicklung einzelner Kinder Gestaltung der Zusammenarbeit mit den Eltern Gestaltung der Zusammenarbeit mit der Schule Gestaltung der Zusammenarbeit mit dem Träger und anderen Institutionen Öffentlichkeitsarbeit	Das Team sucht eine möglichst enge Abstimmung in konzeptionellen Grundfragen, jedes Teammitglied hat jedoch Freiraum bei der Ausgestaltung seiner pädagogischen Arbeit. Gruppenübergreifende Angebote und alle Aktivitäten außerhalb der Einrichtung werden im ganzen Team besprochen. Grundsätze der Zusammenarbeit mit den Eltern, der Schule und anderen Institutionen werden im Team diskutiert. Die Leitung bezieht das Team so weit wie möglich in die Zusammenarbeit mit dem Träger ein. Das Team versteht eine intensive Öffentlichkeitsarbeit als gemeinsame Aufgabe.

6.3.4 Subdimension: Zusammenarbeit mit Eltern

Mit Eltern zusammenzuarbeiten resultiert aus dem Verständnis einer gemeinsamen Erziehungspartnerschaft für das Kind.
Diese Partnerschaft äußert sich in

- partnerschaftlicher Klärung und Abstimmung der wechselseitigen Erwartungen,
- gemeinsamer Reflexion von kindlicher Entwicklung und von Erziehungspraxis in Einrichtung und Familie,
- gemeinsamen Aktivitäten im Stadtteil als Lobby für Kinder und Familien.

Merkmal			Qualitätskriterien
Organisation		generelle Zuständigkeiten	In die Zusammenarbeit mit den Eltern sind alle pädagogischen Kräfte der Einrichtung einbezogen. Die Zuständigkeiten sind klar festgelegt.
		Zeitmanagement	
		organisatorische Regelungen bei einzelnen Aktivitäten	Die Veranstaltungen sind so terminiert, dass sie von allen Eltern – auch den berufstätigen – wahrgenommen werden können.
For-men	**Zusammenarbeit mit der Elternschaft insgesamt**	Elternbriefe	Die Einrichtung ist Treffpunkt und Informationsort für Eltern.
			Die Formen der Elterninformation sind jeweils auf die betroffenen Eltern, ihren Informationsbedarf, ihre Arbeitszeiten etc. zugeschnitten.
		Information durch Aushänge	Die Beteiligung von Eltern am Geschehen in der Einrichtung ist willkommen.
		Elternabende	Kompetenzen von Eltern werden – wenn möglich – einbezogen und zum Beispiel für • die Beteiligung an Veranstaltungen (Feste, Ferienfreizeiten), • die Gestaltung der Räume der Einrichtung und des Außengeländes, • die Durchführung bestimmter Angebote auf der Basis von Honorarverträgen (wie Hausaufgabenhilfe, Musikunterricht, Malkurse für Kinder und Eltern) u. ä. genutzt.
		Zusammenarbeit mit der Elternvertretung	
		Beteiligung von Eltern	Die Elternvertretung wird als willkommener Kooperationspartner aufgefasst, frühzeitig informiert und in anstehende Entscheidungen im Vorfeld einbezogen.
	individuelle Zusammenarbeit mit einzelnen Eltern	»Tür-und-Angel-Gespräche«	Eltern werden regelmäßig über die pädagogische und organisatorische Arbeit der Einrichtung und der Gruppe, der ihr Kind angehört, informiert.
		Einzelgespräche in der Einrichtung	Den Eltern, die das wünschen, werden Einzelgespräche – auch außerhalb der Einrichtung – angeboten.
		Telefonate	Die Einrichtung und ihr Kind sind für Eltern jederzeit telefonisch erreichbar.
		Hausbesuche	Vertraulichkeit wird strikt gewährleistet.

Merkmal		Qualitätskriterien
Inhalte	wechselseitige Erwartungen Information über das Geschehen in der Einrichtung Vermittlung der Einrichtungskonzeption Abstimmung hinsichtlich der Zusammenarbeit mit der Schule Gespräche über die Entwicklung des Kindes Information über andere Angebote für Kinder und/oder Familien im Stadtteil	Die Zusammenarbeit geht über organisatorische Dinge weit hinaus und umfasst auch pädagogische Fragen auf der Grundlage wechselseitigen Respekts. Erziehungskonzepte werden diskutiert. Die Prinzipien der Hausaufgabenbetreuung werden besprochen. Die Eltern werden regelmäßig über den pädagogischen Alltag und die Entwicklung ihres Kindes informiert. Eltern werden vor Aufnahme des Kindes über die pädagogische Konzeption der Einrichtung informiert. Den Eltern, die das wünschen, wird ein Gespräch über dieses Thema angeboten. Die Eingewöhnungsphase wird – wenn notwendig – gemeinsam gestaltet. Fachkräfte und Eltern beteiligen sich gemeinsam an Initiativen im Stadtteil.

6.3.5 Subdimension: Zusammenarbeit mit dem Träger

Auch die Zusammenarbeit mit dem Träger trägt wesentlich zur Qualität pädagogischer Prozesse bei und stellt dabei selbst einen eigenständigen Handlungsbereich dar. Hier geht es um eine enge Abstimmung in organisatorischen, finanziellen, personellen und konzeptionellen Fragen.

Merkmal		Qualitätskriterien
Organisation Formen	formelle Zusammenarbeit zum Beispiel in Leitungskonferenzen, über Schriftverkehr, Besuche von Trägervertretern in der Einrichtung, die Zusammenarbeit in Gremien (z.B. AG nach § 78 SGB VIII), informelle Zusammenarbeit	Die ständige wechselseitige Information ist gesichert. Wenn der Träger sich in Gremien durch die Einrichtungsleitung vertreten lässt, wird die jeweils anstehende Tagesordnung besprochen.
Inhalte	organisatorische und finanzielle Fragen Personalentwicklung Leitbild des Trägers, pädagogische Konzeption der Einrichtung Rahmenbedingungen und Angebotsstruktur der Einrichtung	Die Einrichtungsleitung wird bei allen anstehenden Entscheidungen frühzeitig einbezogen. Die Einrichtungsleitung schlägt Maßnahmen der Personalentwicklung vor. Die pädagogische Konzeption der Einrichtung wird regelmäßig vom Träger und dem gesamten Team besprochen, ggf. werden die Grundsätze der Weiterentwicklung gemeinsam festgelegt.

Merkmal		Qualitätskriterien
Inhalte	Aufnahmekriterien	Anstehende Änderungen der Rahmenbedingungen, der Angebotsstruktur (insbesondere Änderungen der Öffnungszeiten) und der Aufnahmekriterien bespricht der Träger mit Einrichtungsleitung und Team.
	Zusammenarbeit mit Eltern	
	Zusammenarbeit mit Schulträger(n)	Die Grundsätze der Zusammenarbeit mit den Eltern und den Grundschulen sowie die Grundsätze und Ziele der Öffentlichkeitsarbeit werden von Träger, Einrichtungsleitung und Team gemeinsam festgelegt.
	Vertretung der Belange der Einrichtung in Gremien	
	Öffentlichkeitsarbeit	

6.3.6 Subdimension: Zusammenarbeit mit der Schule

In der Zusammenarbeit mit der Schule geht es darum, wechselseitige Erwartungen und die jeweiligen Konzepte zu klären. Darüber hinaus ist es wichtig, organisatorische Fragen zu klären und Kommunikationskanäle in dringenden Fällen zu sichern. Auch kann in vielen Fällen eine Zusammenarbeit bei der Beratung von Eltern sinnvoll sein.

Merkmal		Qualitätskriterien
Organisation	generelle Zuständigkeiten	Die Ansprechpartner/-innen in beiden Institutionen sind festgelegt (einschließlich Vertretungsregelungen) und füreinander ständig erreichbar.
	organisatorische Regelungen im Einzelfall	Es gibt verlässliche Möglichkeiten, kurzfristig Kontakt zueinander aufzunehmen und sich in dringenden Fällen abzustimmen.
Formen	Hospitationen von Lehrkräften in der Einrichtung und von Fachkräften in der Schule	Wechselseitige Hospitationen sind willkommen.
	Zusammenarbeit in Gremien der Einrichtung (Beispiel: in NRW der Rat der Tageseinrichtung) und der Schule (etwa Lehrer- oder Schulkonferenz)	Eine wechselseitige Teilnahme (als Gast) an Gremiensitzungen wird angeboten.
	schriftliche Information	Erzieher/-innen nehmen – wenn notwendig – an Veranstaltungen in der Schule (zum Beispiel an Elternsprechtagen) teil, wenn Eltern verhindert sind.
	telefonische Kontakte	
	persönlicher fachlicher Austausch	
	wechselseitige Teilnahme an Festen und Feiern	

Merkmal		Qualitätskriterien
Inhalte	wechselseitige Erwartungen	Einrichtung und Schule informieren einander über das jeweilige pädagogische Konzept (ein Austausch schriftlicher Unterlagen reicht dazu nicht aus).
	pädagogische Konzeption der Einrichtung/der Schule	Einrichtung und Schule arbeiten bei der Entwicklung und Förderung einzelner Kinder eng zusammen. Wenn Hilfepläne für einzelne Kinder entwickelt und schriftlich festgelegt werden, stimmen die beiden Institutionen diese Pläne miteinander ab.
	Hausaufgabenbetreuung	
	Entwicklung einzelner Kinder	Einrichtung und Schule bemühen sich um eine miteinander abgestimmte Beratung von Eltern.

Bei der Betrachtung der Prozessqualität werden Schnittstellen zu allen anderen *Qualitätsbereichen* deutlich:

* Die Frage nach den Kompetenzen zum Beispiel, die als Grundlage für die Gestaltung der beschriebenen Prozesse notwendig sind, wurde im Bereich der *Strukturqualität* gestellt.
* Auf allen angesprochenen Analyse-Ebenen von Prozessen lässt sich auch gesondert die Frage nach Weiterentwicklungen stellen *(Entwicklungsqualität)*.
* Die Frage nach den jeweiligen Zielen bestimmter Prozesse geht in die Analyse von *Orientierungsqualität* über.
* Die Frage nach den Möglichkeiten, angestrebte Wirkungen festzustellen *(Ergebnisqualität)*, schließt sich zwangsläufig an. Die sozialen Prozesse, an denen Kinder beteiligt sind, sollten auch unter dem Aspekt der Ergebnisqualität betrachtet werden. Wenn beispielsweise Kinder bei Interessenkonflikten Lösungen partnerschaftlich miteinander aushandeln oder sich in Aktivitäten in der Einrichtung stark engagieren, dann kann das ein Ergebnis früheren pädagogischen Handelns sein.

6.4 Literatur

ARONSON, E.: The Social Animal. San Francisco, 1972

BAACKE, D.: Die 6- bis 12jährigen. Einführung in die Probleme des Kindesalters. Weinheim, 1992

CLAUSS, G. (Hg.): Wörterbuch der Psychologie. Leipzig, 1974

FUCHS, R.: Reflexion von kommunikativem Handeln in situationsorientierten Ansätzen. In: KiTa aktuell NW, 2/99, S. 28–32

GORDON, T.: Familienkonferenz: Die Lösung von Konflikten zwischen Eltern und Kind. Hamburg, 1972

HENTIG, H. v.: Ach, die Werte! Über eine Erziehung für das 21. Jahrhundert. Weinheim, Basel, 2001

JONES, E./GERARD, H.: Foundations of Social Psychology. New York, 1967

KRAPPMANN, L.: Die Entwicklung der Kinder im Grundschulalter und die pädagogische Arbeit des Hortes. In: G. BERRY/L. PESCH: Welche Horte brauchen Kinder? Ein Handbuch. Neuwied, 1996

LENZEN, D.: Kommunikation. In: Ders. (Hg.): Pädagogische Grundbegriffe Bd. 2. Hamburg, 1989, S. 872–877

LEU, H.-R.: Wechselseitige Anerkennung – eine Grundlage von Bildungsprozessen in einer pluralen Gesellschaft. In: KiTa aktuell MO, 9/1999, S. 172–176

MEHRABIAN, A.: Nonverbal Communication. Chicago, 1972

MILITZER, R./DEMANDEWITZ, H./SOLBACH, R.: Tausend Situationen und mehr! Die Tageseinrichtung – ein Lebens- und Erfahrungsraum für Kinder. Münster, 1999

OSWALD, H.: INTERAKTION. In: D. LENZEN (Hg.): Pädagogische Grundbegriffe Bd. 1. Hamburg, 1989, S. 756–763

MOLLENHAUER, K.: Theorien zum Erziehungsprozeß. Zur Einführung in erziehungswissenschaftliche Fragestellungen. München, 1972

PEUKERT, U.: Identitätsentwicklung. In: ZIMMER, J. (Hg.): Enzyklopädie Erziehungswissenschaft, Bd. 6: Erziehung in Früher Kindheit. Stuttgart, 1985, S. 327–329

Rückert, E./Schnabel, M.: Kommunikationsfördernde Gesprächsführung. Projekt: Methoden für eine partnerschaftliche Zusammenarbeit zwischen Kindertageseinrichtungen und Eltern. In: Staatsinstitut für Frühpädagogik (IFP, Hg.): IFP-Infodienst, 2/1999, S. 35–37

Rückert, E./Schnabel, M.: Im Gespräch Eltern verstehen lernen. Praktikerinnen entwickeln mit dem IFP Qualifizierungsaspekte für kommunikationsfördernde Gesprächsführung. In: KiTa aktuell BY, 5/2001, S. 100–103

Scherer, K.: Kommunikation. In: Herrmann, T. (Hg.): Handbuch psychologischer Grundbegriffe. München, 1977, S. 228–239

Schulz v. Thun, F.: Miteinander reden. Störungen und Klärungen. Hamburg, 1981

Tausch, R./Tausch, A.-M.: Erziehungspsychologie. Begegnung von Person zu Person. Göttingen, Toronto, Zürich, 1977

Entwicklungsqualität

7.1 Der Stellenwert von Entwicklungsqualität

Mit dem Bereich der Entwicklungsqualität soll die Leistung der Einrichtung gewürdigt werden, Strukturen installiert zu haben, die eine kontinuierliche Weiterentwicklung und Konsolidierung der Arbeit ermöglichen. Gemeint sind jene Voraussetzungen, die dafür sorgen, dass eine Einrichtung unabhängig von ihrem augenblicklichen Zustand in Entwicklung bleibt. Qualitätskriterien, bei denen es um die Reflexion und Weiterentwicklung einzelner Aspekte in Tageseinrichtungen für Schulkinder geht, sind grundsätzlich auch für Bereiche der Orientierungs-, Struktur-, Prozess- und Ergebnisqualität relevant. Eine Einrichtung könnte sich zum Beispiel im Bereich der Orientierungsqualität fragen, ob sie sich tatsächlich noch an der Lebenswelt der Kinder orientiert oder ob sich etwas im Umfeld der Kinder und Eltern verändert hat, das berücksichtigt werden müsste. Dabei wird deutlich: Fragen der Weiterentwicklung befinden sich auf einer übergeordneten, einer sogenannten Meta-Ebene. Da der Entwicklungsbereitschaft einer Einrichtung und ihrer Mitarbeiter/-innen ein hoher Stellenwert für die Qualität zukommt (vgl. 3. Leitgedanke, Kap. 2.3), werden die Aspekte, die sich auf der Meta-Ebene befinden, in einem eigenen Bereich zusammengefasst.

Zentrale Fragen der Entwicklungsqualität sind:

- Setzen wir noch das um, was wir uns umzusetzen vorgenommen hatten? Welche notwendigen Veränderungen stehen bevor?
- Welche Methoden haben wir, die es uns ermöglichen, die Entwicklung der Kinder zu reflektieren?
- Welche weiteren Qualifizierungen benötigen wir, um in Entwicklung zu bleiben?

Mit dem eigenständigen Bereich der Entwicklungsqualität soll der Gefahr entgegengewirkt werden, dass die kontinuierliche Reflexion der pädagogischen Arbeit und die Einbeziehung von Erkenntnissen sowie die Weiterqualifizierung der Fachkräfte nur als »Nebenschauplätze« pädagogischer und institutioneller Qualität behandelt werden. Vielmehr sind hiermit zentrale Merkmale pädagogischer Professionalität und grundlegende Aspekte der Kultur einer lernenden Organisation angesprochen, die bei der Feststellung und Weiterentwicklung von Qualität übergreifend von Bedeutung sind.

7.1.1 Gesellschaftlicher Wandel – Herausforderung, die Tageseinrichtung für Kinder weiterzuentwickeln

Die Notwendigkeit der Reflexion, Weiterentwicklung und Sicherung bestehender Aufgabenfelder und Abläufe der Tageseinrichtung entspricht einem professionellen Umgang mit immer schneller fortschreitenden gesellschaftlichen Veränderungen. Um Kinder angemessen zu begleiten, zu fördern und zu betreuen, muss die Einrichtung auf die aktuellen gesellschaftlichen, familiären und stadtteilbezogenen Veränderungen eingehen. Andernfalls läuft sie Gefahr, zum einen an der Lebenssituation und den Lernbedürfnissen und -anforderungen der Kinder und Familien »vorbeizuplanen«, zum anderen mit pädagogischen Konzepten zu arbeiten, die nicht den gesellschaftlichen Veränderungen gerecht werden (etwa dann, wenn sie Konzepte zur interkulturellen Erziehung nicht berücksichtigt).

Zwei Beispiele hierzu:

Wandel im Umfeld – Wandel der Einrichtung

Eine Veränderung in der sozialen Schicht der Eltern – wenn beispielweise immer mehr Akademiker in den Stadtteil gezogen sind – veranlasst das Team, das Angebot in der Zusammenarbeit mit den Eltern zu verändern. Die neuen Eltern fordern eine intensivere pädagogische Diskussion als die bisherigen. Das bringt die Mitarbeiter/-innen dazu, sich mit dem eigenen Konzept intensiver auseinanderzusetzen. Außerdem werden nun Referentinnen und Referenten zu Elternabenden eingeladen. Die Einrichtung reagiert also auf Veränderungen im Umfeld, indem sie ihre eigene Arbeit verändert. Entwicklung findet statt.[47]

Multikulturelle Gesellschaft – wachsende Vielfalt zwischen Kulturen und innerhalb von Kulturen – konzeptionelle Veränderungen in Kindertageseinrichtungen

Ein wachsender Anteil an Kindern mit Migrationshintergrund führt die Einrichtung dazu, sich mit Grundlagen der interkulturellen Erziehung auseinanderzusetzen. Die Raumgestaltung wird geprüft; es müssen Formen der Zu-

---

47 Quelle: Interview mit einem Experten.

sammenarbeit mit Eltern gefunden werden, die nur wenig oder keine Deutschkenntnisse haben; Konzepte und Methoden einer systematischen Sprachförderung müssen in den Alltag integriert werden. Die Erzieher/-innen überdenken ihre Konzeption auch bezüglich der darin enthaltenen Leitbilder und setzen sich u. a. mit ihrer Haltung gegenüber Kindern und Eltern aus verschiedenen Herkunftsländern auseinander (vgl. MILITZER u. a. 2001).

In diesem Zusammenhang sei auf das Projekt »Orte für Kinder« hingewiesen, dessen Ziel es war auszuloten, wie Kindertageseinrichtungen angemessen auf gesellschaftliche Veränderungen reagieren können bzw. müssen. Auch dabei wurde deutlich, dass gesellschaftliche Entwicklungen zu Entwicklungen in den Kindertageseinrichtungen führen sollten (vgl. DJI 1994).

Die Tageseinrichtung stärkt ihren eigenen *gesellschaftlichen Stellenwert* und wird zugleich als Institution, die Kinder auf das gesellschaftliche Leben vorbereitet, glaubwürdiger, wenn sie ihre eigene Weiterentwicklung ernst nimmt. Es geht jedoch nicht um eine Weiterentwicklung um jeden Preis. Gerade im Bildungsbereich sollten mögliche Innovationen immer im Kontext der eigenen Leitbilder reflektiert werden. Bewährtes und Akzeptiertes sollte gesichert werden, gesellschaftliche Veränderungen sollten auf ihre Relevanz für den Alltag in der Einrichtung geprüft und möglicherweise integriert werden. Neues sollte ausprobiert, aber nur dann übernommen werden, wenn es den eigenen Leitbildern entspricht (vgl. NUISSL 1999, S. 33).

Dabei kann die Auseinandersetzung mit gesellschaftlichen Veränderungen auch dazu führen, dass sich Leitbilder verändern bzw. weiterentwickeln, beispielweise was die Haltung gegenüber Menschen mit Migrationshintergrund betrifft.

7.1.2 Entwicklungsqualität – Ausdruck einer Schlüsselqualifikation für Bildungsprozesse

Lebenslanges Lernen ist eine entscheidende *Schlüsselqualifikation für Bildungsprozesse*[48], und zwar für alle Beteiligten *einer Tageseinrichtung für Schulkinder.* Die sozialpädagogischen Fachkräfte sind den Kindern in dieser Beziehung wichtige Vorbilder. Sich selbst als in Entwicklung befindlich zu verstehen und sich daher mit Stärken und Schwächen zu zeigen – das ist sowohl eine fachliche als auch eine persön-

liche Kompetenz, von der Schulkinder für ihren eigenen Bildungsweg profitieren können. Unter der Perspektive eines partnerschaftlichen Erzieher/-innen-Kind-Verhältnisses erfahren sich Kinder und Erwachsene gegenseitig als in Entwicklung befindlich. Erwachsene begleiten dabei mit ihren Kompetenzen die Entwicklung der Kinder. Die Sichtweisen und Meinungen von Kindern werden als Impulse für die Weiterentwicklung der Mitarbeiter/-innen und der Abläufe in der Tageseinrichtung verstanden. Kinder können Erwachsene erleben, die nicht immer alles wissen und nicht immerzu als stark und kompetent auftreten müssen. Sie erleben, dass ihre Vorschläge und Ideen sichtbar auf die Gestaltung der Arbeit in der Einrichtung Einfluss nehmen. Durch Anregungen der Kinder, aber auch der Eltern, kann es zu Umgestaltungen in der Tageseinrichtung kommen, beispielsweise hinsichtlich der Öffnungszeiten oder der Gestaltung von Räumen. Dabei wird den Kindern zugleich die Chance geboten, entscheidende Schlüsselqualifikationen für Bildungsprozesse wie Dialogfähigkeit, Selbstreflexionsfähigkeit und Partizipationsfähigkeit zu erwerben. Im Bereich der Entwicklungsqualität wird diesen Aspekten Rechnung getragen, indem sowohl nach Methoden gefragt wird, die eine Reflexion der Entwicklung der Kinder ermöglichen, als auch nach Strukturen, die eine Reflexion der Arbeit der sozialpädagogischen Fachkräfte garantieren. Darüber hinaus geht es um installierte Strukturen, die dafür sorgen, dass eine Reflexion über die Einbeziehung von Vorschlägen der Kinder, der Eltern, der Schule und des Trägers stattfindet.

7.1.3 Entwicklungsqualität – Bestandteil einer lernenden Organisation

Die Konsolidierung und Weiterentwicklung von Qualität korrespondiert mit dem Selbstverständnis einer Tageseinrichtung als lernende Organisation. Im Rahmen der Entwicklungsqualität werden jene Voraussetzungen untersucht, die eine Einrichtung braucht, um in Entwicklung zu bleiben, unabhängig davon, welchen Zustand sie in anderen Qualitätsbereichen (Struktur-, Prozess- und Ergebnisqualität) bereits erreicht hat. Im Vergleich zur Prozessqualität, die nach der Ausgestaltung von einzelnen Handlungsberei-

---

48 Vgl. Bundesministerium für Bildung und Forschung 1998, S. 52f.

chen und nach der Gestaltung von Interaktions- und Kommunikationsprozessen fragt, wird mit dem Bereich der Entwicklungsqualität der Fokus auf die Bereitschaft und strukturellen Voraussetzungen zu Reflexion, Weiterentwicklung und Weiterqualifizierung der pädagogischen Arbeit in der Einrichtung gelenkt. Das erscheint uns besonders mit Blick auf solche Einrichtungen angebracht, deren sozialräumliches Umfeld sich ungünstig auf die pädagogische Arbeit auswirkt, die jedoch engagiert an der Reflexion und Weiterentwicklung ihres augenblicklichen Zustands arbeiten.

Sich der eigenen Entwicklungsqualität zu stellen kann jedoch auch für Einrichtungen relevant sein, die bereits auf einem hohen Niveau arbeiten und sich dabei ihrer Sache »zu sicher werden«. Das Gleiche gilt auch für Teams, die über lange Zeiträume hinweg in unveränderter Konstellation zusammengearbeitet und bei denen sich Abläufe eingespielt haben, die nicht mehr auf ihre aktuelle Relevanz hin befragt werden. Daher wird im Bereich der Entwicklungsqualität nicht nach Inhalten der einzelnen Handlungsbereiche gefragt. Vielmehr geht es darum, ob es *sichtbare Anzeichen bzw. installierte Strukturen* gibt, die Hinweise darauf liefern, dass die Einrichtung die Weiterentwicklung des jeweiligen Handlungsbereichs als integralen Bestandteil ihrer Arbeit berücksichtigt.

Aspekte der Tageseinrichtung als lernende Organisation werden außerdem aufgegriffen, indem nach Qualifizierungs- und Professionalisierungsmaßnahmen gefragt wird, die die Weiterentwicklung von Fachkräften fördern, und nach den Strukturen, die einen Transfer neu erworbener Kompetenzen für die Einrichtung ermöglichen.

Darüber hinaus tragen die Organisationsformen entscheidend dazu bei, dass das Entwicklungspotential der Einrichtung und ihrer Mitarbeiter/-innen zum Tragen kommen kann. Bedeutsam ist in diesem Zusammenhang beispielsweise, ob verlässliche Vertretungsregeln vorhanden sind, ob regelmäßig Mitarbeitergespräche stattfinden oder die Mitarbeiter/-innen entsprechend ihrer Kompetenz eingesetzt werden. Da hier vor allem Kompetenzen der Leitung angesprochen sind, werden diese Aspekte im Bereich der Strukturqualität behandelt.

7.2 Dimensionen der Entwicklungsqualität

7.2.1 Installierte Strukturen zur Reflexion der pädagogischen Arbeit

Strukturen, die eine Einrichtung installiert hat, um ihre Arbeit zu reflektieren, sind ein deutliches Anzeichen dafür, dass sie sich als lernende Organisation begreift, als eine Institution, die ihre eigene Weiterentwicklung ernst nimmt (vgl. Zech 2000, S. 250). Festgelegte Termine und Orte schaffen einen verbindlichen Rahmen, mit dessen Hilfe die Mitarbeiter/-innen feststellen können, in welchen Bereichen die Einrichtung welche Entwicklungen zielgerichtet initiieren bzw. weiterverfolgen möchte.

Auch die Sicherung bereits erreichter Ergebnisse bedarf dieses strukturellen Rahmens der Reflexion, will man nicht in Gefahr geraten, dass sich die Einrichtung »zurückentwickelt«. Allein das Vorhandensein dieser installierten Strukturen soll daher bereits als Qualitätsmerkmal einer Einrichtung gewürdigt werden. An der Reflexion der pädagogischen Arbeit sollten diejenigen beteiligt werden, um deren Belange es in der Tageseinrichtung für Schulkinder geht. Daher werden hier nicht nur Strukturen untersucht, die eine Reflexion der Arbeit mit Eltern, Schule und Träger ermöglichen. Auch die Reflexion der Einbindung von Wünschen und Kritik der Schulkinder wird als Qualitätskriterium berücksichtigt.

Dimension: Installierte Strukturen zur Reflexion der pädagogischen Arbeit

Funktion	Merkmal	Qualitätskriterien	Weitere Verantwortungsbereiche	
Erzieher/-innen	Reflexion mit Kindern	Die Kinder werden in die Reflexion der pädagogischen Arbeit einbezogen.	Leitung Eltern (Kinder)	Ausbildung Träger Politik
		Die Ergebnisse der Reflexion werden in die Planung und Gestaltung pädagogischen Handelns einbezogen.		
Leitung Erzieher/-innen	Reflexion mit Eltern	Die Eltern werden in die Reflexion der pädagogischen Arbeit einbezogen.	Eltern	
		Die Ergebnisse der Reflexion werden in die Planung und Gestaltung pädagogischen Handelns einbezogen.		
	Reflexion mit der Schule	Die Treffen werden genutzt, um die Arbeit mit den Schülern, Eltern und sonstige gemeinsame Anliegen inhaltlich abzustimmen.	Leitung der Schule Mitarbeiter/-innen der Schule	
		Die Treffen werden genutzt, um die organisatorischen Abläufe zwischen der Schule und der Tageseinrichtung zu reflektieren.		
		Die Ergebnisse der Reflexion werden in die Planung und Gestaltung pädagogischen Handelns und die Gestaltung der Kooperation mit der Schule einbezogen.		
Träger	Reflexion mit dem Träger	Die Treffen werden genutzt, um die Umsetzung des Trägerprofils zu reflektieren und den sozialpädagogischen Fachkräften die Möglichkeit zu geben, an einer möglichen Veränderung des Trägerprofils mitzuarbeiten.	Leitung, Erzieher/-innen	Ausbildung Politik
		Die tatsächliche Einbeziehung der Vorschläge und Ziele wird dokumentiert.		
		Die Treffen werden genutzt, um notwendige Veränderungen der Rahmenbedingungen – beispielsweise aufgrund von Zielgruppenveränderungen – einzufordern und umzusetzen.		
		Die tatsächliche Umsetzung der erforderlichen Veränderungen wird dokumentiert.		
		Die Treffen werden genutzt, um die organisatorischen Abläufe zwischen dem Träger und der Einrichtung zu reflektieren.		
		Die tatsächliche Einbeziehung der Vorschläge und Ziele wird dokumentiert.		
Leitung Erzieher/-innen	Reflexion mit Hilfe von Fachliteratur	Die Mitarbeiter/-innen nutzen regelmäßig aktuelle Fachliteratur zur Reflexion ihrer pädagogischen Arbeit.		

7.2.2 Methoden zur Reflexion der Entwicklung von Schulkindern

Um einen Überblick über die Entwicklung der einzelnen Kinder zu erhalten, ihre Stärken und Schwächen feststellen zu können, gibt es Methoden, die eine Basis für die Planung und Begründung der pädagogischen Arbeit darstellen. Sie sind eine Grundlage dafür, Kinder zielgerichtet in ihrer Entwicklung zu fördern und das auch nach außen hin – etwa in der Zusammenarbeit mit Eltern oder in der Zusammenarbeit mit der Schule – zu dokumentieren.

Diese Methoden dienen zum einen dazu, Entwicklungsverläufe der Kinder zu analysieren. Zum anderen erhält die sozialpädagogische Fachkraft auch die Chance, ihre eigene pädagogische Arbeit zu reflektieren – entweder durch den Austausch mit Beobachtungen durch andere Erzieher/-innen oder auch dadurch, dass sie analysiert, welche der Kinder von ihr besonders oft oder auch gar nicht wahrgenommen werden.

Dimension: Methoden zur Reflexion der Entwicklung von Schulkindern

Funktion	Merkmal	Qualitätskriterien	Weitere Verantwortungs-bereiche
Leitung Gruppen-leitung Erzieher/-innen	Beobachtungen	Beobachtung stellt einen selbstverständlichen Bereich der pädagogischen Arbeit dar.	Ausbildung Träger Politik
		Beobachtungen werden regelmäßig ausgewertet.	
	Gruppen-tagebücher	Gruppentagebücher werden regelmäßig geführt.	
		Gruppentagebücher werden regelmäßig ausgewertet.	
	Situations-analysen	Es werden regelmäßig Situationsanalysen durchgeführt.	
		Die Ergebnisse der Situationsanalysen fließen in die Planung und Gestaltung der Arbeit ein.	
	Einzelfall-besprechungen	Es werden regelmäßig Einzelfallbesprechungen durchgeführt.	
		Die Ergebnisse der Einzelfallbesprechungen fließen in die Planung und Gestaltung der Arbeit ein.	

7.2.3 Entwicklungen innerhalb einzelner Handlungsfelder

Als Qualitätskriterien sind auch Entwicklungen innerhalb einzelner Handlungsfelder anzusehen. Im Rahmen des QUAST-Kriterienkatalogs wird die **Zusammenarbeit im Team** als ein zentrales Element der Bereitschaft zur Weiterentwicklung gewertet. Die Regelung von Zuständigkeiten und Aufgabenverteilungen, der Austausch von Informationen und Materialien, Fachgespräche, Fallbesprechungen und die Abstimmung in pädagogischen Fragen sind nur einige von vielen möglichen Inhalten der Teamsitzung, die insgesamt dazu beitragen, dass bestehende Qualität gesichert und Weiterentwicklung in der Einrichtung ernst genommen wird.

Auch die Qualität einer **Konzeption** ist nicht nur durch ihre einmalige Erarbeitung und ihre Inhalte bestimmt. Vielmehr macht es einen weiteren Aspekt der Qualität einer Konzeption aus, dass sie in Entwicklung bleibt, also entsprechend den Veränderungen in der Einrichtung, dem Umfeld, dem Wissens- und Kompetenzzuwachs der Mitarbeiter/-innen etc. immer wieder überarbeitet wird. So halten KOKIGEI und TEIGELER fest, dass für jede Konzeption nach ihrer Fertigstellung ein Termin für eine erneute Überprüfung der Inhalte vereinbart werden müsse (1997[3], Kap. Allgemeines).

Ebenso kann die Gestaltung des **Tagesablaufs** immer wieder danach befragt werden, ob die getroffenen Regelungen und Absprachen noch dem aktuellen Bedarf entsprechen bzw. ob neue Vereinbarungen zu treffen sind.

Die Qualität der **Raumgestaltung** macht sich nicht nur am Vorhandensein bestimmter altersgerechter Ausstattungsmerkmale und der Aufteilung der Räume fest, sondern auch daran, dass die Raumgestaltung selbst in Entwicklung bleibt. »Räume verändern sich, weil sich die Menschen und was sie bewegt ändern. Räume haben eine Geschichte, Platz für persönliche Spuren und lassen Inhalte erkennen, mit denen sich Kinder aktuell beschäftigen.« (LIPP-PEETZ 1998, S. 21) Demnach sind feststellbare Veränderungen der Räume, aber auch Möglichkeiten, die die Kinder selbst haben, um die Räume umzugestalten – etwa durch von Kindern tragbare Raumteiler – als Zeichen von Entwicklungsqualität in der Raumgestaltung zu werten.

Bei der **Zusammenarbeit mit Eltern** kann zum einen nach den Inhalten und nach Kommunikations- und Interaktionsformen gefragt werden. Dies betrifft den Bereich der Prozessqualität. Die Zusammenarbeit mit Eltern kann jedoch auch unter der Perspektive betrachtet werden, ob die Einrichtung es sich zur Aufgabe gemacht hat, auch in diesem Handlungsfeld in Entwicklung zu bleiben. Manchmal werden Formen der Zusammenarbeit mit Eltern ausprobiert, die auf wenig Resonanz bei den Eltern stoßen. An diesem Punkt nicht resignativ aufzugeben nach dem Motto »Zusammenarbeit mit Eltern funktioniert ja sowieso nicht«, sondern nach neuen Anknüpfungspunkten zu suchen, die Eltern motivieren könnten, sich mehr in die Einrichtung einzubringen, macht einen wichtigen qualitativen Aspekt der Arbeit in Tageseinrichtungen für Schulkinder aus.

Der Stadtteil kann mit seinen unterschiedlichen Plätzen, Freizeiteinrichtungen und Veranstaltungen eine Fülle von Anregungen bieten, die Schulkinder mit ihrer Vielfalt von unterschiedlichen Bedürfnissen und Interessen ansprechen. Dabei können sich im Laufe der Zeit zum einen die Ressourcen des Stadtteils verändern, zum anderen können sich die Interessen der Kinder verlagern. Im Rahmen der Entwicklungsqualität wird das Handlungsfeld der **Gemeinwesenorientierung** danach befragt, ob die wahrgenommenen Angebote des Stadtteils noch dem aktuellen Bedarf der Kinder und der Mitarbeiter/-innen entsprechen und ob eine Reflexion über hinzugewonnene und weggefallene Ressourcen des Stadtteils stattfindet.

Die Entwicklungsqualität der **Vernetzung** einer Einrichtung stellt ein nicht zu vernachlässigendes Qualitätsmerkmal dar. Die kontinuierliche Reflexion darüber, mit welcher Institution die Einrichtung zu welchem Zwecke zusammenarbeiten will, ob die Zusammenarbeit noch den aktuellen Bedürfnissen der Einrichtung entspricht oder zu welchen Bereichen mittlerweile eine Kooperation mit einer anderen Einrichtung wünschenswert sein kann, dokumentiert die Entwicklungsbereitschaft im Handlungsfeld Vernetzung.

Dimension: Entwicklungen in einzelnen Handlungsfeldern

Funktion	Merkmal	Qualitätskriterien	Weitere Verantwortungs-bereiche
Leitung Gruppen-leitung Erzieher/-innen	Zusam-menarbeit im Team	Teambesprechungen werden genutzt, um die Arbeit inhaltlich, zum Beispiel hinsichtlich der Entwicklung einzelner Kinder, der Zusammenarbeit mit den Eltern, der Schule, dem Träger und anderen Institutionen oder bezogen auf die Öffentlichkeitsarbeit etc. zu reflektieren.	Ausbildung Träger Politik
		Teamsitzungen werden zur Sicherstellung und Weiterentwicklung des laufenden Betriebs (Informationsfluss, Vertretungsregelung, Aufgabenverteilung etc.) genutzt.	
		In regelmäßigen Abständen reflektieren die Mitarbeiter/-innen, ob sie mit den Inhalten und dem Verlauf der Teamsitzungen noch einverstanden sind.	
	Konzep-tion	Es liegt eine Konzeption als Maßstab zur Reflexion der Arbeit vor.	
		Die Konzeption befindet sich in Entwicklung, d. h. einzelne Aspekte werden in regelmäßigen Abständen neu bearbeitet.	
	Tagesab-lauf	Der Tagesablauf wird in regelmäßigen Abständen daraufhin geprüft, ob er noch dem aktuellen Bedarf entspricht.	
	Raumge-staltung	Die Raumgestaltung lässt Möglichkeiten zur Weiterentwicklung und Veränderung.	
		Die Entwicklung der Raumgestaltung und das Ausstattungs- und Materialangebot werden in regelmäßigen Abständen auf ihre Aktualität und Bedarfsorientierung hin reflektiert.	
	Zusam-menarbeit mit Eltern	Die Inhalte und Formen der Zusammenarbeit mit Eltern werden in regelmäßigen Abständen danach befragt, ob sie den Bedürfnissen der Eltern entsprechen und ob sie geeignet sind, die Eltern zur Zusammenarbeit zu motivieren.	
		Es findet eine Reflexion über Inhalte und neue Formen der Zusammenarbeit mit Eltern statt.	
	Gemein-wesen-orientie-rung	Die Nutzung der Ressourcen aus dem Gemeinwesen wird in regelmäßigen Abständen auf ihre Aktualität hinsichtlich der Bedürfnisse der Schulkinder geprüft.	
		Es findet eine Reflexion über die Erschließung möglicher neuer Ressourcen statt.	
	Vernet-zung	Die Vernetzung mit anderen Institutionen wird auf die Aktualität ihres Nutzens für die Einrichtung in regelmäßigen Abständen überprüft.	

7.2.4 Qualifizierung

Entwicklungsqualität zeigt sich auch darin, ob die Mitarbeiter/-innen die Möglichkeit haben und in Anspruch nehmen, sich weiterzuqualifizieren. Der damit verbundene Wissens- und Kompetenzzuwachs kann zur Reflexion und Weiterentwicklung einzelner Handlungsfelder der Einrichtung führen. Die Motivation, sich fortzubilden, ist jedoch nicht nur durch persönliches Engagement bestimmt. Hier liegt auch die Verantwortung des Trägers, Strukturen zu schaffen (zum Beispiel Ersatzkräfte für den Ausfall von Kolleginnen und Kollegen während der Fortbildungszeit) und Finanzmittel zur Verfügung zu stellen.

Dimension: Qualifizierung

Funktion	Subdimension		Qualitätskriterien	Weitere Verantwortungsbereiche	
Leitung Erzieher/-innen	intern	kollegiale Beratung	Die Mitarbeiter/-innen unterstützen sich regelmäßig mit Hilfe von kollegialer Beratung.		Ausbildung Träger Politik
		interne Fortbildung	Die Mitarbeiter/-innen bilden sich gegenseitig zu bestimmten Themen fort.		
			Die Inhalte der externen Fortbildung werden dem Team vermittelt.		
	extern	Reflexion mit Fachberatung	Die Fachberatung reflektiert regelmäßig mit den pädagogischen Fachkräften inhaltliche und organisatorische Fragen an ihre Arbeit.	Fachberatung	
		Fortbildung	Die Mitarbeiter/-innen nehmen an Fortbildungen teil.	Träger, Fort- und Weiterbildung	Politik
		Supervision	Das Team nimmt Supervision in Anspruch.		

7.2.5 Professionalisierung

Neben den Qualifizierungsmaßnahmen gibt es eine Vielzahl weiterer Aspekte, die zur Professionalierung und damit zur Weiterentwicklung der Einrichtung und ihrer Mitarbeiter/-innen beitragen. Ob das Entwicklungspotential einer Einrichtung sich entfalten kann, hängt nicht zuletzt vom Umgang mit vorhandenen Ressourcen und Kompetenzen, bzw. von der Mobilisierung und Förderung neuer Ressourcen ab. Die Bereitschaft zur Weiterentwicklung kann noch so hoch sein: Wenn nicht Möglichkeiten geschaffen werden, in deren Rahmen sich neue Ideen und Kompetenzen entwickeln können, bzw. Bewährtes sich verstetigen kann, kommen innovative Kräfte zum Erliegen. Die Leitung hat hier zum einen die Aufgabe, die Entwicklungsressourcen ihrer Mitarbeiter/-innen zu entdecken und zu fördern, zum anderen trägt sie durch den Austausch mit Fachschulen und mit anderen Einrichtungen dazu bei, dass alle Beteiligten Impulse zur Weiterentwicklung erhalten. In diesem Zusammenhang bietet zum Beispiel die Beteiligung an Forschungsprojekten Chancen zur Weiterentwicklung der Einrichtung und ihrer Mitarbeiter/-innen. Verantwortung für die strukturellen Bedingungen, die es einer Kindertageseinrichtung ermöglichen, eine lernende Organisation zu sein und zu bleiben, haben darüber hinaus der Träger und die Politik mit der Bereitstellung entsprechender Rahmenbedingungen und Finanzmittel.

Dimension: Professionalisierung

Funktion	Merkmal	Qualitätskriterien	Weitere Verantwortungs-bereiche	
Leitung	Wahrneh-mung des Entwick-lungs-bedarfs	Neue Aufgabenfelder und Probleme werden wahrgenommen; der Handlungsbedarf für not-wendige Weiterentwicklungen wird erkannt, bei-spielsweise hinsichtlich • des Ausbaus der sozialpädagogischen Hand-lungsfähigkeit: Moderation und Beratung, Vermittlung, Interventionen, Mediation/Kon-fliktschlichtung • erforderlicher betriebs- und hauswirtschaftli-cher Tätigkeiten • der Aufgaben des Qualitätsmanagements: Qua-litätsfeststellung und -entwicklung.	Träger Fachbera-tung	Politik Fort- und Weiterbil-dung
	Förderung des Ent-wicklungs-potentials der Mitar-beiter/ -innen	In der Einrichtung finden regelmäßig Mitarbei-tergespräche, zum Beispiel Fördergespräche, statt. Neue Mitarbeiter/-innen werden angeleitet und systematisch ins Arbeitsfeld eingeführt. Teamsitzungen werden abwechselnd von al-len pädagogischen Fachkräften moderiert. Die Mitarbeiter/-innen erhalten jeweils eine Rück-meldung über ihre Moderation. Einschlägige Fachzeitschriften und neuere Ent-wicklungen in Forschung und Praxis werden zur Kenntnis genommen und an die Mitarbeiterin-nen und Mitarbeiter vermittelt.	Mitarbei-ter/-innen	Ausbil-dung Träger Politik
	Fachliche Weiterent-wicklung der Einrich-tung	Die Leitungskraft ist an den fach- und berufspo-litischen Fragen ihres Berufsstandes interessiert. Sie entwickelt ein Konzept zur Förderung der praxisbezogenen Ausbildung zukünftiger Fach-kräfte und beteiligt sich zusammen mit ihrem Team aktiv daran (Praktikantinnen und Prakti-kanten). Es soll transparent machen, wie in der Einrichtung mit Praktikantinnen und Praktikan-ten gearbeitet wird, welche Anforderungen und Erwartungen an die zukünftigen Fachkräfte ge-richtet werden, aber auch, was diese in der Ein-richtung lernen können und sollen und wie sie begleitet werden. Die Leitungskraft steht in fachlichem Austausch mit den Fachschulen und den Einrichtungen der Aus- und Weiterbildung und beteiligt sich an der Entwicklung eines Anforderungsprofils für Praktikantinnen und Praktikanten und Absol-venten der Fachschulen (vgl. STRÄTZ u. a. 2000, S. 257ff.; GLOTH 2000).	Träger, Fach-beratung	Politik Berufs-verbände Fachschu-len, Fach-hochschu-len Fort- und Weiterbil-dung Wissen-schaft und Forschung

Funktion	Merkmal	Qualitätskriterien	Weitere Verantwortungs-bereiche	
Leitung	Fachliche Weiterent-wicklung der Einrich-tung	Sie nimmt mit ihrer Einrichtung – in Rückspra-che mit Träger und Team – an Forschungsprojek-ten teil und fördert so die fachliche Weiterent-wicklung der Einrichtung.		
		Sie »ist in der Lage, fachliche Zukunftsvisionen für sich wie für die ganze Einrichtung zu entwi-ckeln« (KRONBERGER KREIS 1998, S. 51).	Mitarbei-ter/-innen	Eltern, Kinder
		Die Leitung verfügt über Kenntnisse zur Quali-tätsfeststellung und -entwicklung.	Träger, Fach-beratung	Politik
		Sie ist in der Lage, Selbstevaluation anzuleiten bzw. fachliche Unterstützung einzuholen.		

7.3 Literatur

BOSTELMANN, A./METZE, T. (Hg.): Der sichere Weg zur Qualität. Kindertagesstätten als ler-nende Unternehmen. Berlin, 2000

BRETZ, H.: Unternehmerische Avantgarde und Fortschrittsfähige Organisation. In: SATTEL-BERGER, TH.: Die lernende Organisation. Kon-zepte für eine neue Qualität der Unterneh-mensentwicklung. Wiesbaden, 1996[3]

BUNDESMINISTERIUM FÜR BILDUNG UND FOR-SCHUNG: Delphi-Befragung 1996/1998. »Po-tentiale und Dimensionen der Wissensgesell-schaft – Auswirkungen auf Bildungsprozesse und Bildungsstrukturen« – Abschlußbericht zum »Bildungs-Delphi«. München, 1998

COLBERG-SCHRADER, H.: Kindertageseinrichtun-gen in einer sich verändernden Welt. Zwi-schen Bildungsauftrag und sozialen Netzen für Familien. In: Magistrat der Stadt Bremer-haven, Amt für Jugend und Familie/Abt. Kin-derförderung (Hg.): Dokumentation: Was ist ein guter Kindergarten? Qualitätssicherung in Kindertagesstätten. Fachtag für die Bremer-havener Kindertagesstätten am 11. Juni 1999 im Freizeitheim Folk-Treff in Bremerhaven-Leherheide. Bremerhaven, 1999, S. 1–13

DEUTSCHES JUGENDINSTITUT (Hg.): Orte für Kin-der. Auf der Suche nach neuen Wegen in der Kinderbetreuung. München, 1994

FISCHER, H.P.: Von der Herausforderung das Ver-lernen und Umlernen zu organisieren. In: SAT-TELBERGER, TH.: Die lernende Organisation. Konzepte für eine neue Qualität der Unter-nehmensentwicklung. Wiesbaden, 1996

GLOTH, V.: Konzeption zur Anleitung von Prak-tikantinnen in Kindertageseinrichtungen. In: KiTa spezial, 2/2000, S. 35–39

KOKIGEI, M./TEIGELER, U.: »Wie entsteht eine Konzeption?« Handreichung für die Erarbei-tung einer Kindertagesstätten-Konzeption. Berlin, 1997

KRONBERGER KREIS FÜR QUALITÄTSENTWICKLUNG IN KINDERTAGESEINRICHTUNGEN (Hg.): Quali-tät im Dialog entwickeln: Wie Kindertages-einrichtungen besser werden. Seelze, Velber, 1998

JAKUBEIT, G.: Kann denn Leiten Sünde sein ...? Ein roter Faden durch eine Fortbildungsreihe für Führungskräfte in sozialen und pädagogi-schen Einrichtungen. Bremen, 2000

LIPP-PEETZ, C.: Raumqualität im Situationsan-satz. Zehn Regeln und Fragen zur Selbstein-schätzung. In: Theorie und Praxis der Sozial-pädagogik, 3/1998, S. 21–23

MILITZER, R. u.a.: Der Vielfalt Raum geben. In-terkulturelle Erziehung im Elementarbereich. Münster, 2002

NORDT, G.: Qualität als Chance – Qualitätskri-terien für die Arbeit mit Schulkindern. Ein Werkstattbuch. Münster, 2000

NUISSEL, E.: Innovation statt Bildungsreform? In: SCHULTZ, E.: Lernkulturen. Innovatio-nen, Preise, Perspektiven. Frankfurt, 1999, S. 28–38

SCHULTZ, E. (Hg.): Lernkulturen. Innovationen, Preise, Perspektiven. Frankfurt, 1999

STRÄTZ, R. u.a.: Eine gemeinsame Aufgabe von Schule und Praxis. Ausbildung von Erziehe-rinnen und Erziehern. Hg. v. Sozialpädagogischen Institut NRW – Landesinstitut für Kinder, Jugend und Familie. Münster, 2000

ZECH, R./EHSES, Chr. (Hg.): Organisation und Innovation. Schriftenreihe für kritische Sozialforschung und Bildungsarbeit Bd. 7. Hannover, 2000

ZECH, R.: Schulen, die nicht lernen, sollen auch nicht lehren! Profitunternehmen und Nonprofitorganisationen im Vergleich. In: ZECH/EHSES (Hg.): Organisation und Innovation. Schriftenreihe für kritische Sozialforschung und Bildungsarbeit Bd. 7. Hannover, 2000, S. 243–253

8

Ergebnisqualität

8.1 Der Stellenwert von Ergebnisqualität

Mit dem Anspruch, die Ergebnisse der Arbeit zu untersuchen, wird die Praxis unter dem Gesichtspunkt der **Bilanzierung** der geleisteten Arbeit betrachtet. Die zentrale Frage lautet: Was ist herausgekommen? Was wurde bewirkt?

»Jede Einrichtung, die den Anspruch professioneller Arbeit und praktischen Qualitätsmanagements einzulösen verspricht, hat die Pflicht, sich über die Effekte des eigenen Tuns Rechenschaft abzulegen.« (GERULL 1996, S. 98)

»Auch im Bildungswesen wird Qualität eben nicht mehr allein an guten Absichten, sondern an den erzielten Wirkungen sowie schließlich am Verhältnis von Aufwand und Ertrag bemessen.« (TERHART 2000, S. 812)

Mit einer Erfassung und Dokumentation von Ergebnissen eröffnen sich den Einrichtungen folgende **Chancen** und Möglichkeiten:

Jede Einrichtung kann sich selbst und mindestens den Eltern gegenüber Rechenschaft über die Effekte des eigenen Tuns geben (zum Beispiel über Entwicklungsverläufe einzelner Kinder).

Sie kann die Verwendung öffentlicher Mittel durch Nachweise der Wirksamkeit und Effektivität ihrer Arbeit in situationsspezifischen Kontexten belegen (Nachweis konkreter Angebote und Projekte, Kooperationen, Zielgruppenarbeit etc.).

Die Feststellung der Ergebnisse im Rahmen einer internen Evaluation stärkt die Gestaltungs- und Beteiligungsmöglichkeiten der Praxis in Fragen der Qualitätssicherung (vgl. MÜLLER 1998, S. 56f.).

8.1.1 Probleme einer Ausrichtung an der Wirksamkeit

Der Ruf nach einer Überprüfung der Wirksamkeit von Leistungen im pädagogischen Feld entstand nicht zufällig in Zeiten knapper Kassen, denn mit solchen Analysen wird von den Auftraggebern auch immer die Hoffnung auf wirtschaftliches Vorgehen und damit auf Einsparungen verbunden.

Selbstverständlich sind die Einrichtungen gehalten, kostengünstig zu arbeiten. Sie müssen nachweisen, dass sie ihre Entscheidungen an nachvollziehbaren Kriterien orientieren und Ressourcen wirksam und sparsam einsetzen. Diese Kriterien unterliegen aber (sozial-)pädagogischen und – mit Blick auf den besonderen Charakter der Einrichtungen als familienergänzende und -unterstützende Maßnahmen – sozialpolitischen und nicht finanziellen Orientierungen und Maßgaben. (Allerdings werden sich Staat und Gesellschaft fragen lassen müssen, was ihnen gute pädagogische Arbeit wert ist.)

Zuerst muss festgehalten werden: Einrichtungen der Jugendhilfe können auf Grund ihrer besonderen Bedingungen nicht wirtschaftlich handeln, sondern bestenfalls kostengünstig. Qualität im pädagogischen Feld kann nicht daran gemessen werden, was sie kostet, sondern nur daran, was sie – gemessen an ihrem sozial- und individualpädagogischen Auftrag – will und wie sie wirkt (vgl. HANSBAUER/SCHONE 1998, S. 375f.).

8.1.2 Sind Ergebnisse der Arbeit im pädagogischen Feld messbar?

In der Praxis erweist sich die Feststellung von Ergebnissen (Wirkungen) als umso schwieriger, je spezifischer die Analyse erfolgen soll. Es gibt Fachleute, die das generell für undurchführbar halten, wenn darunter die Identifizierung von Ursache-Wirkungs-Relationen verstanden wird (vgl. LUHMANN/SCHORR 1979, 1982). Ergebnisse im pädagogischen Feld werden hier stets als Ausdruck eines komplexen Zusammenhangs verschiedener Einflüsse verstanden, in dem jede Variable von einer Vielzahl anderer beeinflusst wird und ihrerseits andere beeinflusst. Daraus ergäben sich nicht beabsichtigte und nicht im voraus planbare Wirkungsfaktoren, die sich untereinander meist entgegen den Intentionen der einzelnen im Feld aktiven Prozessteilnehmer/-innen verstärken, abschwächen überlagern, aufheben etc. (vgl. BARDMANN u. a. 1991; LUHMANN 1990, S. 59ff.). Nicht zuletzt würden Ergebnisse im pädagogischen Feld auch durch den Prozess der aktiven Aneignung durch das einzelne Kind entwickelt. Weder die Handlungsbedingungen noch die Handlungen selbst und auch nicht die erwarteten Handlungsfolgen ließen sich demnach exakt festlegen und genau nachprüfen, geschweige denn in Ursache-Wirkungs-Beziehungen beschreiben (GERULL 1996, S. 95ff.).[49]

49 Auf eine damit verbundene weitere Gefahr weist TERHART hin: »Gerade anspruchsvolle und weitreichende Zielsetzungen von Sozial- und Bildungsinstitutionen lassen sich nicht ohne weiteres in irgendeiner kontrollierbaren und konsensfähigen Form überprüfen. So besteht immer die Gefahr, dass schließlich nur das überprüft wird, was vergleichsweise leicht bestimmbar oder meßbar ist. Auf

Weitere Probleme ergäben sich aus den Besonderheiten der pädagogischen Beziehungen. Sie seien in der Regel prozess- und nicht ergebnisorientiert und ausgerichtet an den Bedürfnissen der einzelnen Kinder (ebd.). Ziele und Wege zur Zielerreichung würden deshalb nicht allein von den Fachkräften bestimmt, sondern in der Interaktion entwickelt; sie seien daher durch die Aktivitäten der Erzieher/-innen allein nicht bestimmbar (vgl. v. SPIEGEL 1998, S. 253).

Dies hat auch einen zeitbezogenen Aspekt: »Die Wirkung der Teilnahme an Bildungsinstitutionen ist in sachlicher und in zeitlicher Hinsicht nur sehr schwer und zum Teil gar nicht punktgenau zu erfassen: Die tatsächlichen Effekte von Bildungsmaßnahmen sind innerhalb des breiten Bandes aller möglichen Sozialisationswirkungen nicht präzise zu isolieren. Darüber hinaus ist es immer eine Sache der Entscheidung, wann man welche Effekte überprüfen will. Manche Wirkungen von Bildungsmaßnahmen zeigen sich erst verzögert – und sind dann womöglich noch sehr viel stärker mit anderen, nicht-kontrollierten Sozialisationsbedingungen konfundiert.« (TERHART 2000, S. 818)

Trotz dieser Schwierigkeiten wird von pädagogischen Kräften verlangt, die Auswirkungen ihres Handelns in möglichst genauer und nachvollziehbarer Weise zu reflektieren. GERULL weist auf den Unterschied zwischen erkenntnistheoretischen Fragen und praktischen Handlungsnotwendigkeiten hin: »Unabhängig von der erkenntnistheoretischen Frage nach ›echten‹ Leistungsfolgen werden alltäglich Entscheidungen auf der Basis ungesicherter Effekte vollzogen ... Jeder Praktiker würde es als theoretisch womöglich richtig, aber belanglose Spiegelfechterei bewerten, wollte man ihm klarmachen, daß kausalanalytische Schlüsse ... erkenntnistheoretisch unzulässig seien, ... Fakt ist, daß in jedes erzieherische Handeln diffuses Alltagswissen und ›Urteilsheuristiken‹ eingewoben sind, deren Zweckmäßigkeit sich nicht an wissenschaftlicher Methodenpräzision und Erkenntnistheorie, sondern am Grad ihrer lebenspraktischen Bewährung und Legitimierbarkeit zu bemessen hat« (GERULL 1996, S. 97f.).

Unter »Wirkungen« verstehen wir antizipierte (d. h. gedanklich vorweggenommene) Zusammenhänge zwischen der Intervention der sozialpädagogischen Fachkräfte und der (Re-)Aktion der Kinder (oder auch Eltern). Diese Annahmen über Zusammenhänge bestimmen das Alltagshandeln von Fachkräften und sind systematisch

zu prüfen. Somit ist von Fachkräften zu fordern, dass sie

- sich vergewissern, ob Dinge tatsächlich so eingetreten sind, wie sie vermuten (etwa die Erwartungen von Eltern in Bezug auf Öffnungszeiten oder der Stellenwert der Einrichtung im Wohngebiet). Sie müssen die eigene, ja stets selektive Wahrnehmung und Erinnerung durch Informationen prüfen und – wenn nötig – korrigieren, an die sie auf andere Weise gelangen;
- Veränderungen – sei es in ihren Aktivitäten, sei es im Verhalten von Kindern – feststellen und dokumentieren, ohne vorschnell nach »Ursachen« zu suchen (Qualitätskriterien hierzu im Bereich der Entwicklungsqualität, Kap. 7).

Sozialpädagogische Fachkräfte dürfen sich nicht auf Vermutungen verlassen, sondern müssen Informationen und Indikatoren heranziehen und Entscheidungen begründen. Bei der Erfassung der Ergebnisqualität geht es darum, festzustellen, inwieweit Meinungen und Vorurteile in den jeweiligen Einrichtungen durch begründete Erfahrungen ersetzt werden.

Im Bereich der »Entwicklungsqualität« wurde auf Strukturen hingewiesen, die installiert sein müssen, damit Entwicklung stattfinden kann. Hier – im Bereich der »Ergebnisqualität« – stellt sich u. a. die weiterführende Frage, wie diese Strukturen genutzt werden, um die Wirkungen der eigenen Arbeit festzustellen und zu reflektieren. Es wird zudem nach der Qualität des Umgangs mit Ergebnissen gefragt. Dies umfasst zwei Fragerichtungen:

- Wie versichert sich die Einrichtung auf fundierte und nachvollziehbare Weise ihrer Ergebnisse?
- Wie nutzt sie diese als Grundlage der weiteren Planung und Organisation ihrer Arbeit?

8.1.3 Die Stufenfolge von Ergebnissen

W. BEYWL schlüsselt in Form einer Stufenleiter[50]

---

diese Weise würde ein Mittel (Effektkontrolle) zum Selbstzweck werden: Das System selbst würde sich nur noch diejenigen Zwecke setzen, deren Erreichen leicht überprüfbar ist.« (TERHART 2000, S. 818)

50 Jede aufgeführte Stufe stellt von den möglichen Ergebnissen her die Voraussetzung für die folgende dar. Nur von den Kindern, die an einem Angebot teilgenommen haben, sind z.B. Reaktionen zu erwarten. Nur wenn sich Handeln und Verhalten ändern, ist die Frage sinnvoll, ob diese Veränderungen sich auf Lebenslage und Status auswirken, usf.

auf, unter welchen Gesichtspunkten und in welcher Reihenfolge Ergebnisse gesucht und reflek-

tiert werden können (vgl. BEYWL / SCHEPP-WINTER
1999, S. 77):

Bezeichnung	Frage nach ...	Beispiele
Aktivitäten	Umsetzungsgrad geplanter Aktivitäten	In welchem Umfang sind geplante Aktivitäten (Angebote, Arbeitsgemeinschaften, Exkursionen, Ferienaktivitäten etc.) auch tatsächlich durchgeführt worden? Aus welchen Gründen sind Planungen *nicht* realisiert worden?
Teilnahme	Anzahl, Intensität, Art der Teilnahme von Zielgruppen; Anwesenheit, demografische Merkmale u. a.	Wer hat sich an den angebotenen Aktivitäten beteiligt? Entspricht die Zusammensetzung der Gruppe von Teilnehmer/-innen den Planungen und angestrebten Zielen (Beispiel: Angebot war vorwiegend für Mädchen geplant)? Welche Freiräume haben die Kinder zur selbstständigen Gestaltung ihrer Freizeit?
Reaktionen	Einschätzung der Aktivitäten durch Beteiligte (Interesse, Zufriedenheit, Stärken, Schwächen)	Welche Rückmeldungen geben Kinder und Eltern zu den angebotenen Aktivitäten? In welcher Weise wurden die Reaktionen von Kindern und Eltern erhoben? Haben die angebotenen Aktivitäten den Interessen der Kinder bzw. Eltern tatsächlich entsprochen? (Das bedeutet, dass »Angebote« tatsächlich Angebote sein müssen, die genutzt werden können oder nicht, dass tatsächlich Alternativen angeboten werden, zwischen denen gewählt werden kann.) Einschätzung des Klimas aus Sicht der Kinder und Eltern: Fühlen die Kinder sich wohl, finden sie Projekte und Arbeitsgemeinschaften interessant? Gibt es etwas, das sie sich für die Zukunft wünschen? Eltern werden zum Beispiel gefragt, ob sie mit der Betreuung ihrer Kinder zufrieden sind, ob sie sich durch die Einrichtung unterstützt, entlastet fühlen, hier Gehör finden usw.
Wissen, Einstellungen, Werte, Fertigkeiten	Kognitive und affektive Veränderungen bei Zielgruppen bzw. Stabilisierung von Einstellungen und Werten	Welcher Zuwachs an Wissen und Fertigkeiten ist bei den Kindern feststellbar, der mit angebotenen Aktivitäten in Verbindung steht? Haben sich Einstellungen und Wertvorstellungen der Kinder erkennbar (zum Beispiel an Äußerungen ablesbar) verändert? Wenn ja: in der *angezielten* Weise?
Handeln und Verhalten	Übernahme neuer Handlungsweisen und Zeigen veränderten Verhaltens (bzw. Stabilisierung von Verhaltensweisen) bei Zielgruppen	Wenden die Kinder erworbenes Wissen und neue Fertigkeiten (etwa zur Beschaffung von Informationen, zum Umgang mit Zeit oder zur selbstständigen Konfliktlösung) an? Finden geänderte Einstellungen und Wertvorstellungen im Verhalten der Kinder ihren Ausdruck? Wenn ja: Wie dauerhaft? Sind Transfer-Effekte auf andere Situationen in der Einrichtung (besonders solche, in denen keine pädagogische Fachkraft beteiligt ist) zu beobachten? Ist ein Transfer in die Familie bzw. Schule festzustellen?

Bezeichnung	Frage nach ...	Beispiele
Lebenslage und Status	Auswirkungen auf die Lebensführung	Hat sich die Lebenslage von Familien stabilisiert bzw. verbessert?
		Besuchen die Kinder regelmäßig und erfolgreich die Schule?
		Haben Kinder die Kompetenzen erworben, die notwendig sind, um sich in den Anforderungen und Beziehungen in Familie, Schule und Peergroup zu behaupten?
Gesamt-wirkungen	Rolle der Einrichtung im Gemeinwesen	Wird die Einrichtung als wichtiger Faktor im Gemeinwesen wahrgenommen, in Anspruch genommen und geschätzt?

8.1.4 Die Bedeutung der Nutzerperspektive

HILTRUD VON SPIEGEL bezieht die Wirkungen der pädagogischen Arbeit auf drei Bereiche (v. SPIEGEL 1998, S. 608):

1. auf den subjektiven Nutzen, den die Zielgruppen durch das »Leben« in der Einrichtung erfahren;
2. auf die Wirkungen, die sich mittel- und langfristig ergeben,
3. auf die Wirkung, die vom Entstehungsprozess eines Angebots ausgeht. Bei der Arbeit mit Schulkindern ist zum Beispiel Partizipation eine allgemeine Zielsetzung, die bereits beim Entstehungsprozess eines Angebots beachtet werden muss. Ergebnisqualität fragt mit diesem Verständnis nicht nur nach dem »Was«, sondern auch nach dem »Wie« – die Verbindungen zur Prozessqualität sind evident.

Der erste Aspekt bezieht sich auf das, was gegenwärtig oft unter »Kundenzufriedenheit« gefasst wird.[51] Die Nutzerperspektive, d.h. die Perspektive von Kindern und Eltern, ist bedeutsam, denn letztlich können nur die unmittelbar Betroffenen beurteilen, ob die Angebote (Aktivitäten, Öffnungszeiten usw.) für sie hilfreich sind und ihren Bedürfnissen entsprechen. Sie werden diese Angebote entsprechend annehmen oder ablehnen. Nicht zuletzt deshalb können Wirkungen im pädagogischen Feld nicht allein durch ein fachlich qualifiziertes Handeln bewirkt werden. Wir gehen folglich mit v. SPIEGEL davon aus, dass die Maßstäbe für die Ergebnisdimension auch aus der Nutzerperspektive gewonnen werden müssen. Unter dem Begriff des subjektiven Nutzens versteht v. SPIEGEL (1998[b], S. 354) das Recht der Nutzer/-innen auf eine befriedigende Gestaltung ihres derzeitigen Alltags. Wir fügen dem das Recht der Nutzerin und des Nutzers auf Partizipation an den sozio-kulturellen Errungenschaften unserer Gesellschaft hinzu. Der Begriff des »subjektiven Nutzens« weist so über das hinaus, was Eltern auf Grund ihrer sozialen Lage für sich und ihre Kinder in Anspruch nehmen, also »nutzen«, weil bezahlen können.

In diese Richtung weist auch die Definition von MÜLLER, der den Begriff des subjektiven Nutzens der raum- oder ressourcenorientierten Jugendarbeit entlehnt. Der subjektive Nutzen bestimmt sich hier an der Frage, ob ein Angebot (Programm) selbstbestimmte Aktivitäten unterstützt. Das geschieht seiner Auffassung nach über das Arrangieren und Herstellen von Möglichkeiten der sozialen Teilhabe und der Selbsterprobung. Einbezogen ist dabei auch der Beziehungsaspekt zwischen sozialpädagogischen Fachkräften und Jugendlichen. Unter dem Begriff des subjektiven Nutzens wird hier gefragt, ob die Jugendlichen in der persönlichen Beziehung zu den Fachkräften zugleich Hilfen für

---

51 Eine unreflektierte Übertragung des aus der Wirtschaft stammenden Kundenbegriffs auf das Feld der Jugendhilfe ist prekär: Der Begriff entspricht nicht der intendierten Erziehungspartnerschaft zwischen Eltern und pädagogischen Fachkräften. Außerdem verengt eine zu starke Orientierung der pädagogischen Arbeit an der subjektiven Zufriedenheit von »Kunden« die mit ihrem gesellschaftlichen Auftrag der Betreuung, Erziehung und Bildung viel weiter gefasste Zielsetzung der Kinder- und Jugendhilfe auf problematische Weise. Die weitergehenden Zielsetzungen beziehen sich auf Wirkungen der Arbeit z.B. bezogen auf die Persönlichkeitsentwicklung der Kinder, die sich mittel- und langfristig einstellen (vgl. auch v. SPIEGEL 1998[a], S. 609).

ein besseres Verständnis zu sich selbst und ihrer Umwelt finden können (vgl. MÜLLER 1996, S. 111ff.). Mit der Einführung der Nutzerperspektive wird die Perspektive einer normativen Jugendhilfe, die für Kinder plant und bestimmte Zustände bei ihnen erreichen will, erweitert um die Perspektive einer reflexiven und partizipativen Jugendhilfe, die von einer gemeinsamen Gestaltung von Prozessen durch Kinder, Eltern und Erzieher/-innen ausgeht (SCHWABE 1999, S. 121f.).

Das gilt auch dann, wenn wir mit SEGHEZZI darauf hinweisen, dass Eltern meist nur einen Teil des Geschehens in der Einrichtung wahrnehmen und nur einen Teil der gesamten Dienstleistung(en) nutzen. Gerade dadurch können Schwachstellen entstehen, die SEGHEZZI im Rahmen eines Ablaufmodells unter dem Stichwort »Servicequalität« abhandelt und die hier in Bezug auf Eltern formuliert sind (vgl. SEGHEZZI 1996, S. 55):

1. Kennt die Einrichtung die tatsächlichen Erwartungen der Eltern? (tatsächliche vs. vermeintliche Erwartungen.)
2. Orientiert sich die Gestaltung des Angebots an den vermuteten Vorstellungen der Eltern? (Konzeption der Einrichtung vs. vermeintliche Erwartungen der Eltern.)
3. Folgt das, was die Einrichtung plant und anbieten will, stimmig aus ihrer Konzeption? (Planung vs. Konzeption.)
4. Bietet die Einrichtung tatsächlich das an, was sie anbieten will? (Realisierte Qualität vs. Planung.)
5. Wird das, was Eltern versprochen wird, auch gehalten? (Zugesicherte vs. realisierte Qualität.)
6. Nutzen Eltern alles, was angeboten wird? (Genutzte Qualität als Teilmenge von bereitgestellter Qualität.)
7. Nehmen Eltern wahr, was sie alles nutzen? (Wahrgenommene Qualität als Teilmenge von genutzter Qualität.)
8. Entspricht die Qualität, die Eltern wahrnehmen, ihren Erwartungen? (Wahrgenommene vs. erwartete Qualität.)

Dies bedeutet, dass die Praxis Kinder und Eltern in ihr Konzept zur Ergebnisqualität einbezieht und dazu entsprechende methodische Möglichkeiten entwickelt.

Die gewünschten Ergebnisse sollen mit den Adressatinnen und Adressaten der Angebote erarbeitet bzw. auf den subjektiven Nutzen bezo-

gen werden. Dabei gelten allerdings vor allem im Hinblick auf die jüngeren Schulkinder, bedingt durch deren Entwicklungsstand, andere Anforderungen an die Bestimmung und die Einordnung des subjektiven Nutzens als in der Jugendarbeit. Darum müssen auch die Methoden, mit denen die Einschätzung der Einrichtung und des Angebots durch die Kinder erfolgt, ihren Bedürfnissen und Fähigkeiten entsprechen.

8.2 Ergebnisse auf allgemeiner und einrichtungsspezifischer Ebene

Wir gehen davon aus, dass die Erfassbarkeit der Ergebnisse pädagogischer Prozesse abhängig ist von der Ebene, auf der sie betrachtet werden.

Wenn wir die vier Bereiche »Strukturqualität«, »Orientierungsqualität«, »Prozessqualität« und »Entwicklungsqualität« unterscheiden und dafür Qualitätskriterien formulieren, werden damit zugleich auf einer allgemeinen, *einrichtungsübergreifenden Ebene* die nach unserem Verständnis von jedem Angebot für Schulkinder »wünschbaren« Ergebnisse beschrieben. Zum Beispiel ergeben sich aus der Orientierungsdimension »Bildungsauftrag des Hortes« spezifische Entwicklungsschritte, die ein Kind vollzogen haben sollte, wenn es den Hort verlässt.

Andere allgemein wünschbare Ergebnisse sind zum Beispiel,

- dass Orientierungen wie Partizipation selbstverständlicher Bestandteil der Einrichtungskultur sind und sich im Verhaltensrepertoire der Kinder widerspiegeln (abgeleitet aus dem Bereich »Orientierungsqualität«),
- dass eine Einrichtung die örtlichen Strukturen berücksichtigt und dadurch ihre Arbeit verändert (abgeleitet aus dem Bereich »Strukturqualität«),
- dass Fähigkeiten im Bereich von Aushandlungen unter Kindern tatsächlich zunehmen (Bereich »Prozessqualität«),
- dass aufgrund der installierten methodischen Hilfen (wie z. B. kollegiale Beratung) tatsächlich Weiterentwicklungen im Team erfolgen (Bereich »Entwicklungsqualität«).

Die Formulierung »wünschbar« weist darauf hin, dass wir nicht davon ausgehen, dass in allen Einrichtungen und bei allen Kindern gleich viel erreicht werden kann. Wenn zum Beispiel als wünschbares Ergebnis formuliert wird, dass die Kinder sich an den Entscheidungen in der

Einrichtung entsprechend ihren Möglichkeiten beteiligen, dann ist damit zugleich gesagt, dass dies je nach den jeweiligen Möglichkeiten und Voraussetzungen der Kinder unterschiedlich aussehen wird.

Wesentlich differenzierter und genauer als auf dieser allgemeinen Ebene kann jedoch auf der *Ebene der jeweiligen Einrichtung* über Ergebnisse gesprochen werden:

Die Präzisierung ergibt sich einerseits aus den *spezifischen Zielen* und konzeptionellen Vorstellungen jeder Einrichtung. Sie kommen jeweils zu den hier einrichtungsübergreifend formulierten hinzu. Auch dafür müssen erwartete Ergebnisse formuliert, muss ihr Realisierungsgrad geprüft werden. Die Frage dabei lautet: »Wie weit wird die Einrichtung den eigenen, u. a. in der Konzeption formulierten Zielen gerecht?«

Die Einrichtungen arbeiten andererseits unter *unterschiedlichen Voraussetzungen* und müssen dementsprechend einen für sie realistischen Grad der Zielsetzung bzw. Zielerreichung formulieren.

Ergebnisse auf dieser Ebene können daher nur im Zusammenhang mit der Analyse der gegebenen Voraussetzungen und der davon ausgehend entwickelten spezifischen Ziele, das heißt im Kontext der jeweiligen Einrichtung, betrachtet und evaluiert werden (darauf wird das letzte Kapitel des Kriterienkatalogs näher eingehen).

Was hier für die Zielentwicklung und Ziel- bzw. Ergebnisüberprüfung gesagt ist, gilt auch für die Prüfung der Ergebnisse im Zusammenhang mit der Reflexion und Evaluation der anderen Qualitätsbereiche. Auch hier muss die Überprüfung der Ergebnisse die spezifischen Gegebenheiten jeder Einrichtung berücksichtigen. So muss sich eine Einrichtung beispielsweise fragen,

1. in welchem Umfang die in der Orientierungsqualität formulierten Ziele überhaupt realisierbar sind;
2. welche Ressourcen (Strukturqualität) notwendig sind, um bestimmte Ziele zu erreichen;
3. ob die installierten Strukturen zur Reflexion der pädagogischen Arbeit (Entwicklungsqualität) tatsächlich die Weiterentwicklung sichern helfen;
4. ob die pädagogischen Verhaltensweisen (Prozessqualität) tatsächlich wirkungsvoll sind. »Eine möglichst hohe Qualität der pädagogischen Prozesse ... ist ... kein Selbstzweck.

Vielmehr erwarten wir, dass von der realisierten Qualität pädagogischer Prozesse Wirkungen auf das aktuelle Wohlbefinden und die Entwicklung von Kindern ausgehen; wir erwarten also bestimmte Effekte (Outcomes) bei den Kindern.« (TIETZE 1999, S. 156)

8.3 Zur Prüfung und Bewertung (Evaluation) der Qualität von Ergebnissen

Im Bereich der Ergebnis*qualität* lassen sich vier Fragerichtungen unterscheiden:
- Die erste Frage ist die nach der Qualität der *Instrumente* und *Vorgehensweisen*, mit denen (Indikatoren für) Ergebnisse unter Einbeziehung von Kindern und Eltern festgestellt werden können.

  Es wird geprüft, ob die Einrichtung über ein *Instrumentarium* verfügt, das
  – methodisch vielfältig,
  – auf die jeweilige Zielgruppe zugeschnitten (insbesondere nach dem Alter der Kinder differenziert) und
  – in Bezug auf den jeweiligen Untersuchungsgegenstand aussagekräftig ist.

  Weiter ist zu prüfen, ob diese Instrumente auch regelmäßig *eingesetzt* und sachkundig *ausgewertet* werden.
- Die zweite Frage ist die nach der Genauigkeit, mit der eine Einrichtung die *erreichten Ergebnisse* in Bezug auf die in diesem Kriterienkatalog formulierten Leitgedanken und Dimensionen von Orientierungsqualität beschreiben kann (Letztere haben in den Qualitätsfeststellungsverfahren von QUAST die Bedeutung von Bewertungsmaßstäben).
- Drittens stellt sich die Frage, ob sich die Einrichtung darauf beschränkt, in ihrer Konzeption weitere, einrichtungsspezifische Orientierungen bzw. Ziele zu formulieren oder ob sie dazu auch nachvollziehbare wünschenswerte Ergebnisse formuliert und daran gemessen werden will, ob sie sie erreicht. Die Entwicklung spezifischer, einrichtungs- und trägerbezogener Orientierungen verlangt jedenfalls auch die Entwicklung spezifischer Kriterien für die Überprüfung der Ergebnisqualität (vgl. PROJEKTGRUPPE WANJA 2000, S. 17 und S. 32). Das nächste Kapitel wird darauf näher eingehen.
- Viertens ist nach der Qualität der *Reflexion* von Ergebnissen zu fragen und damit danach, welche *Konsequenzen* die verfügbaren

Informationen haben, in welchem Umfang und in welcher Form beispielsweise Ergebnisse bei der Überprüfung und ggf. der Veränderung von Zielen, Strukturen und Prozessen berücksichtigt werden.

- Dieser Aspekt leitet über zur fünften und letzten Frage, die im Zusammenhang mit der Ergebnisqualität zu stellen ist: Wie gut handhabt die Einrichtung den (im folgenden Kapitel beschriebenen) *gesamten* Kreisprozess pädagogischen Handelns?

9

Reflexion und Evaluation

Professionelles pädagogisches Handeln ist intentionales, zielgerichtetes Handeln. Es wird darum in didaktisch-methodischen Lehrbüchern (MARTIN 1994, PAUSEWANG 1994) zumeist als Kreis- oder Spiralprozess beschrieben und in der folgenden oder einer ähnlichen Form dargestellt:

Fachfremdes darstellt, sondern die Qualität des Planens, Handelns und Reflektierens in der Einrichtung und die Evaluation dieser Qualität im Blick hat. *Eine Evaluation der Ergebnisse ist so keine Neuentdeckung für die Einrichtung, sondern knüpft an Bestehendes an, greift Praxisrealität auf.*

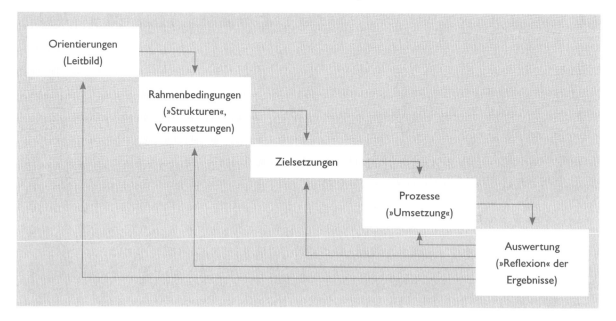

Aus handlungsleitenden allgemeinen Orientierungen (»Leitbild«) und der Analyse gegebener Voraussetzungen leitet die Einrichtung spezifische Zielsetzungen ab, die in konkrete Prozesse (Handlungsschritte) umgesetzt werden. Die anschließende Auswertungsphase reflektiert die wahrgenommenen Ergebnisse.

Daraus können – je nach Ergebnissen – Rückwirkungen auf alle vier vorausgegangenen Schritte folgen, wenn sich das Team nach

• wirkungsvolleren *Prozessen,*
• angemesseneren *Zielsetzungen,*
• Änderungsnotwendigkeiten bei den *Rahmenbedingungen,* möglicherweise auch nach
• notwendigen Anpassungen des *Leitbildes* fragt.

Die Auswirkungen dieser Veränderungen müssen wiederum geprüft und reflektiert werden. Dabei gibt es ständige Ziel-Feedback-Kreisläufe. Korrekturen sind selbstverständlicher Teil der pädagogischen Arbeit (vgl. BEYWL / SCHEPP-WINTER 1999, S. 9).

Evaluation im Bereich der Ergebnisqualität meint im Grunde nichts anderes, als den im Verlaufsmodell pädagogischen Handelns beschriebenen Ziel-Feedback-Kreislauf. Dies verdeutlicht, dass die Feststellung von Qualität nichts

Der Rückgriff auf das Verlaufsmodell pädagogischen Handelns entspricht einer Zugangsweise zur Bestimmung von Qualität, die TERHART als »empirisch« bezeichnet und von einer »normativen« wie auch einer »analytischen« unterscheidet: »Empirische Bestimmungsversuche von Qualität zielen darauf ab, die tatsächliche Wirkung von Bildungs- und Sozialeinrichtungen zu erfassen und diese eingetretene Wirkung in Beziehung zu setzen zu dem offiziellen Zweck oder Auftrag dieser Einrichtungen. Empirische Bestimmungsversuche erfassen die angestrebten Ziele, die eingesetzten Ressourcen, die verwendeten Programme und die eingetretenen Wirkungen und versuchen dann, auf der Basis des Vergleichs von Absicht, Ressourcenverbrauch und Wirkung das Verhältnis von Aufwand und Ertrag zu bestimmen. Es handelt sich also um eine Wirkungskontrolle mit dem Ziel, wirkungsstarke von wirkungsarmen Einrichtungen und Prozessen zu unterscheiden, wobei die jeweils unterschiedliche Ausgangslage wie auch der jeweils unterschiedliche Aufwand mitberücksichtigt werden.« (TERHART 2000, S. 817)

Ein Bezug auf das Verlaufsmodell pädagogischen Handelns ist allerdings nur im Rahmen eines Kriterienkatalogs möglich, der sich nicht auf einen Aspekt, beispielsweise die pädagogischen

Prozesse, beschränkt, sondern auch Orientierungen, Strukturen und Ergebnisse betrachtet. Außerdem wird die Reflexion der Ergebnisse nur in Einrichtungen mit guter Entwicklungsqualität zur produktiven Weiterentwicklung genutzt werden können.

Eine Reflexion, die sich auf die Frage nach Veränderungen bei Prozessen (»Tun wir die Dinge richtig?«) beschränkt, wird als »Effizienzprüfung« bezeichnet und dem »operativen Controlling« zugerechnet (vgl. TIEBEL 1998, S. 62).

Erstreckt sich die Reflexion darüber hinaus auf Leitbild, Voraussetzungen und Ziele, steht die Effektivität des Handelns (»Tun wir die richtigen Dinge?«) zur Debatte. In diesem Bereich des »strategischen Controlling« (vgl. TIEBEL 1998, S. 62) besteht ein entscheidender Unterschied zwischen pädagogischen bzw. Bildungseinrichtungen und Unternehmen:

Dort geht es letztlich darum, das Überleben des Unternehmens zu sichern. Diese Aufgabe – zu sichern, dass die Einrichtung auch bei veränderten Bedarfslagen und Erwartungen in Anspruch genommen wird – kann für eine Einrichtung der Jugendhilfe nicht der alleinige Maßstab sein. Für sie gibt es zusätzlich einen verpflichtenden gesetzlichen Auftrag:

Sie ist nicht nur verpflichtet, Bildungs-, Erziehungs- und Betreuungsarbeit zu leisten, sondern muss auch die Aufwachs- und Lebensbedingungen von Kindern und Familien sichern helfen.[52] Folgende Fragen schließen sich an:

- Was müssen wir tun, um unseren gesetzlichen Bildungs- und Erziehungsauftrag zu erfüllen? Welche Voraussetzungen müssen dafür gegeben sein? Was können wir tun, um die Voraussetzungen zu verbessern?
- Wie können wir besser mit anderen zusammenarbeiten, um gemeinsam den Auftrag der Jugendhilfe besser zu erfüllen? (Frage nach Vernetzung und Kooperation.)
- Was können, was müssen wir tun, um die Aufwachs- und Lebensbedingungen von Kindern und Familien im Stadtteil und in der Gesellschaft zu verbessern, wo das notwendig ist? (Frage nach der Einrichtung als Teil der Lobby für Kinder und Familien.)

Wir gehen davon aus, dass sich bei der Reflexion der Ergebnisse und ihrer Konsequenzen alle (Kinder, Eltern, Erzieher/-innen) beteiligen können und die sich zeigenden Wahrnehmungs- und Interessenunterschiede diskursiv verhandelt werden. Von den pädagogischen Fachkräf-

ten wird dabei erwartet, dass sie sich auf ihre Ziele und Aufgaben beziehen, diese stringent verfolgen und gleichzeitig so viel Distanz zu ihnen halten, dass sie die Spontaneität der Kinder sowie ihre und ihrer Eltern Perspektiven wahrnehmen können und diese mit den eigenen Intentionen und Zielen abgleichen (vgl. SCHWABE 1999, S. 122f.).

Mit dem beschriebenen zirkulären Prozess zielorientierten Arbeitens schaffen sich Einrichtungen folgende Chancen und Möglichkeiten:
- Die pädagogische Praxis kann sich der Ziele ihrer Arbeit versichern und sie nach außen, gegenüber Kindern, Eltern, (Fach-)Öffentlichkeit und dem Gesetzgeber überzeugend vertreten und legitimieren (Frage der Zielvereinbarungen, Frage nach Konzeption und Dokumentation).
- Über die Evaluation der eigenen Einrichtung können notwendige Veränderungen erkannt und umgesetzt werden, Qualität kann so weiterentwickelt werden.
- Auf der Grundlage der Evaluationsergebnisse kann fachliches Selbstbewusstsein wachsen, das Forderungen auch gegenüber den Finanzgebern fundierter formulieren hilft.
- In der Veröffentlichung der Ergebnisse einer internen Evaluation, die sich auf alle fünf Qualitätsbereiche erstreckt, liegen große Chancen, die besondere Qualität der pädagogischen Arbeit zu zeigen und damit die Einrichtungen zu sichern (vgl. v. SPIEGEL 1998, S. 620f.).[53]

Ein Aspekt, der im Kriterienkatalog bisher nicht detailliert beschrieben wurde und auf den deshalb jetzt einzugehen ist, betrifft die Entwicklung spezifischer Ziele:

9.1 Einrichtungsspezifische Ziele

Jede Einrichtung entwickelt spezifische Ziele, die allgemeine Orientierungen konkretisieren und zugleich die Voraussetzungen vor Ort berücksichtigen. Es gibt keinen Handlungsentwurf ohne Zielvision und von Erfahrungen geleitete Vorstellungen, die etwas darüber aussagen, auf

---

52 s. SGB VIII, insb. § 1
53 Die Frage ist jedoch stets, wie eine solche Veröffentlichung beschaffen sein sollte, welche Daten hineingehören, welche als zu intim und im Sinne des Vertrauensschutzes Interna bleiben müssen.

welchem Weg man das Ziel am besten erreicht. Ohne Zielorientierung kann die Praxis ihre Ergebnisse nicht überprüfen. Evaluation setzt deshalb Zielorientierung voraus (vgl. BEYWL/ SCHEPP-WINTER 1999, S. 32).

Diesen *Prozess des zielorientierten Arbeitens* gilt es mit Hilfe wissenschaftlicher Methoden zu systematisieren, was nicht bedeutet, dass die Ziele und damit die jeweils beabsichtigten Ergebnisse allgemeingültig und verbindlich festgelegt werden könnten. Gerade hier zeigt sich die Chance, aber auch die Notwendigkeit zur Profilbildung der Einrichtungen. Sie müssen ihre Angebote auf ihren besonderen Adressatenkreis »zuschneiden«, sie den Interessen und Bedürfnissen »ihrer« Kinder und Eltern gemäß gestalten und den Erfordernissen ihres sozialen Umfeldes angleichen.

Ergebnisse können auf einer individuellen, einrichtungsbezogenen Ebene im Sinne von Plausibilitäten (v. SPIEGEL) und als Ergebnis eines Prozesses zielorientierten Arbeitens betrachtet werden. Zu überprüfen wäre demnach die institutionelle Planungs- und Ergebniskultur jeder Einrichtung.

In einer solchen, auf die einzelne Einrichtung bezogenen Evaluation der Ergebnisse werden wissenschaftliche Methoden zur selbstgesteuerten Untersuchung des eigenen Praxisfeldes eingesetzt. Dabei geht es um Fragen
- nach dem methodischen Know-how der Einrichtungen bezogen auf die Zielentwicklung und Überprüfung,
- zur schriftlichen Konzeption und den dort festgelegten Formen der Dokumentation,
- nach der Umsetzbarkeit und erfolgten Umsetzung der Ziele unter den gegebenen Rahmenbedingungen,
- nach Möglichkeiten der Implementation der Evaluation als zirkulär angelegtem Prozess.

Wir gehen von folgenden Annahmen aus:
- Qualifizierte Arbeit ist zielorientiert, verfügt über ein schriftliches Konzept und überprüft die Erreichung der Ziele.
- Zielsetzung und Zielerreichung geschehen prozesshaft und zirkulär.

Als Qualitätskriterium für die Angebote für Schulkinder gilt also, dass sie eine Form interner Evaluation betreiben, die diesen Ansprüchen genügt.

Damit werden diejenigen Evaluationsinstrumente, die auf der Grundlage dieses Kriterien-

katalogs entwickelt werden, zur Evaluation der Evaluation, d. h. zur »Meta-Evaluation« (QUALITÄT IN DER JUGENDHILFE. QS 1 1996, S. 28). An diese Instrumente sind dementsprechend folgende Anforderungen zu stellen:
- Die Methoden müssen sich an den Alltag in den Einrichtungen, die mit Schulkindern arbeiten, anpassen.
- Der Wechsel zwischen der eigenen Perspektive (Selbstwahrnehmung der Fachkräfte) und der Sicht der anderen Beteiligten (Fremdwahrnehmung) muss erfolgen.

9.2 Zur Zielformulierung

Bei der Entwicklung und Beschreibung von Zielen stellt sich die Frage nach dem **Abstraktionsniveau**, auf dem sie formuliert werden.

BEYWL und SCHEPP-WINTER unterscheiden *Leitziele*, *Mittlerziele* und *Handlungsziele*: »Leitziele geben die Grundausrichtung des Programms oder Projekts an. Mittlerziele sind vom Leitziel aus der nächste Schritt der Konkretisierung, stellen vom Handlungsziel aus die Vermittlung zum Leitziel sicher. Handlungsziele dienen der unmittelbaren Orientierung für die Praxis, sind den einzelnen in der Praxis zu realisierenden Interventionen vorgeschaltet und sollen – wie der Begriff sagt – Handeln freisetzen.« (BEYWL/SCHEPP-WINTER 1999, S. 42)

V. SPIEGEL schlägt in diesem Zusammenhang eine Einteilung in Ziele, Kriterien und Indikatoren vor. Dabei unterscheidet sie in Abhängigkeit von den zu untersuchenden Bereichen eine unterschiedliche **Gestalt** der Kriterien:
- Im konzeptionellen und im Prozessbereich erscheinen sie am ehesten als Arbeitsprinzipien, die die Aufforderung für ein bestimmtes Handeln transportieren.
- Im Bereich der Strukturen zeigen sie sich als Anforderungen an die Rahmenbedingungen.
- Im Bereich der Ergebnisse bezeichnen sie Zustände, die als Verbesserung der Situation der Adressatinnen und Adressaten und als Annäherung an die gemeinsam formulierten Ziele gewertet werden können (v. SPIEGEL 1998[b], S. 356).

Aus diesen Kriterien werden im nächsten Schritt Indikatoren entwickelt:

»Die Kriterien werden in einem weiteren Schritt so konkretisiert, bis sie die Form von Indikatoren haben. Als Indikatoren gelten erfassbare Sachverhalte (Handlungen, Ergebnisse), die anzeigen können, dass ein Kriterium erfüllt ist.« (Ebd.)

Die Ziele der Arbeit müssen möglichst realitätsnah, selbstinitiierbar, erreichbar, realistisch, situationsspezifisch, konkret und operationalisierbar formuliert werden, denn nur so können sie **Plausibilität** für sich beanspruchen (vgl. ebd., S. 362f.) und können Ziele, Kriterien und Indikatoren plausibel begründet werden (vgl. v. SPIEGEL 2000, S. 65). BEYWL u. a. sprechen in diesem Zusammenhang von der »praktischen Nützlichkeit« (vgl. BEYWL/FRIEDRICH/GEISE 1987, S. 77).

Damit in der Praxis eine solche Operationalisierung von Zielen geleistet werden kann, schlagen wir in Anlehnung an v. SPIEGEL die folgenden drei Arbeitsgänge vor:

1. Zunächst stellen die sozialpädagogischen Fachkräfte Kriterien und Ziele in einen Zusammenhang und beschreiben dann den gewünschten Zustand möglichst konkret (ergebnisbezogene Operationalisierung).
2. Sie überlegen, was sie selbst tun müssen, um diesen Zustand zu erreichen. Sie entwickeln in diesem Arbeitsschritt prozessbezogene Handlungsregeln (prozessbezogene Operationalisierung).
3. Die sozialpädagogischen Fachkräfte setzen die Überlegungen zur Ergebnis- und zur Prozessqualität (darüber hinaus aber auch zur Orientierungs- und Entwicklungsqualität) miteinander in Beziehung und überlegen, wie die Strukturen der Einrichtung beschaffen sein müssen, damit sich diese Überlegungen umsetzen lassen (v. SPIEGEL 1998ª, S. 616).

9.3 Methodische Möglichkeiten zur internen Evaluation

Der Einsatz folgender Methoden[54] kann bei der Reflexion der eigenen Arbeit und ihrer Ergebnisse hilfreich sein:

I. Analyse der Ausgangssituation

Umfeld- und Institutionsanalyse (Reflexion der Rahmenbedingungen)

- Wird eine Umfeldanalyse durchgeführt?
- Wenn ja: mit welchen Methoden?
- Wenn ja: in welcher Form?
- Wie fließen die Ergebnisse in die Konzeptionsentwicklung ein?

- Werden die räumlichen und personellen Ressourcen reflektiert?
- Werden die Ergebnisse der Umfeldanalyse bei der Zielentwicklung beachtet?

Erwartungen der Beteiligten

- Gibt es eine Liste aller relevanten Personen und Institutionen, mit denen kontinuierlich zusammengearbeitet wird?
- Geschieht eine Analyse der Arbeitsaufträge?
- Werden die Erwartungen der Beteiligten eingeholt?
- Wie geschieht dies (Methoden)?
- In welchen Handlungsbereichen werden Erwartungen überprüft?
- Wie oft geschieht das?
- Wie sind die Ergebnisse in die Konzeption eingebunden?

Konzeption

- Gibt es eine schriftliche Konzeption?
- Steht sie in Beziehung zur Zielentwicklung und Zielüberprüfung?
- Beantwortet die Konzeption die folgenden Fragen:
  - Wer sind wir?
  - Welche Erwartungen werden an uns gerichtet?
  - Für wen arbeiten wir?
  - Was sind unsere Ziele? Was wollen wir erreichen?
  - Was sind unsere Arbeitsprinzipien?
  - Wie arbeiten wir?
  - Wie sieht unser aktuelles Angebot aus?
- Werden Jahresberichte erarbeitet, in denen alle Aktivitäten und Entwicklungen beschrieben werden?
- Gibt es Bereiche, zu denen eine systematische Datenerhebung erfolgt?
- In welchen Bereichen erfolgt eine systematische Beobachtung der Kinder?
- Wie und in welcher Form erfolgt eine systematische Beobachtung der Kinder?
- Wie gehen die Ergebnisse der Beobachtung in die Konzeptionsentwicklung ein?
- Erfolgt eine regelmäßige Befragung der Kinder und Eltern (Frage nach der Zufriedenheit mit dem Angebot der Einrichtung und der Arbeit der Fachkräfte)?

---

54 In Anlehnung an v. SPIEGEL 2000.

- Wie gehen die Ergebnisse der Befragung in die Konzeptionsentwicklung ein?

II. Zielbestimmung

Entwicklung von Zielen u. a. auf der Grundlage von Beobachtungen

- Wie wird in der Einrichtung beobachtet?
- Gibt es Aufzeichnungen über pädagogische Prozesse?
- Wie werden die Beobachtungen ausgewertet?
- Wie werden Ziele entwickelt (Vorgehensweisen, Methoden)?
- Sind sie schriftlich formuliert?
- Werden Leitziele und Mittlerziele (Wirkungsziele) und Handlungsziele unterschieden?
- Wird reflektiert, ob Leitziele, Mittlerziele und Handlungsziele miteinander korrespondieren?
- Werden für alle Gruppen, mit denen gearbeitet wird, Ziele formuliert?
- Werden auch die Perspektiven der Eltern und Kinder reflektiert?
- Mit welchen Methoden werden sie an der Zielentwicklung beteiligt?
- Werden für jeden Zielbereich Fragen zur Orientierungs-, Struktur-, Prozess-, Entwicklungs- und Ergebnisqualität formuliert?
- Werden Ziele und methodische Vorgehensweisen getrennt?
- Wie werden die Handlungsziele entwickelt? Als Ableitung aus den Leit- und Mittlerzielen? Aus Schlüsselsituationen?
- Sind sie konkret auf bestimmte wiederkehrende Situationen (Schnittstellen) bezogen?
- Ist festgehalten, wie sich die sozialpädagogischen Fachkräfte in bestimmten typischen Situationen verhalten? (Beispiel: Kinder halten sich nicht an die Regel, sich abzumelden, bevor sie das Haus verlassen.)
- Werden Vorstellungen über die Wirkungen der Zielsetzungen entwickelt? (Beispiel: Wie sähe unsere Arbeit aus, wenn die Kinder an allen Bereichen beteiligt wären? Welchen Einfluss hätte das auf die weitere Gestaltung unserer Arbeit?)
- Wird das Erreichen des Ziels durch die Formulierung von Handlungszielen überprüfbar gemacht?
- Wird der gewünschte Zustand sehr konkret beschrieben? Sind die Handlungsziele spezi-

fisch, messbar[55], akzeptabel, realistisch, terminiert (s.m.a.r.t.)?
- Werden Handlungsregeln entwickelt?
- Werden die Bedingungen zur Umsetzung der Ziele in der Einrichtung reflektiert? Was erfordert das Ziel – bezogen auf Räume, Material, Zeit, Geld, Personal?

Operationalisierung von Zielen

- Wird eine Operationalisierung von Zielen angestrebt?
- Ist bereits eine Operationalisierung von Zielen erreicht?
- Kann ein exemplarisches Beispiel vorgestellt werden?
- Welche Kriterien und Indikatoren wurden entwickelt?
- Beschreiben sie Zustände, die als Verbesserung der Situation der Adressatinnen und Adressaten und als Annäherung an die gemeinsam formulierten Ziele gewertet werden können?
- Welche Handlungsschritte sind erforderlich?
- Wer muss was dafür tun?
- Wie müssen diese Prozesse und Abläufe aussehen?
- Welche Arbeitsprinzipien werden angewendet?
- Werden Kriterien und Ziele in einen Zusammenhang gestellt?

---

55 »Jedes Ziel, das wir uns selbst setzen, sollte mit einer Zahl verknüpft sein. Wir lügen uns in die Tasche, wenn wir nur sagen: ›Ich werde mehr lesen.‹ Wir müssen spezifisch sein: ›Ich werde jede Woche zwei Bücher und sechs Zeitschriften lesen‹, ›Ich werde in den nächsten sechs Monaten acht Kilo abnehmen und im folgenden Jahr nicht mehr als ein Kilo wieder zunehmen‹, ›Ich werde zehn Prozent meines Brutto-Einkommens sparen‹, ›Ich werde jeden Tag zweieinhalb Stunden üben.‹

Wenn ein Mensch lernt, sich gewohnheitsmäßig spezifische Ziele zu setzen, so entdeckt er plötzlich, daß er mehr erreicht. Er bemerkt, daß er eine persönliche Eigenschaft besitzt, die er vorher nicht kannte: Konzentration. Leistungen, die verschwommen oder mit nicht meßbaren Zielen geplant werden, werden üblicherweise nicht erreicht ... Das Wichtige an Zielen ist, daß sie uns zwingen, eine Situation zu analysieren und ernster zu behandeln, als wir es ansonsten vielleicht tun würden.« (CROSBY 1994, S. 237)

*Besondere methodische Möglichkeiten
der Zielentwicklung und -überprüfung*

- Gibt es strukturierte Befragungen von Kindern und Eltern, zum Beispiel kurz nach der Aufnahme der Kinder und dann halbjährlich? Fließen die Ergebnisse in die Fortschreibung der Konzeption ein?
- Werden Entwicklungsbögen geführt, in denen kontinuierlich Beschreibungen und Zielformulierungen zu jedem Kind festgehalten werden?
- Gibt es Beobachtungsbögen, die Indikatoren enthalten?
- Gibt es altersgemäße Erhebungsmethoden?
- Werden beispielsweise themenbezogene *Comics* eingesetzt, um die Erwartungen und Meinungen der Kinder zu erfahren?
- Gibt es *Fotogeschichten* mit leeren Sprechblasen, in die die Kinder ihre Erfahrungen und Wünsche zu bestimmten Situationen und Themen eintragen können?
- Gibt es einen *Fotospaziergang* als Erhebungsmethode, um Erfahrungen der Kinder einzubeziehen?
- Gibt es eine Dokumentation beispielhafter Situationen, in denen es gelungen ist, die Ziele umzusetzen? Werden diese Situationen mit solchen verglichen, in denen das nicht gelungen ist?
- Werden numerische Daten gesammelt und systematisch ausgewertet (beispielsweise über die Anzahl der Kinder, die an Angeboten teilnehmen und die Anzahl von Eltern und anderen Personen, die sich beteiligt haben)?
- Werden Daten zum Umgang mit Zeit erhoben und ausgewertet? Zeit ist die kostbarste Ressource des pädagogischen Personals. Daher sollte es auch möglichst genau wissen und dokumentieren, wie viel Zeit es jeweils für welche Aufgabe aufwendet.

9.4 Literatur

BARDMANN, T.M. u.a.: Irritation als Plan. Konstruktivistische Einredungen. Aachen, 1991

BEYWL, W. und SCHEPP-WINTER, E.: Zielfindung und Zielklärung – ein Leitfaden. Materialien zur Qualitätssicherung in der Kinder- und Jugendhilfe Nr. 21. Hg. v. Bundesministerium für Familie, Senioren, Frauen und Jugend. Bonn, 1999

BEYWL, W./FRIEDRICH, H./GEISE, W.: Evaluation von Berufswahlvorbereitung. Fallstudie zur responsiven Evaluation. Opladen, 1987

Evaluation der kulturellen Kinder- und Jugendarbeit. Materialien zur Qualitätssicherung in der Kinder- und Jugendhilfe Nr. 1. Hg. v. Bundesministerium für Familie, Senioren, Frauen und Jugend. Bonn, 1996

CROSBY, P.: Qualität 2000. München, 1994

GERULL, P.: Zukunftssicherung oder Fehlinvestition? Zur Effektivität stationärer Heimerziehung. In: Unsere Jugend, 48 (1996) 3, S. 92–109

HANSBAUER, P./SCHONE, R.: Sozialpädagogische Praxisforschung. In: MERCHEL, J. (Hg.): Qualität in der Jugendhilfe: Kriterien und Bewertungsmöglichkeiten. Münster, 1998, S. 374–396

LUHMANN, N.: Haltlose Komplexität. In: Soziologische Aufklärung. 5. Aufl., Opladen, 1990, S. 59ff.

LUHMANN, N./SCHORR, K.E. (Hg.): Reflexionsprobleme im Erziehungssystem. Frankfurt a.M., 1979

LUHMANN, N./SCHORR, K.E. (Hg.): Zwischen Technologie und Selbstreferenz. Fragen an die Pädagogik. Frankfurt a.M., 1982

MARTIN, E.: Didaktik sozialpädagogischer Arbeit. Weinheim, 1994

MÜLLER, B.: Qualitätsprodukt Jugendhilfe. Kritische Thesen und praktische Vorschläge. Freiburg, 1996

PAUSEWANG, F.: Ziele suchen – Wege finden. Berlin, 1994

PROJEKTGRUPPE WANJA: Handbuch zum Wirksamkeitsdialog in der offenen Kinder- und Jugendarbeit: Qualität sichern, entwickeln und verhandeln. Münster, 2000

SCHWABE, M.: Sozialpädagogische Prozesse in Erziehungshilfen zwischen Planbarkeit und Technologiedefizit. In: FATKE, R./HORNSTEIN, W./LÜDERS, CH./WINKLER, M. (Hg.): Erziehung und sozialer Wandel. Brennpunkte sozialpädagogischer Forschung, Theoriebildung und Praxis. 39. Beiheft der Zeitschrift für Pädagogik. 1999, S. 117–130

SEGHEZZI, H.D.: Integriertes Qualitätsmanagement – das St. Gallener Konzept. München, Wien, 1996

SPIEGEL, H.v.: Erfolg? Qualitätskriterien und ihre Prüfung in der Offenen Jugendarbeit. In: DEINET, U./STURZENHECKER, H.: Handbuch Offene Jugendarbeit. Münster, 1998, S. 608–622 (a)

SPIEGEL, H. v.: Selbstevaluation – Qualitätsentwicklung und Qualitätssicherung »von unten«. In: MERCHEL, J. (Hg.): Qualität in der Jugendhilfe: Kriterien und Bewertungsmöglichkeiten. Münster, 1998, S. 351–373 (b)

SPIEGEL, H. v. (Hg): Jugendarbeit mit Erfolg! Arbeitshilfen und Erfahrungsberichte zur Qualitätsentwicklung und Selbstevaluation; ein Modellprojekt des Landesjugendamtes. Münster, 2000

TERHART, E.: Qualität und Qualitätssicherung im Schulsystem. Hintergründe – Konzepte – Probleme. In: Zeitschrift für Pädagogik, 46 (2000) 6, S. 809–829

TIETZE, W.: Wie kann pädagogische Qualität in Kindertagesstätten gesichert und entwickelt werden? In: Bremische Evangelische Kirche, Landesverband Ev. Tageseinrichtungen für Kinder (Hg.): Qualität für Kinder – zwischen Markt und Menschlichkeit: Analysen – Bedingungen – Konzepte. Seelze-Velber, 1999, S. 153–166

Anhang

Wir haben uns mit folgenden Projekten auseinandergesetzt:

- **AWO-Handbuch zur Qualitätssicherung (Bezirksverband Ostwestfalen-Lippe e. V.)**
  Arbeiterwohlfahrt Bezirk Ostwestfalen-Lippe e. V.: Handbuch zur Qualitätssicherung in Tageseinrichtungen für Kinder. Bielefeld, 1999

- **IQUE – Integrierte Qualitätsentwicklung Werkstatthandbuch zur Qualitätsentwicklung in Kindertagesstätten (Berlin-Reinickendorf)**
  Ziesche, U.: Werkstatthandbuch zur Qualitätsentwicklung in Kindertagesstätten. Neuwied, Berlin, 1999

- **WANJA – WirkungsAnalyse iN der Jugend-Arbeit**
  Projektgruppe Wanja (Hg.): Handbuch zum Wirksamkeitsdialog in der offenen Kinder- und Jugendarbeit. Münster, 2000

- **QUESS – Schulentwicklung und Schulaufsicht – Qualitätsentwicklung und Qualitätssicherung von Schulen**
  Landesinstitut für Schule und Weiterbildung des Landes Nordrhein-Westfalen (Hg.):
  - Lehrerfortbildung für Schulentwicklung. Ideen, Erfahrungen und Materialien aus der Maßnahme ›Schulentwicklung und Schulaufsicht (QUESS)‹. Soest, 1998
  - Lernfall externe Evaluation. Beispiele aus der Fortbildungsmaßnahme Schulentwicklung und Schulaufsicht. Soest, 1997
  - Schulentwicklung und Schulaufsicht – Qualitätsentwicklung und Qualitätssicherung von Schule. Ergebnisse und Materialien aus der Fortbildungsmaßnahme. Soest, 1998
  - Selbstevaluation – Ein Beitrag zur Qualitätsentwicklung von Einzelschulen? Soest, 1996

Wir haben uns mit folgenden Verfahren auseinandergesetzt:

- **Kindergarten-Einschätz-Skala (KES)**
  Tietze, W. / Schuster, K.-M. / Rossbach, H.-G.: Kindergarten-Einschätz-Skala (KES). Neuwied, Kriftel, Berlin, 1997

- **Kronberger Kreis**
  Kronberger Kreis für Qualitätsentwicklung in Kindertageseinrichtungen (Hg.): Qualität im Dialog entwickeln: Wie Kindertageseinrichtungen besser werden. Seelze, 1998

- **QM^{elementar} – Qualitätsmanagement in Kindertageseinrichtungen**
  Colibri Management Service (Hg.): QM^{elementar}. Qualitätsmanagement in Kindertageseinrichtungen. Denzlingen, 1999

- **TQM – Total Quality Management**
  z. B.:
  - Hummel, T. / Malorney, C.: Total Quality Management – Tips für die Einführung. Hg. v. G. Kamiske. München, Wien, 1997
  oder
  - European Foundation for Quality Management (Hg.): Das EFQM-Modell für Excellence 1999. Öffentlicher Dienst und Versorgungseinrichtungen. Brüssel, 1999

- **DIN ISO 9000ff.**
  z. B.:
  - Evangelische Fachhochschule Rheinland-Westfalen-Lippe: Qualitätsmanagement – Sicherung durch Handbücher, Verfahrensfestlegung und Verfahrenssysteme nach ISO 9000ff. als Chance in der sozialpädagogischen Praxis. Fachtagung 9.1.1998
  oder
  - Bostelmann, A. / Metze, T. (Hg.): Der sichere Weg zur Qualität: Kindertagesstätten als lernende Unternehmen. Neuwied, Berlin, 2000

- **Leuvener Engagiertheits-Skala (LES-K)**
  Laevers, F. (Ed.): Die Leuvener Engagiertheits-Skala für Kinder LES-K. Deutsche Fassung der Leuven Involvement Scale for Young Children. O. O., o. J., Leuven, 1993

- **Das Qualitätssicherungs- und Akkreditierungssystem des NCAC in Australien**
  - Finzel, E.: Qualitätsverbesserung in Kindertagesstätten: Das australische Programm. In: klein & groß, 2/1999, S. 30–36
  - National Childcare Accreditation Council (Ed.): Putting Children first. Quality Improvement and Accreditation System Handbook. Sydney, 1993
  - Textor, Martin R.: Eine gute Kita muss 52 Kriterien erfüllen: Das australische Akkreditierungsprogramm. In: KiTa aktuell BY, 9/2000, S. 182–184